本书出版
得到国家重点文物保护专项补助经费资助

江西抚河流域先秦时期遗址考古调查报告Ⅳ

考古调查报告Ⅳ

——资溪县·东乡县——

江西省文物考古研究院

西北大学文化遗产学院

西安弘道文化遗产保护工程有限公司　　编著

抚州市文物博物管理所

资溪县博物馆

东乡县博物馆

文物出版社

图书在版编目（CIP）数据

江西抚河流域先秦时期遗址考古调查报告.Ⅳ，资溪县·东乡县／江西省文物考古研究院等编著.—北京：文物出版社，2022.1

ISBN 978-7-5010-6814-2

Ⅰ.①江… Ⅱ.①江… Ⅲ.①文化遗址-考古调查-调查报告-资溪县②文化遗址-考古调查-调查报告-东乡县 Ⅳ.①K878.05

中国版本图书馆 CIP 数据核字（2020）第 178850 号

江西抚河流域先秦时期遗址考古调查报告Ⅳ（资溪县·东乡县）

编　　著：江西省文物考古研究院　西北大学文化遗产学院　西安弘道文化遗产保护工程有限公司
　　　　　抚州市文物博物管理所　资溪县博物馆　东乡县博物馆

责任编辑：陈　峰　王　戈
封面设计：程星涛
责任印制：张　丽
出版发行：文物出版社
社　　址：北京市东城区东直门内北小街 2 号楼
邮政编码：100007
网　　址：http：//www.wenwu.com
经　　销：新华书店
印　　刷：河北鹏润印刷有限公司
开　　本：889mm×1194mm　1/16
印　　张：25
版　　次：2022 年 1 月第 1 版
印　　次：2022 年 1 月第 1 次印刷
书　　号：ISBN 978-7-5010-6814-2
定　　价：680.00 元

《江西抚河流域先秦时期遗址考古调查系列报告》

编辑委员会

目　录

插图目录

图版目录

第一章　前言

　　抚河是江西境内的主要河流之一，从崇山峻岭汇聚多条支流注入鄱阳湖，与赣江等河流一道孕育了古代江西地区的农业发展与社会进步。对抚河流域先秦时期遗址进行考古工作，无疑对揭示该区域物质文化史、区域文化发展特征、区域社会演进规律等方面具有十分重要的意义。由于抚河流域以往开展考古工作较少，对区域内考古学文化面貌及聚落形态等信息不甚明晰，亟待进行考古调查与发掘工作。正是基于以上各方面的考虑，我们启动了"江西抚河流域先秦时期遗址考古调查与发掘"工作，该项目得到了国家文物局的批准及经费支持。在国家文物局及江西省文物局等部门的领导下，由江西省文物考古研究院、西北大学文化遗产学院、抚州市文博管理所及各县区文博机构联合组成考古调查队，对抚河流域所涉及的 10 县 2 区进行详细的考古调查工作，以抚河干流及支流为重点调查对象，对区域内先秦时期遗址进行"拉网式"调查，并选择具有代表性的遗址进行考古发掘，深入揭示抚河流域先秦时期的文化面貌和聚落形态，对进一步深入研究提供了充足的实物资料。通过之前的考古工作，已完成了对乐安、宜黄、崇仁、金溪、资溪、东乡、临川等县区的调查，并组织人员对采集遗物进行整理，及时出版调查报告，目前已出版报告三本：《江西抚河流域先秦时期遗址考古调查报告Ⅰ》《江西抚河流域先秦时期遗址考古调查报告Ⅱ》《江西抚河流域先秦时期遗址考古调查报告Ⅲ》，便是对乐安、宜黄、金溪、临川、崇仁等区县调查成果的报告。本报告是对资溪县、东乡县调查所获的详细刊布，继之其他县区调查资料的报道。

第一节　项目概况

一　工作缘起

　　处于长江中游地区的江西省，地理位置优越，自然资源丰富。发达的水系是区域内先民生产、生活的重要条件。江西省文物考古工作开展较早，经过几代人的不懈努力，区域内文物考古资料的积累得到了丰富，对区域历史研究与文明进程探索做出了重要贡献。但仍需注意的是，由于江西境内山脉、河流较多，地域文化面貌复杂，各地区考古工作开展不均衡，部分地区考古工作仍是空白。面对严峻的现实，江西省文物考古研究院通过调研、分析，制定《江西抚河流域先秦遗址 2014～2017 年考古调查立项报告》，旨在通过专业人员对以往工作薄弱的抚河流域进行考古调查、勘探与发掘，并利用现代科技手段建立抚河流域先秦时期遗址地理信息系统及考古资料数据库。希望在一系列工作的基础上，建立抚河流域的文化编年序列，了解先秦时期聚落形态及结构等信息。同时以此工作范例，总结工作方法和经验，进一步完善和制定其他流域先秦遗址的考古计划，为最终建立江西省区域文化编年序列提供丰富的第一手调查资料。

二　工作范围

本项目是以江西境内抚河流域为考古工作对象，主要对抚河干流及其支流进行考古调查、勘探及发掘工作，以获得丰富的区域文化信息。

抚河是鄱阳湖水系的主要河流之一，其发源于武夷山西麓广昌县驿前乡的血木岭，上游又称盱江。抚河由广昌县而下，纳南丰、南城、金溪、抚州、临川、进贤、南昌等地支流后汇入鄱阳湖。河流全长 312 千米，流域面积 1.5811 万平方千米。一般称盱江为上游，河流两侧山势较高，河谷狭窄；抚州以下为下游，河岸为冲积台地，地势略显平坦。抚河流域属于亚热带湿润季风区，植被茂盛，水资源丰富，是适宜人类居住的佳地。

本项目的工作范围主要集中在抚河流域，从行政区划上来看，抚河流域绝大部分位于抚州市境内。抚州位于赣东地区，辖 1 区、10 县和 1 经济开发区（临川区、南城县、黎川县、南丰县、崇仁县、乐安县、宜黄县、金溪县、资溪县、东乡县、广昌县、金巢经济开发区）。抚州市东邻福建省建宁县、泰宁县、光泽县、邵武市，南接江西省赣州市石城县、宁都县，西连吉安市永丰县、新干线和宜春市的丰城市，北毗鹰潭市的贵溪市、余干县和南昌市进贤县。区域南北长 222 千米，东西宽约 169 千米，总面积约 18816.92 平方千米，占江西省总面积的 11.27%。抚州市辖区以抚河水系为主，信江、赣江两大水系为辅，共计有三大水系，大小河流 470 余条。

三　工作方法

本项目的工作对象为抚河流域先秦时期遗址，采用考古调查、勘探、发掘的方法，严格按照《田野考古工作规程》进行野外工作。在调查与勘探过程中，充分利用空间信息技术，将科技手段贯穿于整个考古工作之中，达到提高野外工作水平的目的。

田野考古调查采用野外踏查的方式，调查主要集中在河流两岸的山坡、台地及平地上凸起的小台地等方面。通过人为踏查确定遗址，再进行精细的考古勘探，明确遗址的堆积情况和分布范围。利用 RTK、小型航拍器对遗址进行测绘与高空拍照，获得有关遗址的更多信息。

野外调查与勘探工作结束之后，将调查采集标本进行清洗、绘图、测量、描述，将器物标本与已发现遗存进行比较分析，以获得该遗址的相对年代信息。

通过以上基础资料分析，将调查与勘探所获资料进行整合，利用 ArcGIS 等软件，建立抚河流域先秦时期遗址的考古地理信息系统；利用数据处理软件建立抚河流域内先秦时期遗址数据库，进而对抚河流域的先秦时期遗址进行聚落考古学分析，复原先秦时期该流域人群的生业模式与社会结构。

第二节　资溪县、东乡县调查工作概况

"江西抚河流域先秦时期遗址考古调查与发掘项目"自 2014 年 10 月正式启动，2014 年底至

2015 年初完成对乐安、宜黄、崇仁三县的调查工作，并于 2015 年 10 月出版有关乐安、宜黄两县的考古调查资料。按照项目计划，2015 年 11 月至 2016 年 2 月，先后对金溪县、资溪县、东乡县及临川区进行考古调查与勘探工作（图一）。

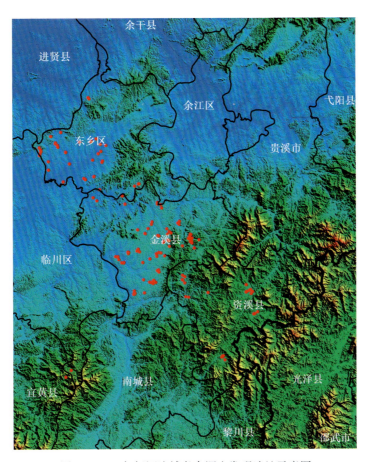

图一　2015 年抚河流域考古调查发现遗址示意图

资溪县地处武夷山脉西麓，属山区，地形复杂，大体呈东南高、西北低的趋势，全县最高峰鹤东峰，海拔 1364 米。全县山地面积占总面积的 83.1%，丘陵面积占总面积的 6.5%。调查发现遗址数量相对较少，共 23 处，均为山岗聚落遗址，整体采集遗物数量较少。

东乡县（东乡区）地处赣东丘陵与鄱阳湖平原的过渡地带，整个地势由东北向西南缓慢倾斜，自北而南平原与丘陵呈低—高—低—高相间分布，构成自东向西南敞开的一大盆地。境内常态地貌类型以丘陵为主。东乡县地形地貌与金溪县类似，发现遗址数量较多，调查共发现先秦时期遗址 37 处，其中环壕聚落遗址 17 处，山岗聚落 20 处。采集遗物数量也明显多于资溪县。

根据目前调查资料情况，环壕聚落遗址多分布于平原丘陵地带，聚落周边丘陵、台地多分布有相关的山岗聚落遗址。而山地地区聚落遗址发现数量很少，多分布于山间盆地周边水源丰富的台地、山头之上，依山傍水，环境条件优越。资溪县与东乡县的调查，为明确抚河流域山岗类、环壕类遗址的分布规律提供了确凿的证据，对提高田野调查工作、对了解区域内人地关系等方面都具有十分重要的积极作用。

一　工作区域

依据《江西抚河流域先秦遗址 2014～2017 年考古调查立项报告》计划，2015 年对资溪县、东乡县进行考古调查。

资溪县的考古调查工作主要集中在县域内山地之间小流域两岸台地和盆地周边丘陵、山岗范围内。资溪县隶属于抚州市，位于江西省中部偏东，抚州市东部，地理坐标为：北纬 27°28′—27°55′、东经 116°46′～117°17′，是江西东大门，也是江西入福建的重要通道。东与福建省光泽县接壤，南与黎川县毗邻，西与南城县交壤，北与金溪县、贵溪市相连，总面积 1251.03 平方千米。

东乡县的考古调查工作区域类型与金溪县类似，以县域内河流沿岸及邻近各支流的丘陵或开阔地带为主。东乡区位于江西省东部，浙赣铁路沿线，东邻余江县，南靠金溪县，北连余干县，西南与临川区接壤，西北与进贤县毗邻，地理坐标为：东经 116°20′至 116°51′，北纬 28°2′至 28°30′。全县东西最宽处为 46.25 千米，最狭处 23 千米，南北最长处为 47.7 千米，最短处为 33.75 千米，总面积 1268 平方千米。

二　工作人员构成

本年度对资溪县、东乡县的考古调查工作由江西省文物考古研究所牵头，西北大学文化遗产学院、抚州市文物博物管理所、资溪县博物馆、东乡县博物馆等相关文博单位组织实施，于 2015 年 10 月至 2016 年 5 月对资溪县、东乡县境内的先秦遗址进行了考古调查工作；遗址的探勘、测绘、航空拍照、器物绘图与拓片等技术工作由西安弘道文化遗产保护工程有限公司负责。以下对各项工作人员进行介绍：

1. 江西省文物考古研究院

项目负责：王上海（副院长、研究员）

业务人员：严振洪（副研究员）、张杰（副研究员）、余琦（副研究员）、赵耀（馆员）、余志忠（特聘人员、德安县博物馆）

2. 西北大学文化遗产学院

负责人：冉万里（考古学系副主任、教授）

业务人员：豆海锋（博士、副教授）、习通源（博士、讲师）、硕士研究生数名

3. 西安弘道文化遗产保护工程有限公司

负责人：程林泉（研究员）

业务人员：史智伟、程威嘉、毛林林、史三虎、李宝兴及调查、钻探、测绘、资料录入等人员若干名

4. 抚州市文物博物管理所

负责人：王淑娇（所长）、丁潮康（副所长、副研究员）

业务人员：抚州市文物博物管理所工作人员

5. 资溪县博物馆

负责人：夏媚（馆长）、黄新文（副馆长）

业务人员：资溪县博物馆工作人员

6. 东乡县博物馆

负责人：陈凤鸣（馆长）、何永安（副馆长）

业务人员：东乡县博物馆工作人员

三　主要收获与存在问题

1. 主要收获

新发现多处先秦时期遗址

本年度对资溪县、东乡县的调查收获颇丰，发现先秦时期各类遗址 61 处，其中环壕聚落 17 处，44 处山岗聚落遗址。大大增加了该地区古遗址数量，特别是环壕聚落的发现，对揭示该地区先秦时期聚落形态多样性有重要的意义。所发现的多处遗址均采集到丰富的陶器、石器等标本，对了解诸遗址的文化面貌及相对年代的判定均有重要作用。

发现多处环壕聚落为区域内考古工作的新突破

本年度在东乡县的调查过程中，辨识并发现多处环壕聚落。该类聚落形态多样，或在平地垒土形成，或在山脚挖出环壕，亦有在山顶挖出壕沟。各类环壕规模大小有异，或存在等级方面的差异。抚河流域为江西境内发现环壕数量最多的地域，虽然目前尚未发现面积超过 25 万平方米以上的环壕聚落，但从小型环壕聚落如此星罗棋布般的分布，似乎可以揭示先秦时期人类在抵御外敌或处理人地关系方面的能动性。环壕聚落建造所需的大量劳动力及聚落规模的差异都体现了当时社会结构的复杂化。因此，有关环壕聚落的发现和研究，将有助于区域社会复杂化进程方面的深入揭示。

初步建构抚河中游地区先秦时期文化序列

通过对资溪县、东乡县以及金溪县 160 多处遗址采集所获遗物进行初步分析，基本可以建立该地区从新石器时代晚期至汉代以前的文化演变序列。总体上可划分为新石器晚期、夏至早商时期、商代晚期、西周时期、东周时期等阶段。由于本年度调查各县位于抚河与信江之间，所见遗存与信江流域有较多的相似特征，特别是商时期遗存与鹰潭角山遗址所见同类器十分相近。

为该区域田野考古调查提供了十分丰富的经验

在资溪县、东乡县的调查过程中，依据地形特征寻找遗址已得到较好的实践。资溪县以山地为主，河流沿岸两侧台地以及山间盆地周缘台地、山岗顶部多有遗址分布；东乡县以丘陵为主，河流较多，河流两岸台地及丘陵坡前多见有遗址。除此之外，本次调查还积累了难得的实践经验：首先，利用卫星照片寻找环壕聚落。在高清卫星图片上，利用植被和地形的差异，可以明显寻找到呈方形或长方形的环壕聚落，由于内壕地势较低，多成水田，此类环壕形状极为规则，较容易寻找；其次，以环壕聚落为中心，在其周边地区寻找山岗聚落。在调查过程中，以环壕聚落为中心，向周边两千米范围进行辐射性调查，常发现不同规模的山岗聚落；再次，从空间上观察，某些区域所见环壕较为集中，且相距较近，部分地域发现多个小型环壕聚落有围绕更大型聚落的现象。这些都是今后对该区域进行考古调查的宝贵经验。

2. 存在问题

山区调查难度大，调查存在"遗漏"的可能。

所调查遗址往往植被茂密，地表难以采集到遗物。由于植被茂密，部分遗址采集遗物困难，对遗址的年代和性质判断产生不利影响。只能通过钻探了解地层堆积，获知该地点是否为古代遗址。对环壕聚落的功能、产生的动因及发展规律还需要进一步的深入工作。由于环壕聚落一般植被茂密，很难采集到遗物，即使钻探也仅仅可以了解地层堆积，偶尔有零星陶片碎渣，对遗址的年代判断帮助不大。从部分被破坏的环壕聚落采集遗物来看，该聚落堆积较厚，遗址延续时间较长，或由新石器时代延续至东周时期。因此，要对遗址的年代进行更加精确的判断，还需要进行适当的试掘工作，环壕聚落的演变需要建立在聚落年代判断的基础上。对环壕聚落产生的原因有待探讨，或是防御或是抵御洪水，还需要进行选择性发掘与科技分析相结合。

对山岗类聚落与环壕类聚落的关系有待进一步的研究。

调查所见环壕与山岗两类聚落，考察需要在建立年代判断的基础上，并对其进行文化性质等方面的考量。有关环壕聚落的功能目前仍不明晰，从钻探结果来看，此类环壕聚落一般堆积较厚，延续时间较长，多为新石器时代晚期至东周时期。而山岗类聚落也发现有不同时期的遗存，说明山岗聚落和环壕聚落有存在共时的可能。考虑到环壕聚落的建造需要大量的劳动力和时间，或许可以推测，环壕聚落代表了等级略高人群的居住场所。有关环壕聚落的功能及其与山岗聚落关系的判断，还有待考古发掘来解决。

遗址破坏严重，文化遗产保护工作亟待加强。

本年度调查的遗址数量较多，采集遗物十分丰富。十分痛心的是，采集遗物丰富的遗址均破坏严重，多被取土、建筑、耕地所破坏。在发现一处遗址的同时，此遗址也就面临着已被破坏或即将被破坏的"命运"状况。因此，保护文化遗产应深入人心，应唤起公众对文化遗产的保护意识。

第三节　报告编写体例与相关说明

一　报告编写体例

本报告系"江西抚河流域先秦时期遗址考古调查与发掘项目"的年度成果，2015年先后对四县区进行了调查工作，由于受篇幅的限制，本报告以资溪县、东乡县调查所获为主要内容，其余县区调查成果已陆续刊出。

本报告编写体例与以往调查报告相同，侧重资料的翔实报道。报告共分为五章：第一章为前言，是对项目开展情况与年度工作的介绍与总结，并对报告编写体例及相关问题进行说明；第二章是对资溪县地理环境与历史沿革的介绍以及对调查所获遗址进行了介绍；第三章是对东乡县地理环境与历史沿革的介绍以及调查所获环壕聚落与山岗聚落遗址进行的介绍，并对遗址进行了详细介绍；第四章为结语，是对该地区调查工作的总结，对区域文化序列及聚落结构进行了初步分析。报告最后附有调查遗址统计表及调查日记摘录等内容。

二　本报告相关说明

1. 遗址名称编号说明

本报告对诸遗址所获遗物进行介绍时，为了描述方便，对遗址名称进行了编号。编号原则是以调查年份、遗址所在县名的第一个字的拼音简写，与遗址名称前两个字的拼音字母缩写组合而成，如"资溪县杨家山遗址"编号为"2015ZYJ"，"2015"为调查年份，"Z"代表资溪县，"YJ"代表杨家山遗址。由于区域内部分遗址名称前两个字母缩写有相同的可能，本报告则选择遗址名称三个字或多个字的字母缩写，以示区别。此外，由于部分地域遗址所在小地名不清，本报告以遗址所在的村名进行命名，如果同一区域发现多处遗址，且小地名不清，则在已知地点名后增加"Ⅰ""Ⅱ""Ⅲ"等字母加以区分，如资溪县鸡冠山共发现 2 处遗址，Ⅰ号和Ⅱ号遗址编号为："2015ZJGⅠ""2015ZJGⅡ"。

2. 图版说明

为了便于读者阅读，本报告将器物图版附于每个遗址报道之后，同时将遗址远景、航拍照片、重要遗物发现、地层剖面等图版均直接插入正文，尊重读者的阅读习惯。

3. 附录说明

本报告附录除了对调查遗址进行统计之外，另附有考古调查队员的日记摘录，并插入照片，用以展示调查过程中的工作场景，展示报告正文未有的调查所遇风土人情及考古队员的生活点滴。

第二章 资溪县先秦时期遗址

第一节 自然环境与历史沿革

　　资溪县是江西省抚州市的下辖县，位于江西省中部偏东，抚州市东部，介于北纬 27°28′ ~ 27°55′，东经 116°46′ ~ 117°17′之间，是江西东大门，也是江西入福建的重要通道。东与福建省光泽县接壤；南与黎川县毗邻；西与南城县接壤；西北接金溪县；东北接贵溪市。资溪南北最宽 48 千米，东西最长 51 千米，呈东西部凸出，南部凹进的不规则形。境内山峦叠嶂，丘陵起伏，地形较复杂。整个地势东南高，西北低，东南部为山地，西北部地区渐次平缓，形成低山区和丘陵区，山地和丘陵占县内地形的绝大多数。资溪县境内无大江大河，但小河山涧密布。资溪县面积为 1251.03 平方千米，辖 5 镇 2 乡 5 个国有林场，70 个行政村，全县人口 12.6 万人（2012 年）。

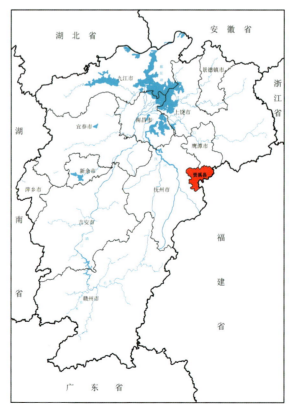

图二　资溪县位置示意图

一 自然环境

1. 地形与地貌

资溪县地形呈东西部凸出，南部凹进的不规则形状。资溪地处闽赣交界的武夷山脉西麓，境内山峦叠嶂，丘陵起伏，大小山岭遍布全县。整个地势东南高，西北低，东南部为山地，西北部地区渐次平缓，形成低山区和丘陵区。海拔 700 米以上的山地占全县总面积的 69%，200～700 米的丘陵占 26%，200 米以下的低丘岗占 5%。最高峰为东北部的鹤东峰，海拔 1364 米。

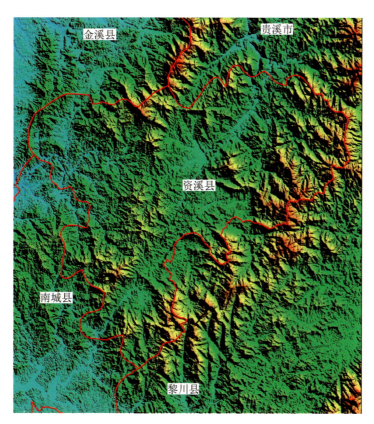

图三 资溪县地形示意图

2. 山脉与水系

资溪县属山区，县境东北部横亘着武夷山脉，县境中部有出云峰、狮子岩、天子嵊、三十六峰，形成一条隆起带，将全县分为东、西两部分。东半部的东、南、西三面层峦叠嶂，连绵起伏，向北倾斜，主要山峰有鹤东峰、黄连坑、月峰山、野鸡岭、排尖嵊、梨头尖、笔架尖，海拔均在 1000 米以上。西半部的东北边境有武夷山支脉和出云峰，向西南倾斜，地势渐次平缓，形成低山区和丘陵区，主要山峰有大山嵊、大竹山、胡墩磜、葫芦岭、罗汉嵊、葫芦嵊等。

县境主要山岭有：

昌坪山　位于县境东部，属武夷山正脉，是全县最高处。南北走向，北接贵溪市的郎港山，南连光泽县的大平山。在此山系中超过 1000 米的山峰有 20 余座，以鹤东峰为最高，海拔 1364 米。

株溪山　位于县境南部，属武夷山余脉。东北接昌坪山，西北接云溪山，南麓为黎川县境。最高峰葫芦岭，海拔 1100.7 米。

云溪山　位于县境西部，南北走向，北连云林山，南接株溪山，西麓为南城县境。最高峰为大竹山，海拔 1107.8 米。

云林山　位于县境北部，北接金溪西岗山，南北走向，接狮子岩、天子嵊、三十六峰，为一中间隆起带。最高处为出云峰，海拔 1278 米。

资溪县地处信江水系和抚河水系交界，境内小河山涧密布，东西部河流分属信江水系与抚河水系，东部河流均入信江，以泸溪为主，控制流域面积占全县总面积的 60%，西部河流均入抚河，以高田为主，控制流域面积占全县面积的 40%。

图四　资溪县水系示意图

信江水系

泸溪是贵溪县境内一条主要河流，发源于福建省光泽县境内的凤形山（海拔 1213 米）南麓的铁关河，与发源于凤形山北麓的增坊河在鹤城镇三江汇合而成，往北经高阜镇、马头山镇流入贵溪的白塔河，再注入信江，全长 61 千米，平均宽度 77 米，控制流域面积 835 平方千米，在县境流域面积 654 平方千米，河道弯曲，河岸较高，谷深滩险，暗礁多，不宜行舟。泸溪在县内的主要支流有铁关河、增坊河、都垣河等。

抚河水系

贵溪县境内抚河水系有欧溪、株溪、桐埠溪、架上水、后坑水，欧溪流入金溪的卢河，最后注入抚河；株溪、桐埠溪、架上水、后坑水经南城的黎滩河注入洪门水库，最后流进抚河。

许坊河　又名欧溪，为贵溪县境内的另一条主要河流，发源于嵩市镇的出云峰（海拔1278米），其支流有嵩市涧、高田涧、翁源涧。嵩市涧，上游为东、西江水和发源于狮域山的彭田涧，在许坊附近汇合后，向西流入南城及金溪境内的黄狮河，最后汇入抚河，全长32.5千米，控制流域面积362平方千米，资溪境内流域面积314平方千米。其在县内的支流有：

高田涧　发源于高田乡的枇杷峰，在何家陂汇入欧溪主流，全长18千米，控制流域面积62平方千米。

彭田涧　发源于乌石镇的大旭山（海拔1107.8米），经彭田村流入南城，又在茅斜附近再汇入高田乡。全长22.5千米，控制流域面积129平方千米，其小支流有双畲水、白水、际水、堡上水、大源水、云溪水、田坑水等。

桐埠溪　发源于乌石镇的大山嵊，经桐埠流入南城的洪门水库，全长22千米，控制流域面积83平方千米，其支流有梅家湾水、龙潭下水、横山水、关刀山水、徐沅水、杨家沅水等，还有发源于株溪林场葫芦岭的株溪也在南城王坪附近汇入桐埠溪。

此外，尚有发源于大旭山的架上水，发源于鸡公嵊的后坑水，亦流入洪门水库，还有发源于出云峰的桥湾水，在金溪汇入抚河。

3. 气候

资溪气候温和，雨量充沛，光温适宜，无霜期长，属亚热带湿润季风气候区。

资溪县春秋短，冬夏长，四季分明。其主要特点是：冬季气候寒冷干燥，夏季炎热多雨。春秋季为过渡季节，常出现春季低温、夏季洪涝、伏秋干旱、冬季冷害的气象灾害。

资溪县海拔较高，因此平均气温较周围各县低。年平均气温17.17℃，县内南北温差在1℃左右。

资溪县无霜期较长，年平均270天左右。雨量比较充足，年平均降雨量2003.14毫米。因受山脉阻挡，日照较短，年平均日照1413.9小时；年平均湿度75%，年平均绝对湿度17.5毫巴。空气负离子含量每立方厘米最高达30万个。

二　历史沿革与行政区划

资溪在春秋时属吴，战国时属楚，秦朝时属秦，三国时属吴境。晋朝以后归属多变。

明万历六年（1578），建昌府析南城县东北境17个都（56都至72都）置泸溪县，亦隶属建昌府。

民国三年（1914），因避湖南省一县同名而奉命更名为资溪县。

1933年2月，成立资溪县革命委员会，隶属闽浙赣省苏维埃政府。同年5至12月，划属中央苏区闽赣省管辖，为全苏区县。

1949年5月8日以后，曾属赣东东北行署贵溪专署管辖，同年8月划归抚州分区专署（后为行署）管辖。

1952 年划为 5 个区，下辖 49 个乡（镇）。

1956 年撤区并乡，资溪县设 1 镇 15 乡。

1958 年人民公社化，资溪成立 6 个公社和 2 个垦殖场。

1961 年调整社队规模，资溪划为 1 镇 13 公社 2 个场。

1976 年资溪县划为 10 个公社 5 个林场。

1984 年改公社为乡，资溪有 1 镇 9 乡 5 场。

1985 年 3 月 15 日，将高埠、饶桥、嵩市、乌石撤乡设镇。

2000 年 10 月撤地设市后，隶属抚州市管辖。

2001 年 11 月 8 日，撤销欧溪乡，划归高田乡；撤销泸阳乡，划归鹤城镇；撤销马头山乡、饶桥镇，合并组建马头山镇。

目前全县辖 5 个镇、2 个乡：鹤城镇、马头山镇、高阜镇、嵩市镇、乌石镇、高田乡、石峡乡，以及高阜、马头山、石峡、陈坊、株溪 5 个国有林场。共有 8 个居委会、70 个村委会。

鹤城镇东西长 16.5 千米，南北长 10.8 千米，全镇土地面积 154 平方千米，山高、林密、人少是鹤城的特点。2001 年由原鹤城镇、泸阳乡合并为鹤城镇，沙苑村为镇政府所在地。马头山镇位于资溪县城东北部，镇域面积 254.8 平方千米，以山地为主，森林覆盖率达 94.1%。气候温和，雨量充沛，资源丰富，生态环境优越。高阜镇位于资溪县城北面，总面积 150.3 平方千米，森林覆盖率达 86.5%。嵩市镇位于资溪县中西部，地处 316 国道沿线。辖区面积 120 平方千米，耕地面积 7902 亩，山林面积 168448 亩，森林覆盖率 92% 以上。交通便利，各村均有公路相通。乌石镇位于资溪县西南部，是一个多民族聚居乡镇，总面积 130 平方千米，其中耕地面积 1170 公顷，山林地 11200 公顷，森林覆盖率 80%。镇内东西高山耸立，西部大旭山为最高峰，海拔 1107 米。中部横梨树岭将全镇分为南北两部分，横山一带为谷盆地，南部有桐埠溪流入南城县的洪门水库，北面陈坊水注入增坊河后汇入泸溪河。高田乡位于资溪县西部，东南与南城县沙川镇为邻，西北与金溪县黄通乡毗连，属盆地，热带季风气候，雨量充沛，四季分明，总面积 129.92 平方千米，耕地 20817 亩，林地 1648.1 亩。石峡乡，位于资溪县西部，辖区总面积 105.5 平方千米，山林面积 14 万亩。地处武夷山脉西麓，属山区，地形复杂，大体呈东南高、西北低的趋势，境内无大江大河，但小河山涧遍布，东部河流以泸溪为主，属信江水系，西部河流以欧溪为主，属抚河水系。高阜林场位于资溪县城北部，东靠马头山镇、南邻高阜镇，西交嵩市镇，北接金溪黄通乡和贵溪耳口乡。高阜林场位于资溪县城北部，东靠马头山镇、南邻高阜镇，西交嵩市镇，北接金溪黄通乡和贵溪耳口乡，总面积 5.4 万亩。马头山林场位于资溪县东北部，地处武夷山脉延伸分支，境内群山环抱，平均，海拔800 米以上，最高峰为鹤东峰，海拔 1364 米。总面积 16.9 万亩，森林覆盖率达 97.43%。陈坊林场处于县城南部，东邻福建光泽县，西邻南城县，北接石峡乡、石峡林场，其余与乌石镇接壤，总面积 2.72 万亩，由麻地窠、梨树岭、大坪三片不相连的林区组成。石峡林场位于资溪县西南部，全场森林面积 2.5 万亩，其中毛竹林面积 2.1 万亩，森林覆盖率 99.8%。

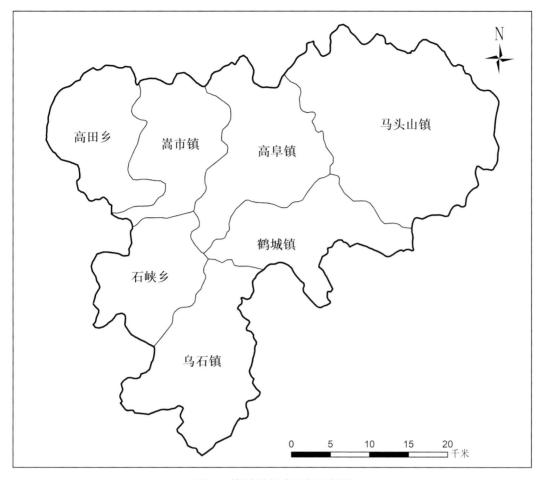

图五　资溪县行政区划示意图

第二节　遗址介绍

　　资溪县多为山地，境内森林覆盖密度较大，植被茂密，对调查工作造成较大困难，本年度在资溪县调查发现遗址 23 处，绝大多数遗址为新发现，所发现的遗址均为山岗聚落遗址。以下从遗址地理位置、出土遗物及年代及性质等方面对诸遗址进行介绍：

一　司前路遗址

1. 遗址概况

　　司前路遗址位于鹤城镇司前村（图七）。北距城北大道约 700 米，南距 316 国道（司前路）约 50 米，西距 316 国道约 950 米。地理坐标：北纬 27°42′47.1″，东经 117°04′28.9″，海拔 217 米。

　　遗址平面整体呈东西向不规则形，长径约 62 米，短径约 15 米。为一处山坡地带，地势东北高西南低，表面原植被已被人为平整，现种植为菜地，植被较稀疏，区域西南临民居，东、北紧邻树林（图八、图九）。总面积 1687.4 平方米。遗址所在的区域属于信江流域泸溪支流。地形为山间盆地内的较高台地，该遗址周边发现数处年代相近的类似遗址。

图六　资溪县先秦遗址分布示意图

图七　司前路遗址位置示意图

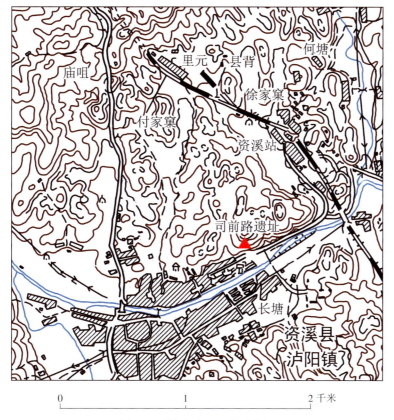

图八 司前路遗址地貌示意图

图九 司前路遗址远景图（由西南向东北）

2. 遗物介绍

司前路遗址地表仅采集到石锛 1 件，少量陶器碎片。

（1）石器

石锛 1 件。

2015ZSQL：1，青石磨制而成，顶端残，两侧平直，单面斜刃。宽 7.3 厘米，长 20.5 厘米，厚 4.3 厘米（图一〇，1）。

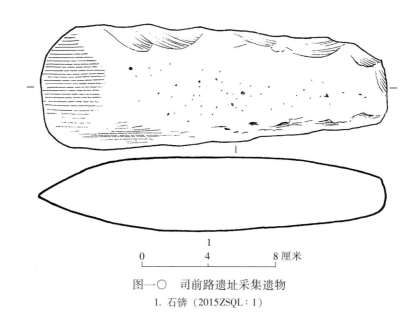

图一〇 司前路遗址采集遗物
1. 石锛（2015ZSQL：1）

（2）陶器

该遗址采集少量陶片，均为碎块，器形不可辨识，多为硬陶碎片。

3. 遗址年代与性质

司前路遗址距离泸溪支流较近，属于较为典型的岗地类遗址。该遗址以及周边的司前村水建小区遗址、绿岛后山遗址，均位于芦溪北岸台地顶部，表明该区域是古人选择生活居住的合适地点。地表仅采集到少量碎陶片，经钻探发现陶片的区域并未发现文化层，其主要原因在于遗址位于县城范围内，历年来修建房屋及地表耕作，已经将文化层破坏殆尽，仅剩雨水冲刷后沉积在遗址附近。

发现的陶器碎片多为硬陶碎片，推测该遗址为一处先秦时期遗址。其具体年代需要进一步进行详细的考古调查和发掘方能确认。

二 司前村水建小区遗址

1. 遗址概况

司前村水建小区遗址位于鹤城镇司前村（图一一）。北距城北大道约 630 米，南距 316 国道（司前路）约 150 米，西距 316 国道约 380 米（图一二）。地理坐标：北纬 27°42′41.5″，东经 117°04′09.8″，海拔 214 米。

图一一　司前村水建小区遗址位置示意图

图一二　司前村水建小区遗址地貌示意图

遗址位于东西至南北向山岗西南部山坡上，平面呈东西向不规则形，长径约 51 米，短径约 26 米。遗址地势东高西低，表面原植被已被人为平整，现种植为菜地，植被较稀疏，西、南临民居，北、东两侧为树林（图一三）。总面积 1423.2 平方米。

图一三　司前村水建小区遗址远景图（由东北向西南）

2. 遗物介绍

遗址地表为附近村民菜地，采集遗物数量较为丰富，包括石器、陶器等。

（1）石器

发现数量较少，仅有石锛 1 件。

石锛　1 件。

2015ZSQ：1，青石磨制而成，两面磨制成刃。宽 5.9 厘米，长 12.9 厘米，厚 3.5 厘米（图一四，1；图版一，1）。

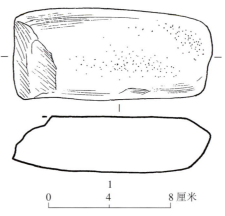

图一四　司前村水建小区遗址采集石器

1. 石锛（2015ZSQ：1）

（2）陶器

地表陶片分布较为丰富，以印纹硬陶为主，多为灰褐色或灰色。纹饰主要有回字＋凸钉组合纹（图一五，1）、雷纹（图一五，2）、叶脉纹（图一五，3）、方格纹（图一五，4）。夹砂黄陶为多，器形有罐、圈足、鼎足等。

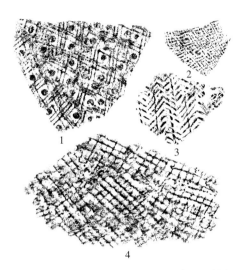

图一五　司前村水建小区遗址采集陶片纹饰拓片
1. 回字＋凸钉组合纹　2. 雷纹　3. 叶脉纹　4. 方格纹

罐　3 件。

2015ZSQ∶3，黄色硬陶，侈口，窄折沿，方唇，器表施凹弦纹。残高 4.1 厘米（图一六，3）。

2015ZSQ∶4，灰色硬陶，近直口，窄斜沿，沿面可见两道凹槽，尖圆唇，器表施短线纹。残高 5 厘米（图一六，5；图版一，3）。

2015ZSQ∶9，夹砂黄陶，侈口，折沿，沿面可见一周凸棱，圆唇。残高 3 厘米（图一六，2）。

盆　1 件。

2015ZSQ∶5，黄色硬陶，侈口，微卷沿，尖圆唇，器表施数道凹弦纹。残高 4.3 厘米（图一六，1）。

鼎足　1 件。

2015ZSQ∶7，夹砂黄陶，扁足，素面。残高 7.3 厘米（图一六，4；图版一，2）。

圈足　1 件。

2015ZSQ∶6，黄褐色硬陶，矮圈足，微外撇。残高 3.1 厘米（图一七，1；图版一，4）。

陶杯　2。

2015ZSQ∶8，残高 4.8 厘米（图一七，2；图版一，5、6）。

3. 遗址年代与性质

司前村水建小区遗址南临泸溪，属较为典型的山岗类遗址。该遗址东距司前路遗址 450 米，可能为年代相近的聚落遗址群，揭示了该区域是古人选择生活居住的合适地点。采集到的陶器大致可分为两组，分别为：

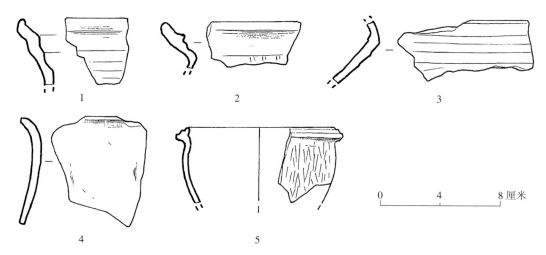

图一六　司前村水建小区遗址采集陶器

1～3. 罐（2015ZSQ：5、2015ZSQ：9、2015ZSQ：3）　4. 鼎足（2015ZSQ：7）　5. 盆（2015ZSQ：4）

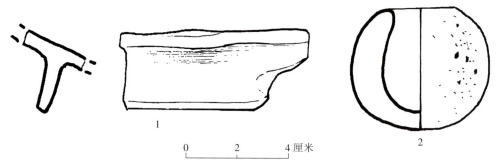

图一七　司前村水建小区遗址采集陶器

1. 圈足（2015ZSQ：6）　2. 陶杯（2015ZSQ：8）

第1组：以夹砂黄陶色陶鼎足为代表，年代略早，该组年代大致为晚商至西周早期。

第2组：以回字+凸钉组合纹、雷纹、叶脉纹、方格纹硬陶及扁柱状鼎足为代表，其年代晚于第1组，具有东周时期文化特征。

总体上看，司前村水建小区遗址发现遗存较为丰富，存续时间较长，是一处典型的新石器晚至商周时期山岗类聚落。该遗址的发现与初步分析为确定山岗类聚落遗址的文化序列、聚落形态研究，提供了十分难得的考古资料。

1. 石锛（2015ZSQ：1）

2. 陶鼎足（2015ZSQ：7）

3. 陶罐（2015ZSQ：4）

4. 陶圈足（2015ZSQ：6）

5. 陶杯（2015ZSQ：8）

6. 陶杯（2015ZSQ：8）

图版一 司前村水建小区遗址采集遗物

三 绿岛后山遗址

1. 遗址概况

绿岛后山遗址位于鹤城镇沙苑村，东北距资溪石材工业园约 400 米，东、南临 316 国道，西南临近铁路（图一八、一九）。地理坐标：北纬 27°43′02.3″，东经 117°05′00.6″，海拔 230 米。

绿岛后山遗址整体近东北—西南向椭圆形，长径约 41 米，短径约 26 米。为一处山地顶部缓坡地带，地势整体较平缓，表面为杂草、毛竹和灌木丛覆盖，植被较为茂密，总面积 513.9 平方米（图二〇）。绿岛后山遗址区域因靠近县城，因修整土地、多年城市建设，加上水土流失，已将遗址文化层破坏殆尽，保存状况较差，未发现文化层堆积。调查采集到少量陶片，器形无法辨识。

2. 遗物介绍

绿岛后山遗址区域内因修整土地，加上水土流失，保存状况较差，未发现文化层堆积。调查采集到少量陶片，器形无法辨识。

3. 遗址年代与性质

遗址调查采集遗物数量较少，陶器器形无法辨识，从陶片质地来看，以硬陶碎片为主，因此，该遗址年代应为先秦时期，可能以东周时期为主，与司前村水建小区遗址年代相近。

图一八　绿岛后山遗址位置示意图

图一九　绿岛后山遗址地貌示意图

图二〇 绿岛后山遗址远景图（由东北向西南）

司前路遗址、司前村水建小区遗址以及绿岛后山遗址东西向分布于芦溪北岸台地山岗的顶部，鹤城镇所在的山间小盆地之间，可能为一处分布范围较广，延续时间较长的小型聚落遗址群。

四 天光山遗址

1. 遗址概况

天光山遗址位于高阜镇高阜村委会上马石村东南山岗顶部（图二一）。北邻民居，南临村道，西距950县道（安石段）约300米，东距泸溪200米（图二二）。地理坐标：北纬27°46′37.3″，E117°4′0.3″，海拔179米。

图二一 天光山遗址位置遗址图

遗址平面整体呈东西向不规则椭圆形，长径约 136 米，短径约 59 米。为一处较高台地。台地上地势较平缓，表面已被人为平整为菜地，北部边沿地带为树林，区域东部有一信号塔（图二三）。总面积 8707.2 平方米。

图二二　天光山遗址地貌示意图

图二三　天光山遗址远景图（由东向西）

2. 遗物介绍

天光山遗址地表已开辟为菜地，采集少量陶器碎片，均为灰色硬陶，未见明显纹饰。

图二四　天光山遗址钻探地层

3. 遗址年代与性质

天光山遗址地表已开辟为菜地，采集少量陶器碎片，均为灰色泥质硬陶，未见明显纹饰，从陶片质地来看，应属先秦时期，具体年代未知。从后期勘探资料来看，该遗址已经完全破坏，未发现文化层以及遗迹现象。

五　畈上村遗址

1. 遗址概况

畈上村遗址位于高阜镇畈上村（图二五）。东距 950 县道（安石段）约 240 米、泸溪 600 米，北距 950 县道（安石段）约 490 米，西南距下保约 900 米，东南约 270 米有厂房。地理坐标：北纬 27°46′20.7″，东经 117°03′44.4″，海拔 185 米。

遗址平面整体略呈南北向不规则形，长径约 263 米，短径约 162 米。为一处山岗地带，地势中部高四周低，地表为树木、杂草和灌木丛覆盖，植被非常茂密。遗址东北部有几户民居（图二六、图二七）。总面积 65178.5 平方米。

因修建水库、水土流失和流水侵蚀等原因，遗址区域内未发现文化层堆积，地面采集大量石器、陶器残片等。

图二五　畈上村遗址位置示意图

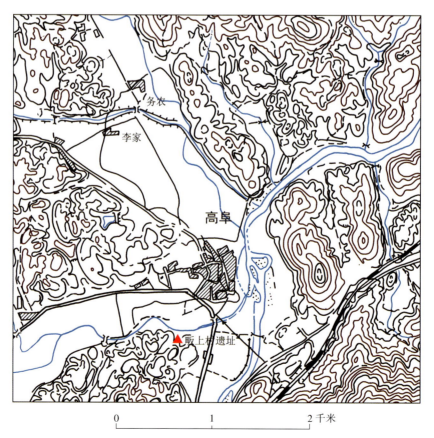

图二六　畈上村遗址地貌示意图

图二七 畈上村遗址远景图（由西北向东南）

2. 遗物介绍

畈上村遗址因修建水库、水土流失和流水侵蚀等原因，遗址区域内未发现文化层堆积，地面采集大量石器、陶器残片等。

（1）石器

遗址采集到石器数量较少，种类仅发现石锛1种。

石锛 3件。

2015ZFS：1，青灰色砂岩磨制而成，两侧平直，单面斜刃。长5.8厘米，残宽3厘米，厚1.3厘米（图二八，1；图版二，1）。

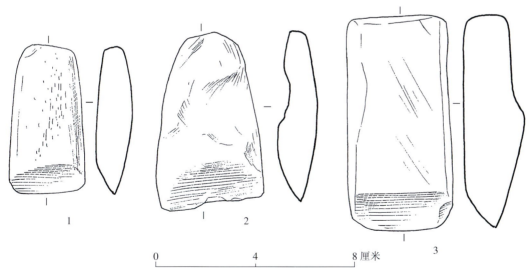

图二八 畈上村遗址采集石器

1～3. 石锛（2015ZFS：1、2015ZFS：2、2015ZFS：3）

2015ZFS：2，黄褐色砂岩磨制而成，表面凹凸不平，两面磨制成刃，刃部略残。残长7厘米，宽4.2厘米，厚1.5厘米（图二八，2；图版二，2）。

2015ZFS：3，青灰色砂岩磨制而成，一面平整，一面中部凸起，单面斜刃。残长8.5厘米，宽4.1厘米，厚2.4厘米（图二八，3；图版二，3）。

（2）陶器

遗址采集到的陶器数量较多，以夹砂陶为主，硬陶较少。夹砂陶多为黄褐色、灰褐色，以素面为主，器形有陶罐、陶甗、陶鼎（足）、陶纺轮等。硬陶多为灰褐色、黄褐色陶，纹饰有叶脉纹（图二九，1）、方格纹（图二九，2）、绳纹（图二九，3、7、8）、交叉弧形纹（图二九，4、5）、回纹等（图二九，6），器形有刀、罐、鼎等。

图二九　畈上村遗址采集陶片纹饰拓片
1. 叶脉纹　2. 方格纹　3、7、8. 绳纹　4、5. 交叉弧形纹　6. 回纹

刀　1件。

2015ZFS：4，灰色硬陶，直背，近背处可见一圆形穿孔，单面斜刃。残高6.5厘米，厚1.2厘米（图三一，2；图版二，4）。

尊　2件。

2015ZFS：6，灰色硬陶，侈口，方唇，口沿内有数道凸棱，素面。残高4.6厘米（图三〇，1）。

2015ZFS：7，黄褐色硬陶，侈口，尖圆唇，素面。残高6厘米（图三〇，3；图版二，5）。

罐　3件。

2015ZFS：5，夹砂灰陶，敞口，尖圆唇，素面。残高3厘米（图三〇，5）。

2015ZFS：8，夹砂灰陶，侈口，方唇，素面。残高4厘米（图三〇，2）。

2015ZFS：9，夹砂黄陶，敞口，折沿，圆唇，素面。残高2.6厘米（图三〇，4）。

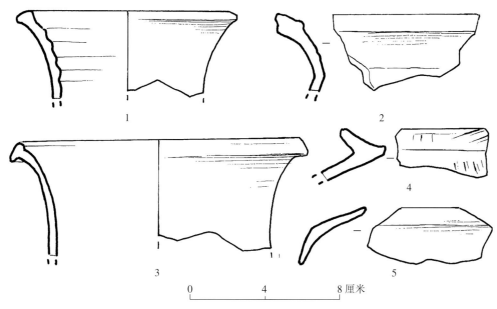

图三〇　畈上村遗址采集陶器

1~5. 陶罐（2015ZFS：6、2015ZFS：8、2015ZFS：7、2015ZFS：9、2015ZFS：5）

圈足　1件。

2015ZFS：10，灰色硬陶，矮圈足，器表施交错绳纹。残高2.2厘米，直径约12厘米。（图三一，1；图版二，6）。

鼎足　6件。据截面形态，可分为两型：

A型：4件。宽扁状足。

2015ZFS：13，夹砂黄陶，截面呈扁圆形，素面。残高5厘米，厚3厘米（图三二，6）。

2015ZFS：14，夹砂灰白陶，扁足，素面。残高6.9厘米，厚1.1厘米（图三二，5）。

2015ZFS：15，夹砂黄陶，截面呈扁圆形，两面可见两道短刻槽。残高4.8厘米（图三二，2；图版二，8）。

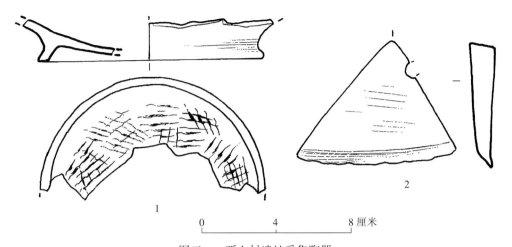

图三一　畈上村遗址采集陶器

1. 圈足陶盆（2015ZFS：10）　2. 陶刀（2015ZFS：4）

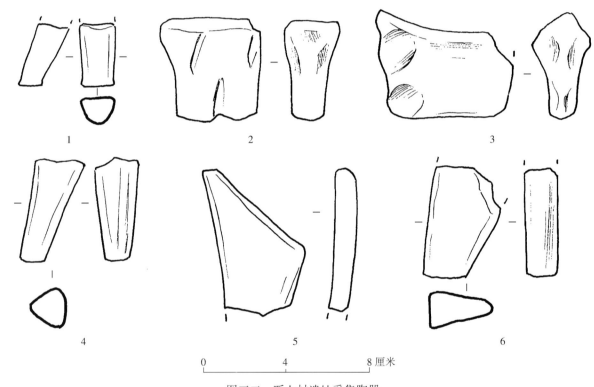

图三二　畈上村遗址采集陶器

1～6. 鼎足（2015ZFS：12、2015ZFS：15、2015ZFS：16、2015ZFS：11、2015ZFS：14、2015ZFS：13）

2015ZFS：16，夹砂黄褐陶，截面呈扁圆形，两面足上部各有一对按压凹窝。残高5厘米（图三二，3）。

B 型：2件。扁柱状足。

2015ZFS：11，夹砂灰陶，截面呈三角形，素面。残高4.8厘米（图三二，4；图版二，7）。

2015ZFS：12，夹砂灰陶，截面呈半圆形，素面。残高2.9厘米（图三二，1）。

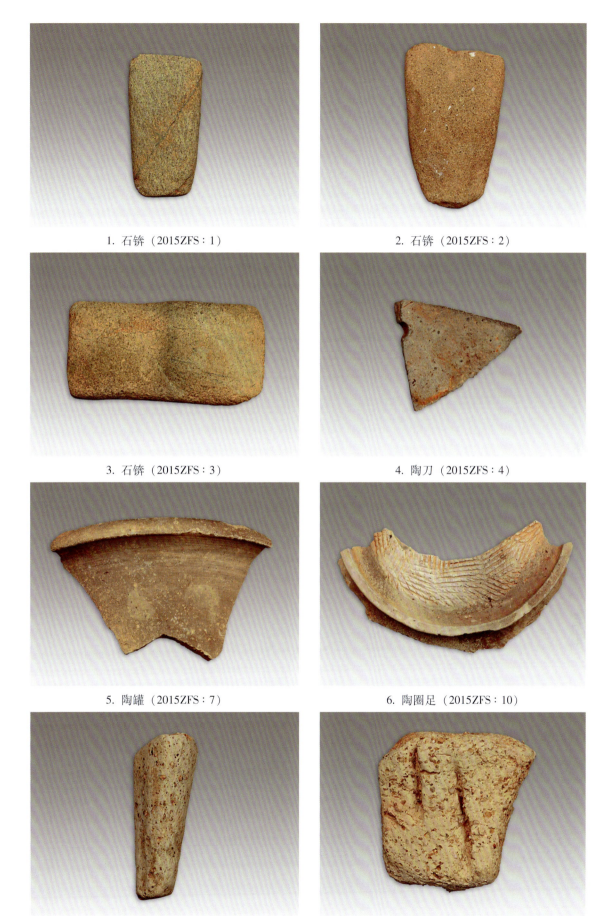

1. 石锛（2015ZFS：1）

2. 石锛（2015ZFS：2）

3. 石锛（2015ZFS：3）

4. 陶刀（2015ZFS：4）

5. 陶罐（2015ZFS：7）

6. 陶圈足（2015ZFS：10）

7. 陶鼎足（2015ZFS：11）

8. 陶鼎足（2015ZFS：15）

图版二　畈上村遗址采集遗物

3. 遗址年代与性质

畈上村遗址东距芦溪约 500 米，位于山前岗地顶部，属于典型的坡地型山岗类聚落，从采集遗物与周边遗址比较来看，畈上村遗址所获遗存可分为以下两个年代组：

第 1 组：以宽扁状鼎足（A 型鼎足）为代表，所见鼎足器表多见刻槽或凹窝，其年代应为商代晚期至西周时期。

第 2 组：以三棱状鼎足（B 型鼎足）、高领罐、圈足、方格纹硬陶为代表。该组所见鼎足均为素面，具有东周时期文化特征，该组年代应为西周晚期至春秋时期。

六　鸡冠山 1 号遗址

1. 遗址概况

鸡冠山 1 号遗址位于高阜镇高阜村（图三三）。东距 950 县道（务东段）约 300 米，北距 950 县道（高孔段）约 160 米，南距 950 县道（安石段）约 500 米，东南临高阜镇民居（图三四）。地理坐标：北纬 27°46′55.6″，东经 117°03′36.1″，海拔 193 米。

图三三　鸡冠山 1 号遗址位置示意图

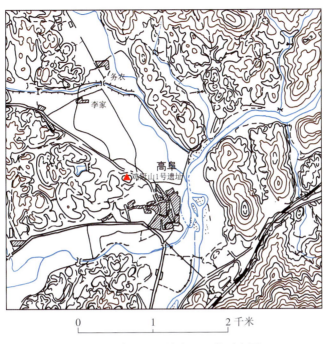

图三四　鸡冠山 1 号遗址地貌示意图

图三五　鸡冠山 1 号遗址远景图（由西北向东南）

遗址平面整体呈西南—东北向不规则形，长径约 205 米，短径约 77 米。为一处山坡地带，地势北高南低，表面有农田、竹林和民居，区域北部紧邻村道水泥路（图三五）。总面积 12716.3 平方米。

2. 遗物介绍

鸡冠山 1 号遗址因村落建设破坏较为严重，仅在房屋之间的空地和菜地内采集到少量石器和陶器残片。石器器形仅石锛 1 件；陶器器形可辨识出鼎、罐以及豆。

县道（高孔段）约610米，南距高阜镇镇政府约220米（图四〇）。地理坐标：北纬27°46′48.8″，东经117°03′24.2″，海拔202米（图三九）。

图三九　鸡冠山2号遗址位置示意图

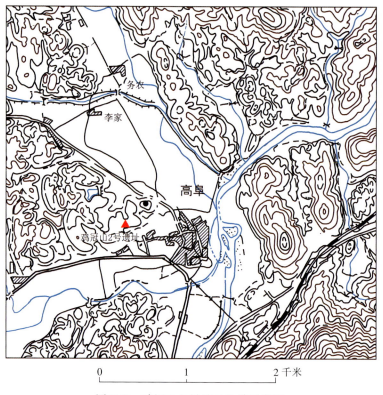

图四〇　鸡冠山2号遗址地貌示意图

遗址平面整体呈西北—东南向不规则形，长径约 123 米，短径约 79 米。为一处山地地带，地势东北高其他三面低，表面为毛竹林，植被非常茂密，区域西部紧邻村道（图四一）。总面积5441.1 平方米。

图四一　鸡冠山 2 号遗址远景图（由西北向东南）

2. 遗物介绍

鸡冠山 2 号遗址区域内植被覆盖较好，因水土流失以及遗址东、南两侧的取土行为，导致整个遗址区域基本不见文化层堆积，仅在地面采集到少量石器以及较多的陶片。

（1）石器

残石器　1 件。

2015ZJGⅡ：1，残石器，黄褐色砾石磨制而成，整体呈长方体，器表磨制平整。残高 3.3 厘米，宽 2.5 厘米，厚 2 厘米（图四二，1；图版四，1）。

磨石　1 件。

2015ZJGⅡ：2，磨石，黄色砾石磨制而成，大致呈长方体，两面内凹，器表磨制平整。残高 11 厘米，长 16 厘米，厚 4 厘米（图四二，2；图版四，2）。

（2）陶器

陶器以夹砂陶为主，硬陶较少。夹砂陶多为灰褐色、黄褐色以及红色，多为素面，纹饰可见细绳纹（图四三，1、2），器形主要为鼎。硬陶很少，灰色，纹饰仅见雷纹（图四三，3），器形可辨识为盆。

圈足　2 件。

2015ZJGⅡ：3，夹砂灰陶，矮圈足，微外撇。残高 2.6 厘米（图四四，1；图版四，3）。

2015ZJGⅡ：6，夹砂红陶，矮圈足，器表施折线纹。残高 4 厘米（图四四，2；图版四，4）。

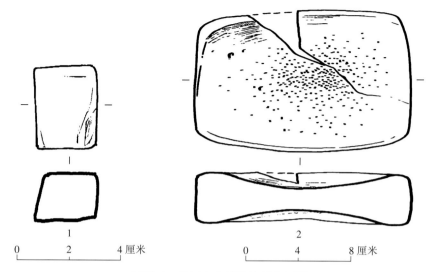

图四二　鸡冠山 2 号遗址采集石器

1. 残石器（2015ZJGⅡ：1）　2. 磨石（2015ZJGⅡ：2）

图四三　鸡冠山 2 号遗址采集陶片纹饰拓片

1~2. 绳纹　3. 雷纹

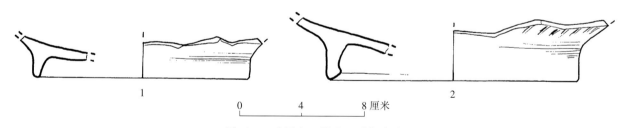

图四四　鸡冠山 2 号遗址采集陶片

1~2. 圈足（2015ZJGⅡ：3、2015ZJGⅡ：6）

盆　1 件。

2015ZJGⅡ：4，灰色硬陶，侈口，微卷沿，圆唇，素面。残高 2.5 厘米（图四五，1）。

罐　2 件。

2015ZJGⅡ：5，夹砂灰白陶，侈口，圆唇，素面。残高 3.4 厘米（图四五，2）。

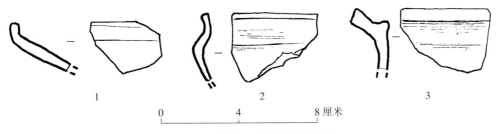

图四五　鸡冠山 2 号遗址采集陶片

1. 盆（2015ZJGⅡ：4）　　2～3. 罐（2015ZJGⅡ：5、2015ZJGⅡ：7）

2015ZJGⅡ：7，夹砂灰陶，侈口，折沿，方唇，口沿内有一道凸棱，素面。残高 3.2 厘米（图四五，3；图版五，1）。

鼎足　14 件。

采集鼎足数量较多，据形态差异，可分为六型。

A 型：7 件。截面扁圆形足。根据有无按压痕，可分二式。

Aa 式　5 件。足表面无按压痕。

2015ZJGⅡ：8，夹砂灰白陶，截面呈扁圆形，素面。残高 6 厘米（图四七，4；图版五，2）。

2015ZJGⅡ：17，夹砂灰陶，截面呈扁圆形，素面。残高 4.5 厘米（图四七，2；图版六，3）。

2015ZJGⅡ：12，夹砂黄褐陶，扁足，素面。残高 5.3 厘米，厚 1.2 厘米（图四六，4）。

2015ZJGⅡ：14，夹砂灰陶，截面呈扁圆形，素面。残高 4.5 厘米（图四六，6；图版五，6）。

2015ZJGⅡ：16，夹砂灰陶，扁足，素面。残高 7 厘米（图四七，5；图版六，2）。

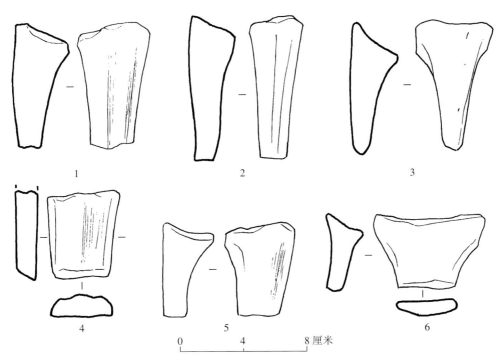

图四六　鸡冠山 2 号遗址采集陶片

1～6. 鼎足（2015ZJGⅡ：11、2015ZJGⅡ：13、2015ZJGⅡ：18、2015ZJGⅡ：12、2015ZJGⅡ：19、2015ZJGⅡ：14）

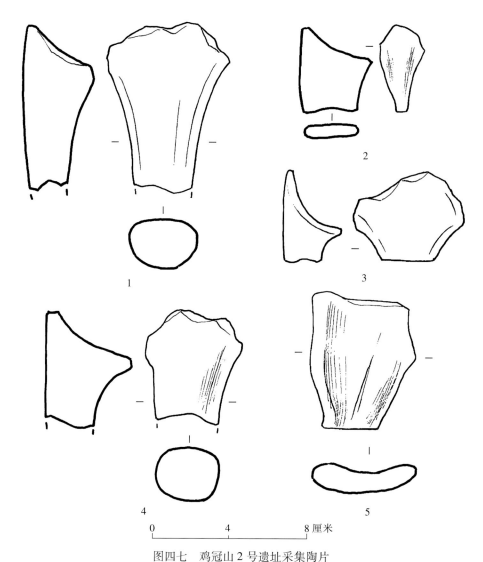

图四七　鸡冠山 2 号遗址采集陶片

1~5. 鼎足（2015ZJGⅡ：10、2015ZJGⅡ：17、2015ZJGⅡ：21、2015ZJGⅡ：8、2015ZJGⅡ：16）

Ab 式　2 件。足上部有刻划、按压痕。

2015ZJGⅡ：9，夹砂灰白陶，截面扁圆形，一侧可见两道短刻槽，两侧足上部各有一个按压凹窝。残高 6 厘米（图四八，2）。

2015ZJGⅡ：15，夹砂红陶，截面呈扁圆形，两侧均可见数道短刻槽。残高 6 厘米（图四八，1；图版六，1）。

B 型：1 件。管状扁足。

2015ZJGⅡ：20，夹砂灰陶，截面呈扁圆形，空心足，素面。残高 5.3 厘米（图四八，3；图版六，6）。

C 型：6 件。截面椭圆形足。

2015ZJGⅡ：10，夹砂黄褐陶，截面呈椭圆形，素面。残高 8.5 厘米（图四七，1；图版五，3）。

2015ZJGⅡ：11，夹砂灰白陶，截面呈椭圆形，一侧可见一竖向凹槽。残高 7.8 厘米（图四六，1；图版五，4）。

2015ZJGⅡ：13，夹砂灰白陶，截面呈椭圆形，素面。残高8.8厘米（图四六，2；图版五，5）。

2015ZJGⅡ：18，夹砂黄陶，截面呈椭圆形，素面。残高8厘米（图四六，3；图版六，4）。

2015ZJGⅡ：19，夹砂灰白陶，截面呈椭圆形，素面。残高5.8厘米（图四六，5；图版六，5）。

2015ZJGⅡ：21，夹砂灰陶，截面呈椭圆形，素面。残高4.8厘米（图四七，3；图版六，7）。

纺轮 1件。

2015ZJGⅡ：22，夹砂黑陶，截锥状，中部穿孔。直径3厘米（图版六，8）。

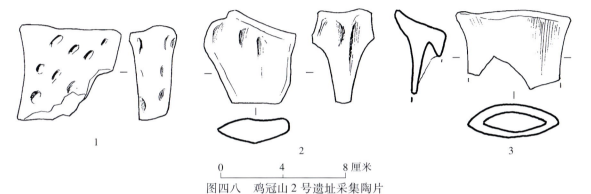

0   4   8厘米

图四八 鸡冠山2号遗址采集陶片
1～3. 鼎足（2015ZJGⅡ：15、2015ZJGⅡ：9、2015ZJGⅡ：20）

1. 残石器（2015ZJGⅡ：1）

2. 磨石（2015ZJGⅡ：2）

3. 陶圈足（2015ZJGⅡ：3）

4. 陶圈足（2015ZJGⅡ：6）

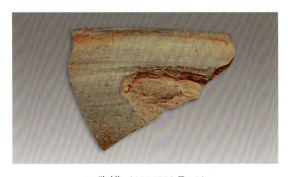

5. 陶罐（2015ZJGⅡ：3）　　　　　　　6. 陶罐（2015ZJGⅡ：6）

图版四　鸡冠山2号遗址采集遗物

1. 陶罐（2015ZJGⅡ：7）　　　　　　　2. 陶鼎足（2015ZJGⅡ：8）

3. 陶鼎足（2015ZJGⅡ：10）　　　　　　4. 陶鼎足（2015ZJGⅡ：11）

5. 陶鼎足（2015ZJGⅡ：13）　　　　　　6. 陶鼎足（2015ZJGⅡ：14）

图版五　鸡冠山2号遗址采集遗物

1. 陶鼎足（2015ZJGⅡ：15）

2. 陶鼎足（2015ZJGⅡ：16）

3. 陶鼎足（2015ZJGⅡ：17）

4. 陶鼎足（2015ZJGⅡ：18）

5. 陶鼎足（2015ZJGⅡ：19）

6. 陶鼎足（2015ZJGⅡ：20）

7. 陶鼎足（2015ZJGⅡ:21）

8. 陶纺轮（2015ZJGⅡ:22）

图版六　鸡冠山2号遗址采集遗物

3. 遗址年代与性质

鸡冠山2号遗址邻近芦溪，背山面水，属于典型的坡地型山岗类聚落，从采集遗物与周边遗址比较来看，渣溪遗址所获遗存可分为以下三个年代组：

第1组：以A、B型鼎足、折沿、宽折沿陶罐、雷纹硬陶等为代表。该组所见带刻画痕、按压痕的鼎足与金溪县高坊水库Ⅳ遗址采集的大量鼎足特征类似，具有商时期陶器的风格。遗址所见陶罐及纺轮与西周时期陶器有较多相似性。因此，可将本组的年代推定为商代晚期至西周时期。

第2组：以C型鼎足、细绳纹硬陶为代表。该组陶器为该区域东周时期所常见，其年代可推定为春秋时期。

鸡冠山2号遗址延续时间较长，说明该地区拥有优越的自然环境，适合古人长期的生活。该遗址的发现有助于区域先秦时期文化序列及聚落演进等方面研究的深入开展。

八　横溪遗址

1. 遗址概况

横溪遗址位于高阜镇石陂大队横溪村（图四九）。东北临树林，其余紧邻民居，南距950县道（安石段）约160米，西距窑上约450米。地理坐标：北纬27°46′32.8″，东经117°02′41.7″，海拔199米。

遗址平面整体呈东西向不规则形，长径约173米，短径约104米（图五〇）。为一处山坡地带，地势南高北低，表面主要为竹林，植被较为茂密，区域东北部有一条土路（图五一）。总面积：16813.9平方米。

图四九　横溪遗址位置示意图

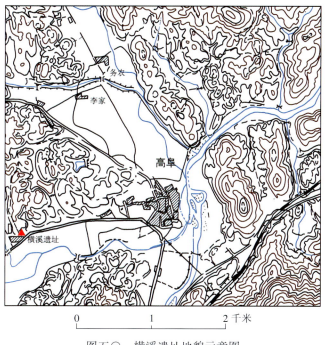

图五〇　横溪遗址地貌示意图

图五一　横溪遗址远景图（由西向东）

2. 遗物介绍

横溪遗址采集遗物较少，主要为陶器。

陶器

以硬陶为主，陶色多为灰色或黄色。纹饰主要有交错菱形纹（图五二，1）、折线纹（图五二，2）、席纹（图五二，3）、菱格纹（图五二，4）等，器形可见盆、罐等。

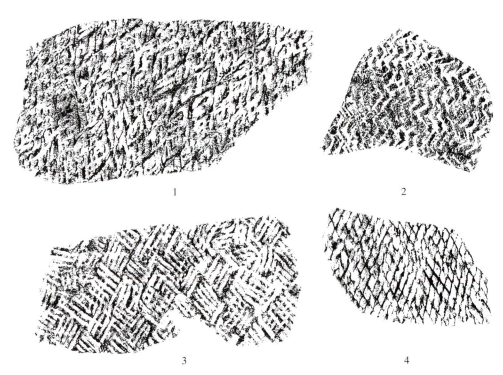

图五二　横溪遗址采集陶片纹饰拓片

1. 交错菱形纹　2. 折线纹　3. 席纹　4. 菱格纹

盆　1件

2015ZHX：1，黄色硬陶，敞口，尖圆唇，口沿内有一道凸棱。残高3.6厘米（图五三，1；图版七，1）。

罐　2件

2015ZHX：2，灰色硬陶，侈口，尖圆唇，口沿内有一道凸棱，器表施网格纹。残高4厘米（图五三，2；图版七，2）。

2015ZHX：3，夹砂灰白陶，侈口，窄平沿，圆唇，器表施绳纹。残高6厘米（图五三，3；图版七，3）。

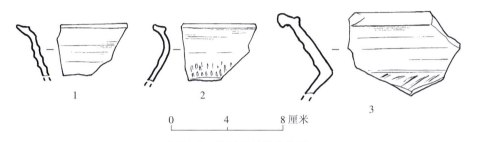

图五三　横溪遗址采集陶片

1. 盆（2015ZHX：1）　2、3. 罐（2015ZHX：2、2015ZHX：3）

1. 陶盆（2015ZHX：1）

2. 陶罐（2015ZHX：2）

3. 陶罐（2015ZHX：3）

4. 陶盆（2015ZHXD：1）

5. 陶罐（2015ZHK：1）　　　　　　　　6. 陶罐（2015ZHK：2）

图版七　横溪遗址、横溪东遗址、横窠遗址采集遗物

3. 遗址年代与性质

横溪遗址位于山岗西南侧山坡上，其西侧 200 米为西北—东南向小河，地理环境优越，适宜古代人群生活。横溪遗址处于山坡地带，因修整土地和水土流失等原因未见文化层堆积，地面散见石器、陶器残片等。

从遗址采集的折线纹、席纹硬陶，以及折沿罐沿面有凹槽的特征来看，与金溪县高坊水库Ⅳ号遗址第 2 组遗物特征相同，具有商时期陶器的风格。因此，可将本组的年代推定为商代晚期至西周时期。横溪遗址的发现，为区域文化序列建构及聚落形态演进等提供了十分重要的考古资料。

九　横溪东遗址

1. 遗址概况

横溪东遗址位于高阜镇石陂大队横溪村东（图五四）。东临废弃砖厂，南距 950 县道（安石段）约 130 米，西南距横溪约 390 米，东距一厂房约 130 米（图五五）。地理坐标：北纬 27°46′37.9″，东经 117°02′54.0″，海拔 195 米。

遗址平面整体呈南北向不规则形，长径约 84 米，短径约 29 米。为一处被平整地带，地势较平缓，表面有少量杂草和灌木丛覆盖，植被稀疏，部分地表铺有砖厂炉渣（图五六）。总面积 16813.9 平方米。

2. 遗物介绍

横溪东遗址因位于砖厂范围内，地表已大面积取土破坏，仅采集到少量陶片，未见其他遗物。

陶器

采集陶片数量较少，多为碎片。器形可辨者仅盆 21 件。

图五四 横溪东遗址位置示意图

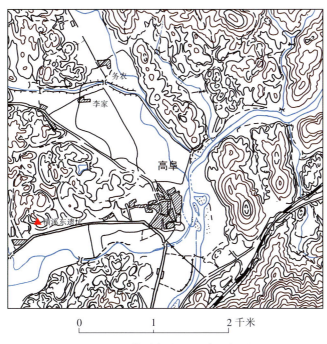

图五五 横溪东遗址地貌示意图

图五六　横溪东遗址远景图（由东向西）

盆　1件。

2015ZHXD：1，黄色硬陶，侈口，圆唇，口沿内有一道凸棱，其下施酱色釉，器表施网格纹。残高6.4厘米（图五七；图版七，4）。

0　4　8厘米

图五七　横溪东遗址采集遗物
盆（2015ZHXD：1）

3. 遗址年代与性质

横溪东遗址西南距横溪遗址约400米，两处遗址由一条冲沟隔离为东西两处，所处环境相同，应当为一处聚落遗址群。横溪东遗址破坏较为严重，采集遗物数量极少，具体年代难以判断。从采集的陶盆陶质来看，应属先秦时期聚落遗址。参考横溪遗址采集陶盆形制，基本相同。因此，两处遗址的年代应当相近，判断该遗址年代应为商代晚期至西周时期。

一〇　横窠遗址

1. 遗址概况

横窠遗址位于高阜镇乌龙村委会红光村北横窠山上（图五八）。东距950县道（务东段）约1千米，南距950县道（高孔段）约500米，东北距马鞍约700米，东南约200米处有几户民居（图五九）。地理坐标：北纬27°47′44.7″，东经117°02′46.4″，海拔203米。

遗址平面整体呈南北向不规则形，长径约193米，短径约182米。为一处山地地带，地势中部高四周低，表面原树木已被人为平整，现存地面为杂草和人工栽植的杉树苗覆盖，植被较稀疏，遗址四周有部分人工挖成的养殖螃蟹的水塘，总面积48069.7平方米（图五九）。

图五八 横窠遗址位置示意图

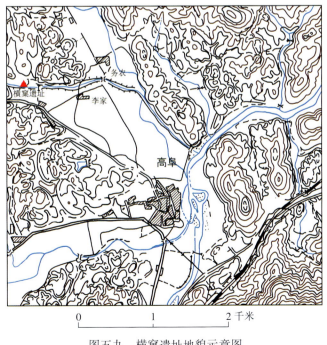

图五九 横窠遗址地貌示意图

图六〇　横窠遗址远景图（由西北向东南）

2. 遗物介绍

横窠遗址地表植被茂盛，为杂木林、灌木覆盖，仅采集到少量陶片。

陶器

横窠遗址采集陶片均为夹砂灰陶，表面饰绳纹，器形可辨均为罐。

罐　2件。

2015ZHK：1，夹砂灰陶，侈口，窄平沿，方唇，器表施绳纹。残高5.8厘米（图六一，1；图版七，1）。

2015ZHK：2，夹砂灰陶，侈口，圆唇，沿内有一周凸棱，器表施绳纹。残高4.5厘米（图六一，2；图版七，2）。

3. 遗址年代与性质

横窠遗址位于一座孤立的小山岗顶部，周边为冲沟环绕。因地表植被覆盖，采集遗物数量极少。从2件陶罐来看，饰有绳纹，弧腹、折沿，口沿内侧饰有凹弦纹，与抚河流域商代晚期至西周

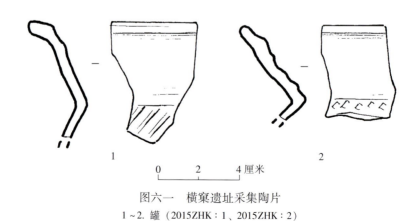

图六一　横窠遗址采集陶片

1～2. 罐（2015ZHK：1、2015ZHK：2）

时期同类器物十分相近，年代也应相近。因此，判断横寨遗址的年代为商代晚期至西周时期。

── 朱家村瓦厂山遗址

1. 遗址概况

朱家村瓦厂山遗址位于嵩市镇高陂村委会朱家村（图六二）。北距资光高速约360米，南距嵩陂段约50米，东距嵩陂段约70米（图六三）。地理坐标：北纬27°46′25.8″，东经116°55′12.0″，海拔153米。

图六二　朱家村瓦厂山遗址位置示意图

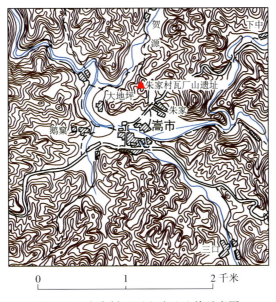

图六三　朱家村瓦厂山遗址地貌示意图

遗址平面整体呈东北—西南向不规则形，长径约90米，短径约53米。为一处山岗地带，地势东北高四周低，表面大部分已被人为平整为菜地，植被较稀疏，区域东北临树林，东、南紧邻民居（图六四）。总面积5533.3平方米。

经勘探，朱家村瓦厂山遗址区域内未发现文化层堆积，由于土地平整和水土流失，地面散布有陶器残片。

图六四　朱家村瓦厂山遗址远景图（由南向北）

2. 遗物介绍

朱家村瓦厂山遗址地表为茂盛植被覆盖，仅在开辟的菜园中采集到少量遗物，包括石器以及陶器。

（1）石器

石器仅采集到残石刀1件。

石刀　1件。

2015ZZW：1，黄褐色砂岩磨制而成，弧背，近背处可见二圆形穿孔，单面斜刃。残高9.6厘米，长16.7厘米，穿孔直径0.8厘米，厚1厘米（图六五，1；图版八，3）。

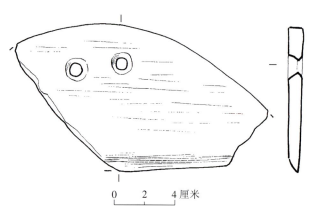

0　　2　　4厘米

图六五　朱家村瓦厂山遗址采集石器
1. 石刀（2015ZZW：1）

（2）陶器

遗址地表采集到的陶片均为灰色硬陶，纹饰较多，包括绳纹（图六六，1）、方格纹（图六六，2）、雷纹（图六六，3）、弧纹（图六六，4）、席纹（图六六，5）、方格纹（图六六，6）、交错线纹（图六六，7）、绳纹（图六六，8）等。

图六六　朱家村瓦厂山遗址采集陶片纹饰拓片

1. 绳纹　2. 方格纹　3. 雷纹　4. 弧纹　5. 席纹　6. 方格纹　7. 交错线纹　8. 绳纹

盆　1件。

2015ZZW：2，灰色硬陶，侈口，折沿，尖圆唇，器表可见数道凹槽。残高4厘米（图六七，1；图版八，2）。

罐　1件

2015ZZW：3，灰色硬陶，敛口，窄平沿，尖圆唇，素面。残高2.2厘米（图六七，2；图版八，3）。

3. 遗址年代与性质

朱家村瓦厂山遗址位于一座直径约550米的孤立小山岗东南部山坡上，一条小河从东、南、西三面环绕而过，遗址南距小河约280米。因地表植被覆盖，采集遗物数量极少。从遗址采集陶片均

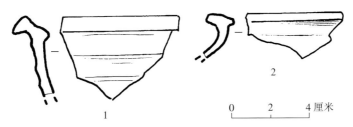

图六七　朱家村瓦厂山遗址采集陶片

1. 盆（2015ZZW：2）　2. 罐（2015ZZW：3）

为硬陶，纹饰中的雷纹、方格纹、席纹，以及弧腹、折沿、口沿外侧饰有凸弦纹陶器来看，与抚河流域商代晚期至西周时期同类器物十分相近，年代也应相近。因此，判断朱家村瓦厂山遗址的年代为商代晚期至西周时期。

1. 罐（2015ZZW：2）

2. 罐（2015ZZW：3）

3. 石刀（2015ZZW：1）

图版八　朱家村瓦厂山采集遗物

一二　下桥村燕子梁遗址

1. 遗址概况

下桥村燕子梁遗址位于资溪县高田镇许坊村委会下车村燕子梁山上（图六八）。北距在建资光高速约780米，西距944县道约300米，东部和南部紧邻下桥村（图六九）。地理坐标为北纬27°45′43.9″，东经116°51′08.5″，海拔107米。

遗址平面呈不规则形，长径约88.9米，短径约43.1米位于一处山坡地带，地势北高南低，表面大部被人为翻土做菜地，植被较为疏松，区域北部紧邻树林，南部临民居，区域内有国防光缆东西向穿过（图七〇）。总面积2412平方米。

经钻探，遗址区域内植被覆盖较好，地表因人为翻动散见有少量陶片，因水土流失，整个遗址区域基本不见文化层堆积。

图六八　下桥村燕子梁遗址位置示意图

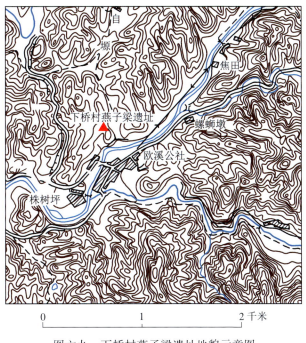

图六九　下桥村燕子梁遗址地貌示意图

图七〇　下桥村燕子梁遗址远景图（由南向北）

2. 遗物介绍

该遗址采集遗物数量较少，主要为陶器。

陶器

下桥村燕子梁遗址采集陶器主要为硬陶，少量夹砂灰陶。硬陶以灰色为主，烧制火候略低，纹饰主要以交错绳纹（图七一，1）、菱格纹（图七一，2～3）、方格纹为主，纹痕较深，器形主要为盆、罐。夹砂陶多为灰色，器形主要为鼎（足），素面。

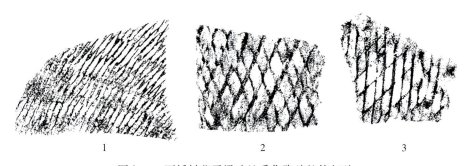

图七一　下桥村燕子梁遗址采集陶片纹饰拓片
1. 交错绳纹　2～3. 菱格纹

罐　1件。

2015ZXY：1，灰色硬陶，侈口，折沿，方唇，器表施菱格纹。残高3.2厘米（图七二，1；图版九，1）。

盆　1件。

2015ZXY：2，灰色硬陶，侈口，折沿，圆唇，器表施方格纹。残高3厘米（图版九，2）。

鼎足　1件。

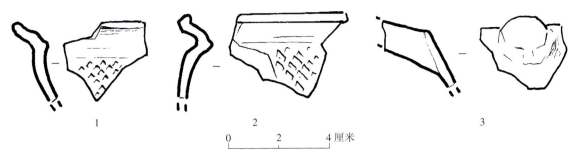

图七二　下桥村燕子梁遗址采集陶器

1~2. 罐（2015ZXY：1、2015ZXY：2）　3. 鼎足（2015ZXY：3）

2015ZXY：3，夹砂灰陶，截面呈椭圆形，素面。残高2.7厘米（图七二，3；图版九，3）。

3. 遗址年代与性质

下桥村燕子梁遗址位于山岗南部凸出部位的山坡上，三面环水，地表植被茂盛。遗址西南侧一条小河分流城南北向、东西向的两条河流。遗址南距小河约280米。因地表植被覆盖，采集遗物数量极少。从遗址采集陶片均为硬陶，纹饰中的交错绳纹、菱格纹、方格纹，以及弧腹、折沿、口沿内侧饰有凸弦纹陶器来看，与抚河流域商代晚期至西周时期同类器物十分相近，年代也应相近。因此，判断桥村燕子梁遗址的年代为商代晚期至西周时期。

1. 罐（2015ZXY：1）

2. 罐（2015ZXY：2）

3. 鼎足（2015ZXY：3）

图版九　下桥村燕子梁遗址采集遗物

一三　许坊村窑上山遗址

1. 遗址概况

许坊村窑上山遗址位于资溪县高田镇许坊村委会窑上山（图七三）。北距 316 国道约 170 米，西部紧邻下桥村民居，南距 722 乡道约 20 米（图七四）。地理坐标为北纬 27°45′39.1″，东经 116°51′25.9″，海拔 102 米。

图七三　许坊村窑上山遗址位置图

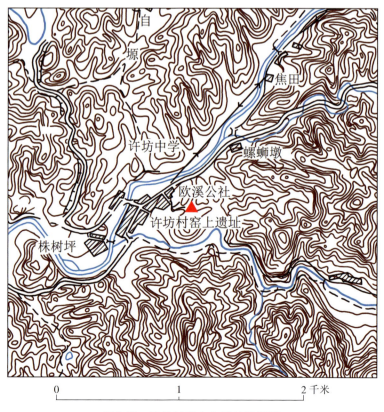

图七四　许坊村窑上山遗址地貌图

遗址平面呈不规则形，长径约 74.1 米，短径约 35.4 米。位于一处被平整过的山坡地带，地势北部稍高，南部稍低，区域内大部已被人为平整建为民居，区域中部有废弃的瓦窑（图七五）。总面积 2523 平方米。

图七五　许坊村窑上山遗址远景图（由东向西）

2. 遗物介绍

遗址范围内由于地表改造、水土流失等原因，保存状况较差，未发现文化层堆积（图七六）。调查采集到少量陶片，器形无法辨识。

图七六　许坊村窑上山遗址钻探地层

3. 遗址年代与性质

许坊村窑上山遗址西距下桥村燕子梁遗址约 1000 米，北依小河，分布在一座呈凸字形山包的凸出部。遗址地表已被建设为村居，采集陶片均为夹砂灰陶，未见纹饰，推测该遗址为先秦时期遗址，其具体年代尚待进一步调查或发掘工作解决。

一四　杨家山遗址

1. 遗址概况

杨家山遗址位于资溪县高田镇高田村委会高田村杨家山上（图七七）。西部紧邻 944 县道，南部紧邻杨家源村，在建的资光高速从遗址北部穿过，遗址部分被破坏（图七八）。地理坐标为北纬 27°48′05.2″，东经 116°50′44.7″，海拔 117 米。

图七七　杨家山遗址位置示意图

遗址平面整体呈不规则形，长径约 73.9 米，短径约 61.7 米。遗址位于一处缓坡山地，地势东南高西北低，地表大部为竹子、杂草和灌木丛覆盖，植被非常茂密，区域中部有一中国移动信号塔（图七九）。总面积 4393 平方米。

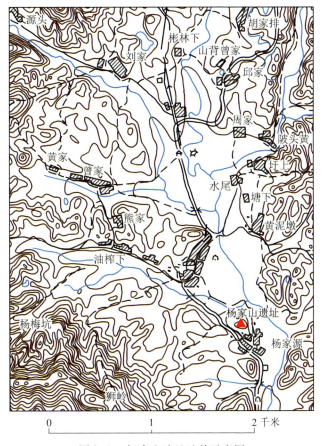

图七八　杨家山遗址地貌示意图

图七九　杨家山遗址远景图（由北向南）

2. 遗物介绍

　　遗址区域内植被茂密，遗址北部因修建资光高速遭到破坏，加上水土流失、流水侵蚀等原因，遗址区域内未发现文化层堆积，遗址地表采集少量陶片。

陶器

罐　3件。

2015ZYJ：1，夹砂黄陶，侈口，方唇，口沿下有一周凸棱，素面。残高6厘米（图八〇，1；图版〇，1）。

2015ZYJ：2，夹砂黄陶，微侈口，窄平沿，尖圆唇，素面。残高6.5厘米（图八〇，2；图版一〇，2）。

2015ZYJ：3，夹砂灰陶，侈口，折沿，沿面可见一道凸棱，圆唇，器表施方格纹。残高4厘米（图八〇，3；图版一〇，3）。

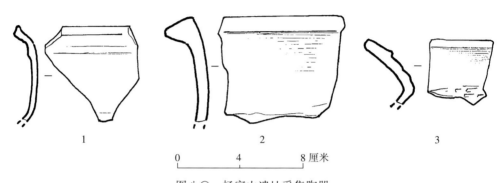

图八〇　杨家山遗址采集陶器

1~3. 罐（2015ZYJ：1、2015ZYJ：2、2015ZYJ：3）

鼎足　3件。

2015ZYJ：4，夹砂灰陶，截面呈扁圆形，素面。残高4.5厘米，厚1.2厘米（图八一〇，1；图版一〇，4）。

2015ZYJ：5，夹砂灰陶，截面近长方形，一面可见一道竖向凹槽。残高5.7厘米（图八一，2；图版一〇，5）。

2015ZYJ：6，夹砂灰陶，截面呈扁圆形，素面。残高6厘米（图八一，3；图版一〇，6）。

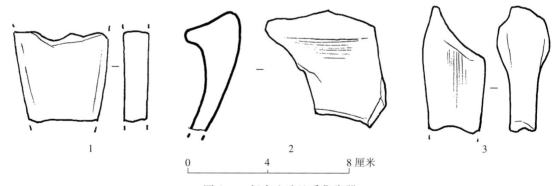

图八一　杨家山遗址采集陶器

1~3. 鼎足（2015ZYJ：4、2015ZYJ：5、2015ZYJ：6）

圈足　1件。

2015ZYJ：7，夹砂灰陶，矮圈足，微外撇。高2.8厘米（图八二；图版一〇，7）。

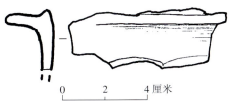

图八二　杨家山遗址采集陶器
圈足（2015ZYJ：7）

3. 遗址年代与性质

　　杨家山遗址位于高田村南一座东西向，长 800 米，宽 350 米的山岗中部北侧，因修建抚吉告诉，挖断山岗而被发现。现场在施工断面上采集到少量陶片。从采集到的扁柱状、宽扁形鼎足来看，与邻近区域的高坊水库 V 号遗址 Ab 型、B 型鼎足相同，具有东周时期特征，因此，该遗址的年代为春秋时期。

1. 罐（2015ZYJ：1）

2. 罐（2015ZYJ：2）

3. 罐（2015ZYJ：3）

4. 鼎足（2015ZYJ：4）

图八五　刘家山遗址远景图（由西向东）

石器　3件。

2015ZLJ∶1，石锛，青石磨制而成，顶端残，两侧平直，单面斜刃。残高 10.3 厘米，宽 4 厘米，厚 4.2 厘米（图八六，1；图版一一，1）。

2015ZLJ∶2，石斧，青灰色砂岩磨制而成，两端残，两面平直，双面磨制成刃，器表磨制平整。残高 8 厘米，厚 1.5 厘米（图八六，2；图版一一，2）。

2015ZLJ∶3，石锛，青灰色砂岩磨制而成，顶端残，单面斜刃，器表磨制平整。残高 6.5 厘米，厚 2.5 厘米（图八六，3；图版一一，3）。

（2）陶器

刘家山遗址夹砂陶较印纹硬陶为多。夹砂陶多为灰色和黄色，器形主要为罐、鼎（足），多为素面，偶见绳纹。硬陶以灰色或灰褐色为主，烧制火候略低，纹饰主要以方格纹（图八七，1）、席

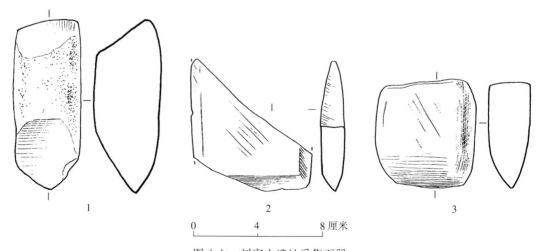

0　　　4　　　8厘米

图八六　刘家山遗址采集石器

1、3. 石锛（2015ZLJ∶1、2015ZLJ∶3）　2. 石斧（2015ZLJ∶2）

纹（图八七，2）、细绳纹（图八七，3）为主。

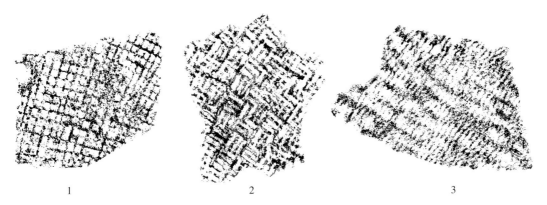

图八七　刘家山遗址采集陶片纹饰拓片
1. 方格纹　2. 席纹　3. 细绳纹

罐　8件。

2015ZLJ：4，灰色硬陶，侈口，窄折沿，尖圆唇，口沿内侧有一周凸棱，素面。残高3厘米（图八八，3；图版一一，4）。

2015ZLJ：6，红色硬陶，侈口，微卷沿，圆唇，口沿外有一周凸棱，素面。残高3.1厘米（图八八，8；图版一一，6）。

2015ZLJ：7，夹砂黄陶，侈口，窄平沿，圆唇，素面。残高3.5厘米（图八八，2；图版一二，1）。

2015ZLJ：8，夹砂灰白陶，侈口，折沿，圆唇，唇面有一周凹槽，素面。残高3.6厘米（图八八，7；图版一一，8）。

2015ZLJ：10，夹砂灰陶，侈口，方唇，口沿下有一道凹槽，素面。残高3厘米（图八八，5）。

2015ZLJ：11，灰色硬陶，侈口，卷沿，器表施菱格纹。残高4.3厘米（图版一一，7）。

盆　2件。

2015ZLJ：5，夹砂黄陶，直口，圆唇，素面。残高3.6厘米（图八八，4；图版一一，5）。

2015ZLJ：9，灰色硬陶，侈口，折沿，圆唇，口沿下有三道凸棱，器表施菱格纹。残高3厘米（图八八，1；图版一二，2）。

鼎足　11件。

鼎足根据刻划纹、按压纹以及截面形状可以分为2型。

A型：按压刻划纹

2015ZLJ：12，夹砂灰陶，截面呈扁圆形，顶部有一道凹槽，素面。残高5.7厘米（图九一，2）。

2015ZLJ：13，夹砂黄陶，截面呈扁圆形，一面可见数道短刻槽。残高4.1厘米（图八九，4）。

2015ZLJ：15，夹砂灰陶，截面呈扁圆形，两面均有数道短刻槽。残高9.5厘米（图九〇，2；图版一二，3）。

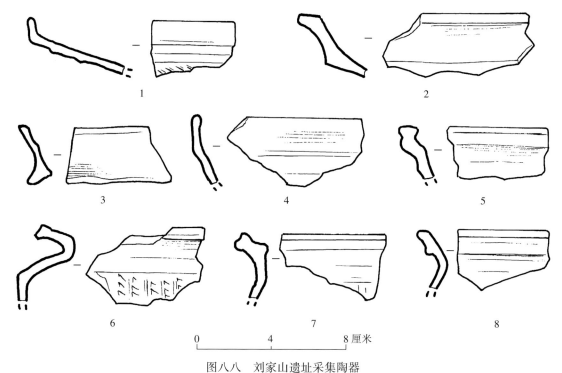

0   4   8 厘米

图八八　刘家山遗址采集陶器

1、4. 盆（2015ZLJ：9、2015ZLJ：5）　2～3、5～8. 罐（2015ZLJ：7、2015ZLJ：4、2015ZLJ：10、2015ZLJ：11、
2015ZLJ：8、2015ZLJ：6）

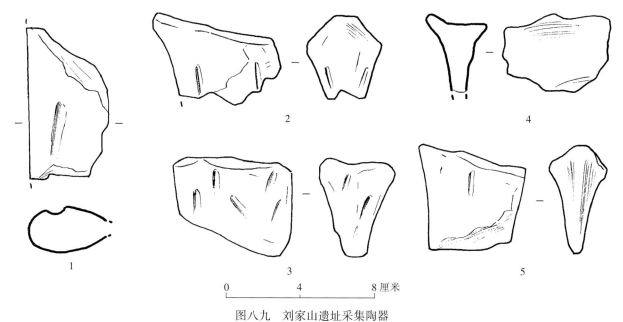

0   4   8 厘米

图八九　刘家山遗址采集陶器

1～5. 鼎足（2015ZLJ：16、2015ZLJ：18、2015ZLJ：23、2015ZLJ：13、2015ZLJ：17）

2015ZLJ：16，夹砂黄陶，截面呈椭圆形，两面各有一道短刻槽。残高8厘米（图八九，1；图版一二，4）。

2015ZLJ：17，夹砂灰白陶，截面呈三角形，两面各有一道短刻槽。残高5.5厘米（图八九，5；图版一二，5）。

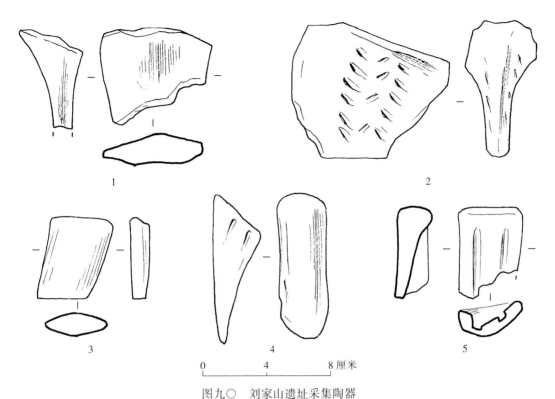

图九〇 刘家山遗址采集陶器

1~5. 鼎足（2015ZLJ：19、2015ZLJ：15、2015ZLJ：20、2015ZLJ：22、2015ZLJ：21）

2015ZLJ：18，夹砂灰陶，截面呈椭圆形，两面各有两道短刻槽。残高4.8厘米（图八九，2；图版一二，10）。

2015ZLJ：21，夹砂灰陶，一面可见两道竖向凹槽。残高5.8厘米（图九〇，5）。

2015ZLJ：23，夹砂黄陶，截面呈扁圆形，两面均可见数道短刻槽。残高5厘米（图八九，3；图版一二，8）。

B型：素面

2015ZLJ：19，夹砂灰陶，截面呈扁圆形，素面。残高6.2厘米（图九〇，1）。

2015ZLJ：20，夹砂黄陶，扁足，素面。残高5厘米（图九〇，3）。

2015ZLJ：22，夹砂灰陶，舌状扁足，素面。残高9.2厘米（图九〇，4）。

豆柄 1件。

2015ZLJ：14，夹砂黄陶，喇叭口状底座，素面。残高3.5厘米（图九一，1；图版一二，7）。

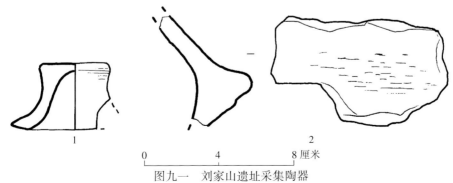

图九一 刘家山遗址采集陶器

1. 豆柄（2015ZLJ：14） 2. 鼎足（2015ZLJ：12）

1. 石锛（2015ZLJ：1）

2. 石斧（2015ZLJ：2）

3. 石锛（2015ZLJ：3）

4. 陶罐（2015ZLJ：4）

5. 陶罐（2015ZLJ：5）

6. 陶罐（2015ZLJ：6）

7. 陶罐（2015ZLJ：11）

8. 陶罐（2015ZLJ：8）

图版一一　刘家山遗址采集遗物

1. 陶罐（2015ZLJ：7）

2. 陶钵（2015ZLJ：9）

3. 陶鼎足（2015ZLJ：15）

4. 陶鼎足（2015ZLJ：16）

5. 陶鼎足（2015ZLJ：17）

6. 陶鼎足（2015ZLJ：18）

7. 陶豆柄（2015ZLJ：14）

8. 陶鼎足（2015ZLJ：23）

图版一二　刘家山遗址采集遗物

3. 遗址年代与性质

刘家山遗址是一处典型的山岗类聚落，遗址东侧紧邻小河，南距杨家山遗址约 1050 米，西北与曾家村面前山遗址隔冲沟相望。地表已开辟为茶树园，因此采集到较多的遗物。为年代判断提供了丰富材料。从整体上看，该遗址可划分为两个年代组：

第 1 组：以 A 型鼎足、折沿罐为代表，特征与西周所见相近，可以推定该组年代为晚商至西周时期。

第 2 组：以 B 型鼎足、小方格纹硬陶为代表。该组陶器与东周时期所见器形相近，年代为春秋时期。

通过以上分析，可以判断该遗址的年代为商代晚期至春秋时期，为区域文化序列建构及聚落形态演进等提供了十分重要的考古资料。

一六　曾家村面前山遗址

1. 遗址概况

曾家村面前山遗址位于资溪县高田镇高田村委会曾家村面前山上。东北距城上村约 1 千米，东距 944 县道约 580 米，南距 725 乡道约 160 米。遗址地理坐标为北纬 27°48′39.4″，东经 116°50′08.7″，海拔 119 米。

　　该遗址平面整体呈不规则形，长径约 360.1 米，短径约 236.6 米。位于一处一山坡地带，整体地势西高东低，现存地表被人工种植的油茶树覆盖，植被较为稀疏，遗址所在区域西部和南部紧邻树林。总面积 63030 平方米。

　　调查过程中在遗址范围内发现 6 座已被盗掘的古代墓葬，具体年代已不可判断。地表采集有少量印纹硬陶及鼎足。

图九二　曾家村面前山遗址位置示意图

图九三　曾家村面前山遗址地貌示意图

图九四　曾家村面前山遗址远景图（由南向北）

2. 遗物介绍

（1）石器

残石器　2件。

2015ZZM：1，青灰色砂岩磨制而成，截面呈三角形，器表磨制规整。残高4.8厘米（图九五，1；图版一三，1）。

2015ZZM：2，黄褐色砂岩磨制而成，两侧平直，单面斜刃。残高7厘米，厚2.5厘米。（图九五，2；图版一三，2）。

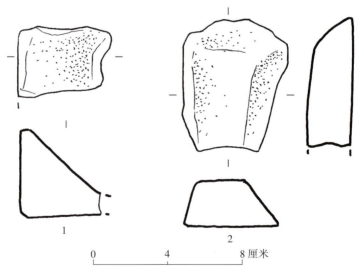

图九五　曾家村面前山遗址采集石器

1～2. 残石器（2015ZZM：1、2015ZZM：2）

（2）陶器

以夹砂陶为主，多为灰色、少量黄色，纹饰主要见绳纹、按压纹、刻画纹，器形包括鼎（足）、罐；硬陶相对较少，主要为素面，器类包括罐（图九六）。

图九六　曾家村面前山遗址采集陶片纹饰拓片

1、3、4、6. 绳纹　2. 折线纹　5. 菱形纹

罐　3件。

2015ZZM：3，夹砂灰陶，侈口，窄斜沿，尖圆唇，素面。残高5厘米（图九七，3；图版一三，3）。

2015ZZM：4，夹砂灰陶，侈口，窄平沿，圆唇，器表施绳纹。残高4.3厘米（图九七，2；图版一三，4）。

2015ZZM：5，灰褐色硬陶，侈口，微卷沿，尖圆唇，素面。残高3.4厘米（图九七，1；图版一三，5）。

鼎足　10件。根据截面形状及刻划纹，可分为两型。

A型　5件。截面扁圆形、刻划纹。

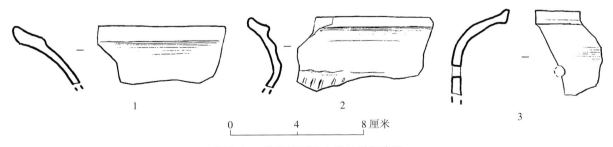

0　　　　4　　　　8厘米

图九七　曾家村面前山遗址采集陶器

1～3. 罐（2015ZZM：5、2015ZZM：4、2015ZZM：3）

2015ZZM：6，夹砂黄褐陶，截面呈扁圆形，两面均可见数道短刻槽。残高 7.5 厘米（图九九，1；图版一三，6）。

2015ZZM：7，夹砂灰褐陶，截面呈扁圆形，一面可见数道短刻槽。残高 6.1 厘米（图九九，4；图版一三，7）。

2015ZZM：9，夹砂灰褐陶，截面呈扁圆形，两侧足根部均可见三道短刻槽。残高 10.5 厘米（图九八，1；图版一四，1）。

2015ZZM：10，夹砂灰陶，截面近三角形，两面均可见数道短刻槽。残高 10.8 厘米（图九八，4；图版一四，2）。

2015ZZM：15，夹砂黄陶，截面近三角形，素面。残高 7 厘米（图九九，6；图版一四，7）。

B 型　5 件。截面椭圆形、扁柱状。

2015ZZM：8，夹砂灰陶，舌状扁足，素面。残高 6.5 厘米（图九九，3；图版一三，8）。

2015ZZM：11，夹砂灰褐陶，截面呈椭圆形，素面。残高 4.8 厘米（图九九，2；图版一四，3）。

2015ZZM：12，夹砂灰陶，截面呈椭圆形，素面。残高 5.2 厘米（图九八，2；图版一四，4）。

2015ZZM：13，夹砂灰陶，截面呈扁圆形，素面。残高 6 厘米（图九八，3；图版一四，5）。

2015ZZM：14，夹砂灰褐陶，截面近菱形，素面。残高 5 厘米（图九九，5；图版一四，6）。

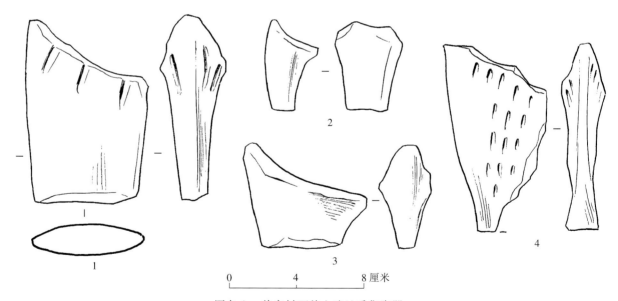

图九八　曾家村面前山遗址采集陶器

1～4. 鼎足（2015ZZM：9、2015ZZM：12、2015ZZM：13、2015ZZM：10）

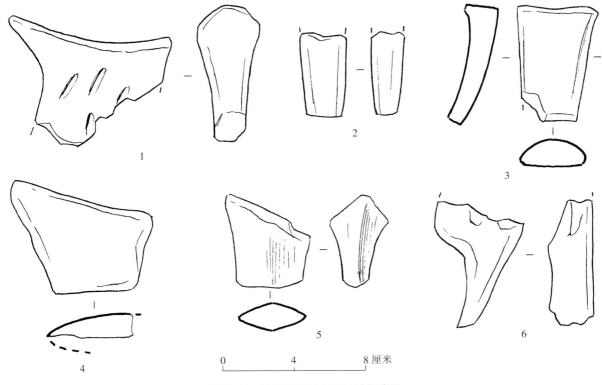

图九九　曾家村面前山遗址采集陶器

1~6. 鼎足（2015ZZM：6、2015ZZM：11、2015ZZM：8、2015ZZM：7、2015ZZM：14、2015ZZM：15）

1. 残石器（2015ZZM：1）　　　　　2. 残石器（2015ZZM：2）

3. 陶罐（2015ZZM：3）　　　　　4. 陶罐（2015ZZM：4）

5. 陶罐（2015ZZM：5）

6. 陶鼎足（2015ZZM：6）

7. 陶鼎足（2015ZZM：7）

8. 陶鼎足（2015ZZM：8）

图版一三　曾家村面前山遗址采集遗物

1. 陶鼎足（2015ZZM：9）

2. 陶鼎足（2015ZZM：10）

3. 陶鼎足（2015ZZM：11）

4. 陶鼎足（2015ZZM：12）

5. 陶鼎足（2015ZZM：13）

6. 陶鼎足（2015ZZM：14）

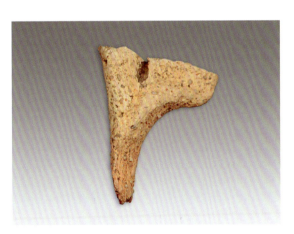

7. 陶鼎足（2015ZZM：15）

图版一四 曾家村面前山遗址采集遗物

3. 遗址年代与性质

曾家村面前山遗址是一处典型的山岗类聚落，位于东西向山岗北部较平缓处，东南与曾家村面前山遗址隔冲沟相望。地表已开辟为茶树园，因此采集到较多的遗物。为年代判断提供了丰富材料。从整体上看，该遗址可划分为两个年代组：

第1组：以 A 型鼎足、折沿罐为代表，特征与西周所见相近，可以推定该组年代为晚商至西周时期。

第2组：以 B 型鼎足为代表。该组陶器在抚河流域东周时期特别是春秋时期遗存中较为多见。因此，可将该组年代推定为春秋时期。

通过以上分析，可以判断该遗址的年代为商代晚期至春秋时期，为区域文化序列建构及聚落形态演进等提供了十分重要的考古资料。

一七　邱家面前山遗址

1. 遗址概况

邱家面前山遗址位于高田镇高田村委会邱家村（图一○○）。遗址区域位于邱家村西南部，四周为民居所包围，东部有 944 县道通过，西临树林，东北距胡家排约 320 米，西距城上村约 630 米（图一○一）。地理坐标：北纬 27°49′27.2″，东经 116°50′42.2″，海拔 120 米。

遗址平面整体呈西南—东北向不规则形，长径约 244 米，短径约 134 米。为一处荒草坡地，地势中部低四周高，表面主要为杂草和灌木丛覆盖，植被较为茂密，区域东北部有通往水库的土路。总面积 37398.1 平方米。遗址平面呈西南—东北向椭圆形，长径约 179 米，短径约 146 米。区域内

图一○○　邱家面前山遗址位置示意图

部大部为坡地，地势中部低四周高，表面主要为部分杂草地和菜地，植被较疏松，区域东部有944县道通过（图一〇二）。总面积20466.4平方米。

因修整土地和水土流失，遗址区域内不见文化层堆积，地面发现少量陶器碎片等。遗址上采集到一枚铜钱标本。

图一〇一　邱家面前山遗址地貌示意图

图一〇二　邱家面前山遗址远景图（由南向北）

2. 遗物介绍

遗址范围内仅采集到少量陶器碎片，均为夹砂灰陶片，素面，器形不可辨。调查过程中，采集到圣宋通宝1枚。

铜器

2015ZQM∶1，铜钱，圆形方孔，表面腐蚀严重，字迹应为"圣宋通宝"为宋代徽宗（1101～1106年）时期货币。直径2.7厘米，孔径0.8厘米（图一○三；图版一五）。

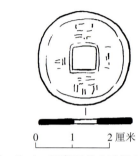

图一○三　邱家面前山遗址采集铜钱
（2015ZQM∶1）

图版一五　邱家面前山遗址采集铜钱
（2015ZQM∶1）

3. 遗址年代与性质

邱家面前山遗址西南距刘家山遗址、曾家村面前山遗址约1150米，西北距城上村遗址约900米。因遗址区域地表草木茂盛，兼之修整土地和水土流失的原因，遗址区域内未见文化层堆积，地面仅采集到极少量陶器碎片。从采集到的陶器碎片来看，多为夹砂灰陶片，未见纹饰，推断该遗址为先秦时期遗址。

一八　城上村遗址

1. 遗址概况

城上村遗址位于高田镇城上村委会城上村北部（图一○四）。东南临城上村，东临村道，西南距刘家约300米，西北部临一水库，北部有民居（图一○五）。地理坐标：北纬27°49′28.6″，东经116°50′15.4″，海拔125米。

图一〇四 城上村遗址位置示意图

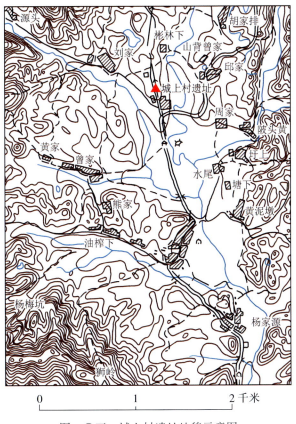

图一〇五 城上村遗址地貌示意图

遗址平面整体呈西南—东北向不规则形,长径约244米,短径约134米。为一处荒草坡地,地势中部低四周高,表面主要为杂草和灌木丛覆盖,植被较为茂密,区域东北部有通往水库的土路(图一〇六)。总面积37398.1平方米。

图一〇六　城上村遗址远景图(由西南向东北)

因修整土地和水土流失,经钻探,遗址区域内不见文化层堆积,地面散见石器、陶器残片等(图一〇七)。

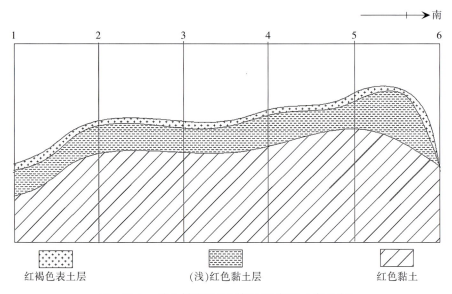

图一〇七　城上村遗址地层剖面示意图(南北向)

2. 遗物介绍

城上村遗址采集遗物较为丰富，主要包括石器、陶器等。

（1）石器

石锛 3件。

2015ZCS：1，石锛，青灰色砂岩磨制而成，平面呈梯形，两侧平直，单面斜刃，磨制规整，残高6.5厘米，厚2厘米（图一〇八，2；图版一六，1）

2015ZCS：2，石锛，灰色砂岩磨制而成，平面近梯形，两侧平直，单面斜刃。残高6厘米，厚1厘米。（图一〇八，1；图版一六，2）。

2015ZCS：4，石锛，灰色砂岩磨制而成，表面呈矩形，两端平直，器表磨制平整。残高8.6厘米，厚2.4厘米。（图一〇八，4；图版一六，4）。

石凿 1件。

2015ZCS：3，石凿，灰色砂岩打制而成，顶端平直，两侧斜直，底端残，有明显磨制痕迹。残高8厘米，厚3.5厘米。（图一〇八，3；图版一六，3；图版一六，7）。

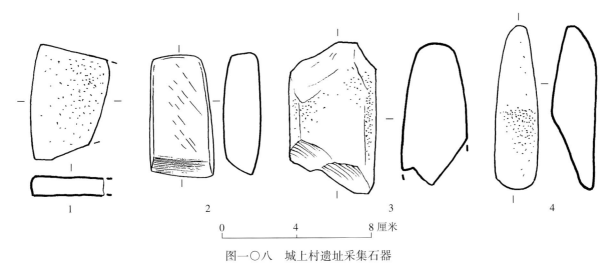

0   4   8 厘米

图一〇八 城上村遗址采集石器

1、2、4. 石锛（2015ZCS：2、2015ZCS：1、2015ZCS：4）3. 石凿（2015ZCS：3）

（2）陶器

以印纹硬陶为主，灰色、灰褐色常见，纹饰主要有短线纹（图一〇九，1）、交叉纹（图一〇九，2）、方格纹（图一〇九，3；图一一〇，2、6；图一一一，2、3）、折线纹（图一〇九，4）、绳纹（图一〇九，5、7；图一一〇，1、5）、短绳纹（图一〇九，6）、雷纹（图一一〇，3、4）、席纹（图一一一，1）、交叉绳纹（图一一一，4）等，器形见有罐、尊。夹砂陶以红色、红褐色为多，多为素面，另见有绳纹、戳印纹，器形见有罐、鼎、杯等。

图一〇九　城上村遗址采集陶片纹饰拓片

1. 短线纹　2. 交叉纹　3. 方格纹　4. 折线纹　5、7. 绳纹　6. 短绳纹

图一一〇　城上村遗址采集陶片纹饰拓片

1、5. 绳纹　2、6. 方格纹　3、4. 雷纹

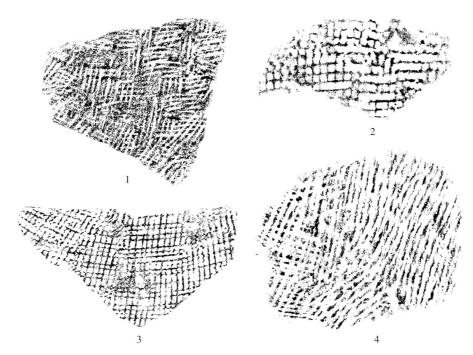

图一一一　城上村遗址采集陶片纹饰拓片

1. 席纹　2、3. 方格纹　4. 交叉绳纹

罐　25 件。根据腹部及口沿特征可划分为以下型：

A 型：10 件。矮领，斜肩。

2015ZCS：5，夹砂灰陶，敞口，折沿，沿面有一周凸棱圆唇。器表施竖线纹。残高 4.6 厘米（图一一二，7；图版一六，5）。

2015ZCS：6，夹砂灰陶，敞口，卷沿，方唇，残高 4.6 厘米（图一一三，3；图版一六，6）。

2015ZCS：8，夹砂灰陶，直口，折沿，圆唇，素面。残高 2.4 厘米（图一一四，4）。

2015ZCS：12，灰色硬陶，敞口，折沿，圆唇，曲颈，素面。残高 3.4 厘米（图一一二，4；图版一七，3）。

2015ZCS：16，灰色硬陶，直口，折沿，圆唇，竖颈，器表施席纹。残高 3.8 厘米（图一一三，4；图版一七，7）。

2015ZCS：17，夹砂红陶，敞口，折沿，尖圆唇，素面。残高 5.7 厘米（图一一二，9；图版一七，8）。

2015ZCS：20，夹砂灰陶，敞口，折沿，方唇，素面。残高 4.7 厘米（图一一二，8）。

2015ZCS：21，夹砂灰陶，敞口，素面。残高 3.8 厘米（图一一二，3；图版一八，3）。

2015ZCS：24，黑色硬陶，敞口，方唇，素面。残高 2.5 厘米（图一一二，6；图版一八，4）。

2015ZCS：27，夹砂黄褐陶，敞口，折沿，尖圆唇，束颈，素面。残高 2.7 厘米（图一一四，2）。

B型：7件。弧鼓腹，窄折沿。

2015ZCS：7，灰色硬陶，直口，折沿，圆唇，器表施戳印纹。残高4.3厘米（图一一三，6）。

2015ZCS：10，灰色印纹硬陶，直口，平折沿，圆唇，竖颈，折腹，颈部施数道凹弦纹，腹部施折线纹。残高8厘米（图一一三，1；图版一七，1）。

2015ZCS：13，夹砂灰陶，侈口，折沿，圆唇，竖颈，器表施方格纹。残高5.8厘米（图一一三，8；图版一七，4）。

2015ZCS：18，灰褐色硬陶，直口，平折沿，圆唇，竖颈，器表施竖线纹。残高6.2厘米（图一一三，7；图版一八，1）。

2015ZCS：19，夹砂灰陶，侈口，折沿，圆唇，素面。残高3.1厘米（图一一四，7；图版一八，2）。

2015ZCS：26，夹砂灰陶，直口，折沿，方唇，器表施菱格纹。残高2.8厘米（图一一四，3）。

2015ZCS：28，泥质红陶，敛口，鼓腹，器表施方格纹。残高10厘米（图一一三，2；图版一八，5）。

2015ZCS：64，夹砂灰陶，敛口，素面。残高4.5厘米（图一二二，3）。

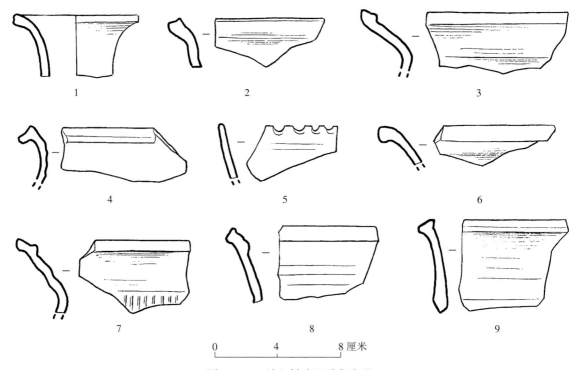

图一一二　城上村遗址采集陶器

1～9. 敞口罐（2015ZCS：14、2015ZCS：22、2015ZCS：21、2015ZCS：12、2015ZCS：9、
2015ZCS：24、2015ZCS：5、2015ZCS：20、2015ZCS：17）

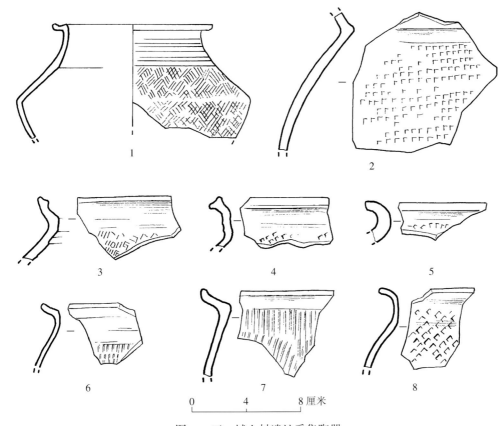

图一一三　城上村遗址采集陶器

1~8. 敛口罐（2015ZCS：10、2015ZCS：28、2015ZCS：6、2015ZCS：16、
2015ZCS：11、2015ZCS：7、2015ZCS：18、2015ZCS：13）

C 型：1 件。弧腹，敛口。

2015ZCS：25，夹砂灰陶，敛口，圆唇，素面。残高 3 厘米（图一一四，5）。

D 型：1 件。弧腹，卷沿。

2015ZCS：11，灰色硬陶，敞口，方唇，束颈，器表施菱格纹。残高 2.8 厘米（图一一三，5；图版一七，12）。

E 型：4 件。深腹，直口。

2015ZCS：6，夹砂灰陶，直口，素面。残高 4.6 厘米（图一一二，3）。

2015ZCS：15，夹砂灰陶，直口，平折沿，圆唇，器表施绳纹。残高 6.5 厘米（图一一四，1；图版一七，6）。

2015ZCS：22，夹砂灰陶，侈口，方唇，素面。残高 3 厘米（图一一二，2）。

2015ZCS：23，夹砂灰白陶，直口，素面。残高 3.3 厘米（图一一四，6）。

F 型：1 件。高领，鼓腹。

2015ZCS：14，泥质红陶，侈口，方唇，竖颈，素面。残高 3.8 厘米（图一一二，1；图版一七，5）。

罐口沿　1 件。锯齿状。

2015ZCS：9，夹砂灰陶，上部为锯齿状，残高 3.5 厘米（图一一二，5；图版一六，8）。

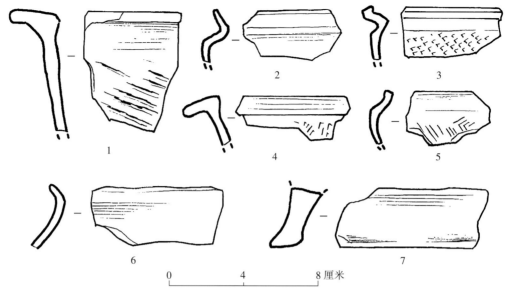

图一一四　城上村遗址采集陶器

1～7. 罐（2015ZCS：15、2015ZCS：27、2015ZCS：26、2015ZCS：8、2015ZCS：25、2015ZCS：23、2015ZCS：19）

器底　2件。

2015ZCS：29，夹砂灰陶，弧腹，平底内凹。有明显轮制痕迹。残高5厘米（图一二二，4；图版一八，6）。

2015ZCS：31，夹砂灰陶，斜直腹，平底内凹。素面。残高3厘米（图一二二，1；图版一八，7）。

鼎足　35件。采集数量较多，据形态可划分为五型：

A型：2件。瓦状足。

2015ZCS：50，夹砂红褐陶，截面呈扁圆形，素面。残高5厘米（图一一五，2；图版二〇，4）。

2015ZCS：58，夹砂灰陶，截面呈扁圆形，素面。残高7厘米（图一一五，4；图版二〇，7）。

B型：1件。管状空足。

2015ZCS：69，夹砂灰陶，管状空足，器表可见一圆圈纹，上下两端粗细不一。残高3.2厘米（图一一七，2；图版二一，1）。

C型：6件。宽扁状，据器表有无纹饰划分为三亚型：

Ca型：3件。器表未见纹饰。

2015ZCS：36，夹砂红陶，扁足，素面。残高7厘米（图一一六，1；图版一九，3）。

2015ZCS：45，夹砂灰陶，扁足，素面。残高5厘米（图一一六，5；图版一九，8）。

2015ZCS：55，夹砂灰陶，截面呈矩形，素面。残高6.5厘米（图一一六，3；图版二〇，6）。

Cb型：1件。器表见有竖向戳印纹。

2015ZCS：35，夹砂红陶，截面呈椭圆形，器表可见多道竖向短刻槽。残高8.5厘米（图一一七，3；图版一九，2）。

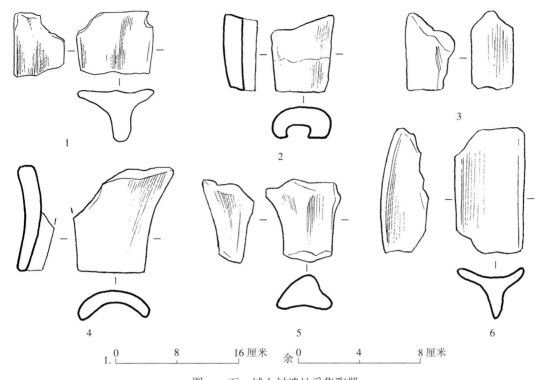

图一一五　城上村遗址采集陶器

1～6. 鼎足（2015ZCS：53、2015ZCS：50、2015ZCS：57、2015ZCS：58、2015ZCS：47、2015ZCS：63）

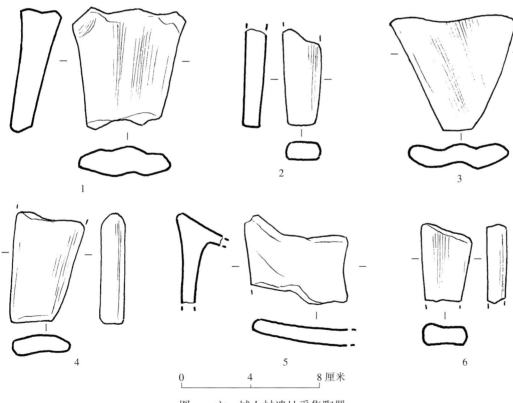

图一一六　城上村遗址采集陶器

1～6. 鼎足（2015ZCS：36、2015ZCS：65、2015ZCS：55、2015ZCS：56、2015ZCS：45、2015ZCS：66）

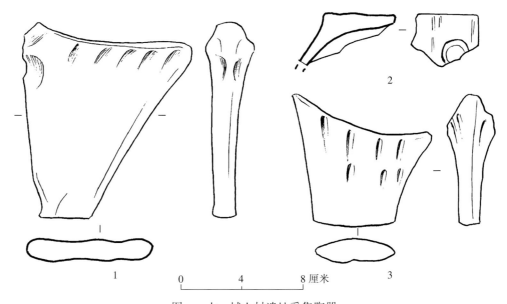

图一一七　城上村遗址采集陶器
1~3. 鼎足（2015ZCS：34、2015ZCS：69、2015ZCS：35）

Cc 型：2 件。近顶部见圆形凹窝。

2015ZCS：34，夹砂灰陶，扁足，足跟有数对按压凹窝。残高 12.8 厘米（图一一七，1；图版一九，1）。

2015ZCS：37，夹砂灰白陶，扁足，足根部有两对按压凹窝。残高 8.1 厘米（图一二〇，4；图版一九，4）。

D 型：22 件。扁柱状。

2015ZCS：33，夹砂红褐陶，锥状足，截面呈椭圆形，素面。残高 10 厘米（图一一八，4；图版一八，8）。

2015ZCS：38，夹砂灰白陶，截面呈椭圆形，一侧足根部有两个按压凹窝。残高 7.7 厘米（图一一八，3；图版一九，5）。

2015ZCS：39，夹砂灰陶，扁足，素面。残高 6 厘米（图一一八，2）。

2015ZCS：41，夹砂红褐陶，截面呈椭圆形，素面。残高 6 厘米（图一二〇，2）。

2015ZCS：42，夹砂红陶，锥状足，截面呈椭圆形，素面。残高 12.4 厘米（图一一九，5；图版一九，7）。

2015ZCS：43，夹砂灰陶，截面呈椭圆形，器表可见三道戳印短刻槽。残高 7.8 厘米（图一一九，8）。

2015ZCS：44，夹砂灰白陶，扁足，素面。残高 6 厘米（图一二〇，5）。

2015ZCS：46，夹砂灰陶，截面呈椭圆形，素面。残高 10 厘米（图一一九，6）。

2015ZCS：40，夹砂灰陶，锥状足，截面呈椭圆形，素面。残高 5.3 厘米（图一一九，4；图版一九，6）。

2015ZCS：47，夹砂灰褐陶，截面呈三角形状，素面。残高 5.5 厘米（图一一五，5；图版二

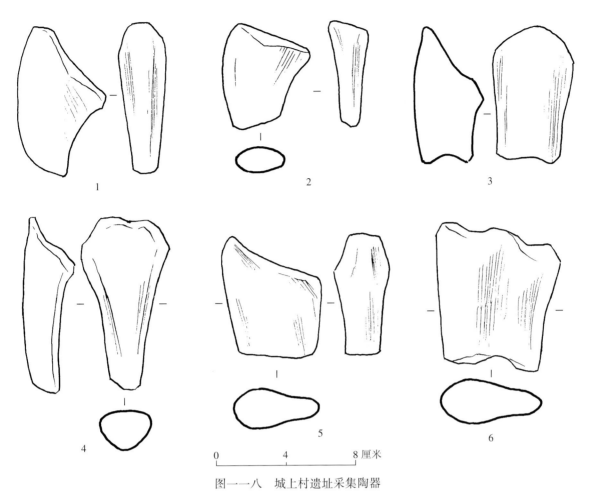

图一一八　城上村遗址采集陶器

1～6. 鼎足（2015ZCS：59、2015ZCS：39、2015ZCS：38、2015ZCS：33、2015ZCS：54、2015ZCS：51）

〇，1）。

2015ZCS：48，夹砂灰陶，扁足，素面。残高6.2厘米（图一一九，2；图版二〇，2）。

2015ZCS：49，灰色硬陶，锥状足，截面呈椭圆形，素面。残高8厘米（图一一九，7；图版二

〇，3）。

2015ZCS：51，夹砂灰褐陶，扁足，素面。残高8厘米（图一一八，6）。

2015ZCS：52，夹砂灰陶，截面呈椭圆形，素面。残高5.5厘米（图一二〇，1）。

2015ZCS：54，夹砂灰褐陶，扁足，素面。残高6.8厘米（图一一八，5）。

2015ZCS：56，夹砂红陶，扁足，素面。残高6.2厘米（图一一六，4）。

2015ZCS：57，夹砂灰陶，截面呈椭圆形，素面。残高5.1厘米（图一一五，3）。

2015ZCS：59，夹砂灰褐陶，扁足，素面。残高8.4厘米（图一一八，1）。

2015ZCS：62，夹砂灰陶，截面呈椭圆形，素面。残高7.4厘米（图一二〇，3）。

2015ZCS：65，夹砂红褐陶，扁足，素面。残高5.5厘米（图一一六，2）。

2015ZCS：66，夹砂灰陶，扁足，素面。残高4.3厘米（图一一六，6）。

2015ZCS：67，夹砂红褐陶，截面呈椭圆形，素面。残高4.5厘米（图一一九，3）。

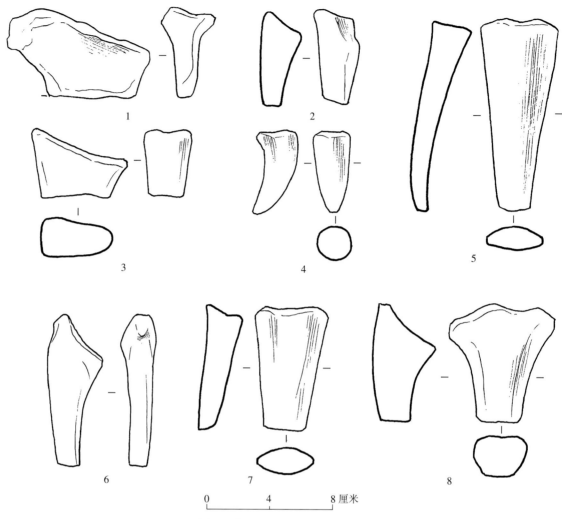

图一一九　城上村遗址采集陶器

1~8. 鼎足（2015ZCS：60、2015ZCS：48、2015ZCS：67、2015ZCS：40、
2015ZCS：42、2015ZCS：46、2015ZCS：49、2015ZCS：43）

2015ZCS：68，夹砂红褐陶，截面呈半圆形，素面。残高 4.2 厘米（图一二〇，6）。

E 型：3 件。截面呈"T"字形。

2015ZCS：53，夹砂灰白陶，截面呈"T"字形，素面。残高 8 厘米（图一一五，1；图版二〇，5）。

2015ZCS：60，夹砂灰陶，截面呈"T"字状，素面。残高 6 厘米（图一一九，1）。

2015ZCS：63，夹砂红陶，截面呈"T"字状，素面。残高 8.2 厘米（图一一五，6）。

器耳　3 件。

2015ZCS：30，夹砂灰陶，錾耳，扁平状。残高 6.5 厘米（图一二一，2）。

2015ZCS：70，夹砂灰陶，錾耳，扁平状。残高 6 厘米（图一二一，1）。

2015ZCS：71，夹砂灰陶，提耳，附加于口沿外侧，残高 5 厘米（图一二一，3）。

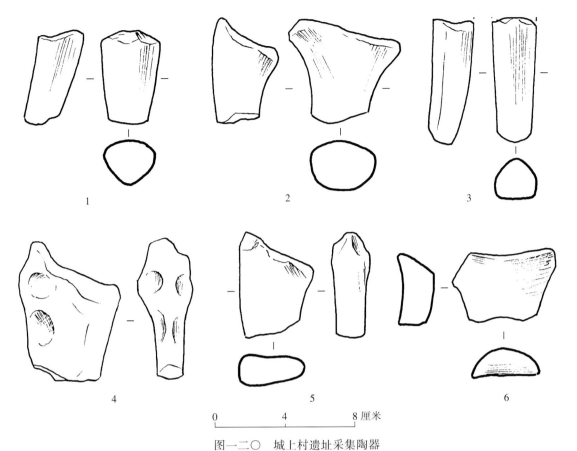

图一二〇　城上村遗址采集陶器

1~6. 鼎足（2015ZCS：52、2015ZCS：41、2015ZCS：62、2015ZCS：37、2015ZCS：44、2015ZCS：68）

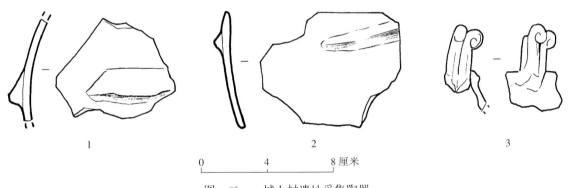

图一二一　城上村遗址采集陶器

1~3. 器耳（2015ZCS：70、2015ZCS：30、2015ZCS：71）

　　甗腰　1件。

　　2015ZCS：61，夹砂灰陶，窄腰格，其上可见一未穿透圆形穿孔。残高5厘米（图一二二，5；图版二〇，8）。

　　圈足　1件。

　　2015ZCS：32，夹砂灰白陶，矮圈足，底部内凹，素面。残高3厘米（图一二二，2；图版二一，2）。

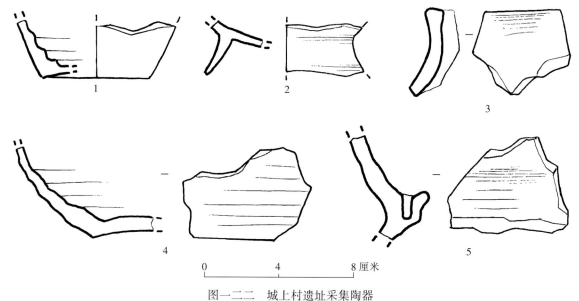

图一二二　城上村遗址采集陶器

1、4. 器底（2015ZCS：31、2015ZCS：29）　2. 圈足（2015ZCS：32）

3. 口沿（2015ZCS：64）　5. 甑腰（2015ZCS：61）

3. 遗址年代与性质

城上村遗址采集遗物较为丰富，所处地形适合古人生活、居住，是一处典型的岗地类聚落。与周边遗存比较，可大致将该遗址采集遗存划分为三个年代组：

第 1 组：以 A、B 型鼎足为代表。这一时期多为夹砂陶，硬陶较少，该地所见鼎足与广丰社山头、新余拾年山遗址新石器时代末期遗存相近，推定年代为新石器时代末期或略晚。

第 2 组：以 E 型"T"形鼎足为代表，为夏至早商时期遗物，与周边的金溪县多处遗址相同。

第 3 组：以 C 型鼎足、A、B 型陶罐为代表。硬陶较多，纹饰见有绳纹、方格纹、菱格纹等。这一阶段所见遗物较多，与周边比较，该组所见器物与抚河流域商代晚期至西周时期同类器十分相近，年代也应相近。

第 4 组：以 D 型鼎足、C 型陶罐等为代表。该组陶器在抚河流域多有分布，其年代可推定为西周晚至春秋时期。城上村遗址作为资溪县境内发现遗物最多的遗址之一，其较长的延续性、丰富的遗物，为初步可建立该区域新石器时代晚期至春秋时期的文化序列，同时也为聚落形态及其演进研究提供了十分重要的考古资料。

城上村遗址与周边的曾家村面前山遗址、刘家山遗址、杨家山遗址、邱家村面前山遗址共同构成了所在小谷间的聚落遗址群，对于研究聚落演变有着重要的意义（图一二三）。

图一二三 城上村遗址群分布示意图

1. 石锛（2015ZCS：1）

2. 石锛（2015ZCS：2）

3. 石凿（2015ZCS：3）

4. 石锛（2015ZCS：4）

5. 陶罐（2015ZCS：5）

6. 陶罐（2015ZCS：6）

7. 石凿（2015ZCS：7）

8. 陶罐口沿（2015ZCS：9）

图版一六　城上村遗址采集遗物

1. 陶罐（2015ZCS：10）

2. 陶罐（2015ZCS：11）

3. 陶罐（2015ZCS：12）

4. 陶罐（2015ZCS：13）

5. 陶罐（2015ZCS：14）

6. 陶罐（2015ZCS：15）

7. 陶罐（2015ZCS：16）

8. 陶罐（2015ZCS：17）

图版一七　城上村遗址采集遗物

1. 陶罐（2015ZCS：18）

2. 陶罐（2015ZCS：19）

3. 陶罐（2015ZCS：21）

4. 陶罐（2015ZCS：24）

5. 陶罐（2015ZCS：28）

6. 陶器底（2015ZCS：29）

7. 陶器底（2015ZCS：31）　　　　8. 陶鼎足（2015ZCS：33）

图版一八　城上村遗址采集遗物

1. 陶鼎足（2015ZCS：34）

2. 陶鼎足（2015ZCS：35）

3. 陶鼎足（2015ZCS：36）

4. 陶鼎足（2015ZCS：37）

5. 陶鼎足（2015ZCS：38）

6. 陶鼎足（2015ZCS：40）

7. 陶鼎足（2015ZCS：42）

8. 陶鼎足（2015ZCS：45）

图版一九　城上村遗址采集遗物

1. 陶鼎足（2015ZCS：47）

2. 陶器耳（2015ZCS：48）

3. 陶鼎足（2015ZCS：49）

4. 陶鼎足（2015ZCS：50）

5. 陶鼎足（2015ZCS：53）

6. 陶鼎足（2015ZCS：55）

7. 陶鼎足（2015ZCS：58）

8. 陶甗腰（2015ZCS：61）

图版二〇　城上村遗址采集遗物

1. 鼎足（2015ZCS：69）　　　　　　　　2. 圈足（2015ZCS：32）

图版二一　城上村遗址采集遗物

一九　毛笼山遗址

1. 遗址概况

毛笼山遗址位于乌石镇横山村委会大隆村（图一二四）。北距龙田约330米，西距205省道（横山街）约400米，西南距大隆约490米图（图一二五）。地理坐标：北纬27°34′45.0″，东经116°58′34.8″，海拔223米。

图一二四　毛笼山遗址位置示意图

遗址平面整体呈西北—东南向不规则形，长径约 133 米，短径约 35 米。为一处山地地带，地势东高西低，表面原树木已被人为平整，现存地面为杂草和人工栽植的杉树苗覆盖，植被稀疏，遗址区域东、北邻树林，西、南邻稻田（图一二六）。总面积 5126.1 平方米。

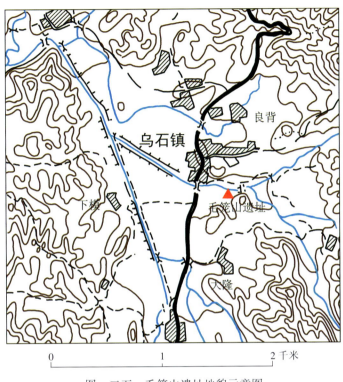

图一二五　毛笼山遗址地貌示意图

图一二六　毛笼山遗址远景图（由北向南）

2. 遗物介绍

陶器

毛笼山遗址中以夹砂陶为主，多为灰色，少量黄色。多数为素面，少量表面饰交错绳纹（图一二七，1）。器形主要为罐、鼎（足）。硬陶较少，灰色，烧制火候略低，饰以交错线纹。

图一二七　毛笼山遗址采集陶片纹饰拓片
1. 交错绳纹

罐　5件。

2015ZML：1，夹砂灰陶，侈口，窄斜沿，圆唇，沿面可见一周凸棱，器表施绳纹。残高6.25厘米（图一二八，4）。

2015ZML：2，夹砂灰陶，侈口，窄斜沿，圆唇，沿面可见一周凸棱，器表施绳纹。残高6.1厘米（图一二八，1；图版二二，1）。

2015ZML：4，夹砂黄褐陶，侈口，窄折沿，圆唇，素面。残高2.4厘米（图一二八，2）。

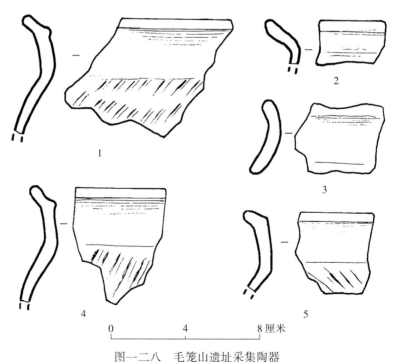

图一二八　毛笼山遗址采集陶器
1～5. 罐（2015ZML：2、2015ZML：4、2015ZML：6、2015ZML：1、2015ZML：5）

2015ZML：5，夹砂黄陶，直口，方唇，素面。残高4.2厘米（图一二八，5）。

2015ZML：6，夹砂灰陶，直口，圆唇，素面。残高3.7厘米（图一二八，3；图版二二，3）。

圈足　1件。

2015ZML：3，灰色硬陶，矮圈足，微外撇，底部施交错线纹。残高2.1厘米（图一二九，1；图版二二，2）。

鼎足　7件。

2015ZML：7，夹砂灰陶，截面近长方形，素面。残高8.5厘米（图一三〇，4；图版二二，4）。

2015ZML：8，夹砂灰陶，截面呈扁圆形，素面。残高9.1厘米（图一三一，1）。

2015ZML：9，夹砂黄陶，扁足，素面。残高7.0厘米（图一三一，3；图版二二，5）。

2015ZML：10，夹砂灰陶，截面呈椭圆形，素面。残高5.1厘米（图一三〇，3；图版二二，6）。

2015ZML：11，夹砂黄陶，截面呈扁圆形，素面。残高5.4厘米（图一三〇，2；图版二二，7）。

2015ZML：12，夹砂灰陶，截面呈扁圆形，素面。残高8.0厘米（图一三一，2；图版二二，8）。

2015ZML：13，夹砂灰陶，扁足，素面。残高6.6厘米（图一三〇，1；图版二二，9）。

豆柄　1件。

2015ZML：14，夹砂黄褐陶，喇叭口状底座，素面。残高5.2厘米（图一二九，2；图版二二，10）。

3. 遗址年代与性质

毛笼山遗址位于群山环绕的乌石镇盆地中部，遗址北侧、东侧为河流环绕，是一座孤立的倒三角形小山包，南北约165米，东西宽约130米。山包原为林木覆盖，调查时适逢山包西部清除林木种树，采集到较多的遗物。

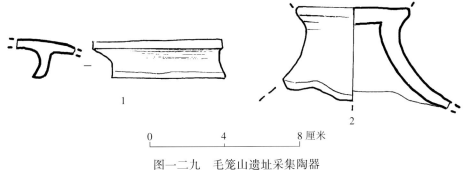

0　　　　4　　　　8厘米

图一二九　毛笼山遗址采集陶器

1. 圈足（2015ZML：3）　2. 豆柄（2015ZML：14）

7. 陶鼎足（2015ZML：11）

8. 陶鼎足（2015ZML：12）

9. 陶鼎足（2015ZML：13）

10. 陶豆柄（2015ZML：14）

图版二二　毛笼山遗址采集遗物

二〇　锯木厂遗址

1. 遗址概况

锯木厂遗址位于乌石镇茂林村委会北山村，属陈坊林场所管辖（图一三二）。北邻 952 县道，东距 205 省道约 500 米，西邻木勺山遗址，西南距下模约 980 米（图一三三）。地理坐标：北纬 27°35′16.6″，东经 116°58′06.1″，海拔 204 米。

遗址平面整体呈东西向不规则形，长径约 303 米，短径约 74 米。为一处较平缓地带，区域内部东侧小部分为杂草地，其余区域基本为茶园，地表植被较为茂密。区域东部紧邻锯木厂，西邻木勺山遗址（图一三四）。总面积 16326.7 平方米。

2. 遗物介绍

锯木厂遗址范围内由于地表改造、水土流失等原因，保存状况较差，未发现文化层堆积。调查采集到少量陶片，器形无法辨识。

3. 遗址年代与性质

锯木厂遗址与木子山遗址同处一座东西向长方形山梁上，东西长约 850 米，南北宽约 150 米。

图一三二 锯木厂遗址位置示意图

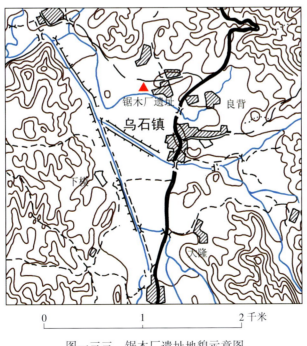

图一三三 锯木厂遗址地貌示意图

图一三四　锯木厂遗址远景图（由东向西）

锯木厂遗址位于山梁中部，地表已开垦成为耕地与菜地。调查时地表采集到较多的细碎陶片，可能因修整土地、农业种植，加上水土流失，遗址地下部分已破坏殆尽，经钻探，地下未发现文化层保留（图一三五）。

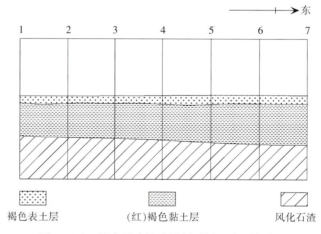

图一三五　锯木厂遗址地层剖面图（由西向东）

遗址采集到的陶片均为夹砂灰陶，未见纹饰，推测该遗址为先秦时期遗址，其具体年代尚待进一步调查或发掘工作解决。

二一　木勺山遗址

1. 遗址概况

木勺山遗址位于乌石镇茂林村委会北山村，为陈坊林场所管辖（图一三六）。北距952县道约250米，东临锯木厂遗址，东距205省道（横山街）约750米，西南距下模约850米（图一三七）。

地理坐标：北纬 27°35′14.3″，东经 116°57′56.0″，海拔 204 米。

　　遗址平面整体呈西南—东北向不规则形，长径约 221 米，短径约 91 米。为一处山岗地带，地势中西部高四周低，表面现为人工种植茶树（茶山），较为茂密（图一三八）。总面积 17524.9 平方米。

图一三六　木勺山遗址位置示意图

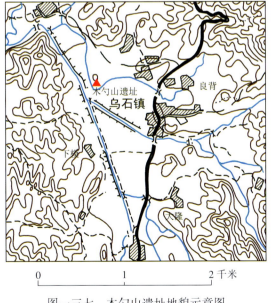

图一三七　木勺山遗址地貌示意图

图一三八　木勺山遗址远景图（由东向西）

2. 遗物介绍

木勺山遗址采集遗物数量较少，主要为陶器。

陶器

该遗址陶器主要为硬陶，灰色或灰褐色，纹饰包括菱格纹、方格纹（图一三九，1~3）等。夹砂陶相对较少，主要为灰色，少量红色，素面。

罐　2件

2015ZMS：1，灰色硬陶，侈口，折沿，尖圆唇，器表施菱格纹。残高3.1厘米（图一四〇，1；图版二三，1）。2015ZMS：2，灰色硬陶，敛口，圆唇，器表施菱格纹。残高5.2厘米（图一四一，2；图版二三，2）。

圈足

2015ZMS：3，灰褐色硬陶，矮圈足。残高3.2厘米（图一四一，1；图版二三，3）。

图一三九　木勺山遗址采集陶片纹饰拓片
1、2. 方格纹　3. 小方格纹

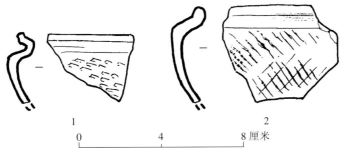

图一四〇 木勺山遗址采集遗物

1、2. 罐（2015ZMS：1、2015ZMS：2）

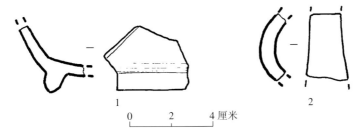

图一四一 木勺山遗址采集遗物

1. 圈足（2015ZMS：3） 2. 器耳（2015ZMS：7）

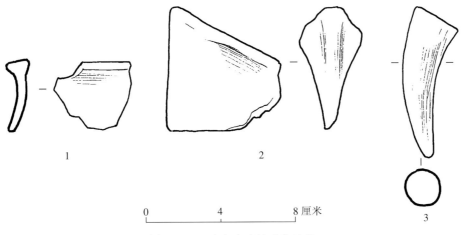

图一四二 木勺山遗址采集遗物

1～3. 鼎足（2015ZMS：4、2015ZMS：5、2015ZMS：6）

鼎足

2015ZMS：4，夹砂黄褐陶，截面呈扁圆形，素面。残高4.0厘米（图一四二，1；图版二三，4）。

2015ZMS：5，夹砂红陶，锥状足，截面近圆形，素面。残高6.2厘米（图一四二，2；图版二三，6）。

2015ZMS：6，夹砂灰陶，扁足，素面。残高8.1厘米（图一四二，3；图版二三，5）。

器耳

2015ZMS：7，灰色硬陶，桥形附耳。残高3.2厘米，宽1.8厘米（图版二三，7）。

1. 陶罐（2015ZMS：1）

2. 陶罐（2015ZMS：2）

3. 陶圈足（2015ZMS：3）

4. 陶鼎足（2015ZMS：4）

5. 陶鼎足（2015ZMS：5）

6. 陶鼎足（2015ZMS：6）

7. 陶器耳 （2015ZMS：7）

图版二三　木勺山遗址采集遗物

3. 遗址年代与性质

木勺山遗址位于山梁西部，为一座高十几米的圆形山包，山包南、西两侧为小河环绕。山顶全部种植茶树，调查采集到的遗物均来自于茶树园扰动过的地层。遗址东距锯木厂遗址约 250 米。北隔小河与邱家山遗址相对。

遗址采集的陶器，方格纹多见于商代晚期至西周时期；扁柱状鼎足、宽扁状鼎足、敛口折沿罐多见于西周至春秋时期。因此，判断木勺山遗址为商代晚期至春秋时期的聚落遗址。

二二　邱家山遗址

1. 遗址概况

邱家山遗址黄位于乌石镇茂林村委会邱家湾村（图一四三）。南距 952 县道约 100 米，南距 952 县道约 110 米，东距上营约 50 米区域南部有一户民居（图一四四）。地理坐标：北纬 27°35′23.0″，东经 116°58′01.1″，海拔 209 米。

遗址平面整体呈南北向不规则形，长径约 72 米，短径约 41 米。为一处民居后山坡地带，地势北高南低，现为该户人家周围菜地和养殖地，植被较稀疏，民居位于遗址东南部（图一四五）。总面积 3469.5 平方米。

2. 遗物介绍

邱家山遗址为村庄建筑占用，在房屋间菜地空隙采集到少量陶片。多为灰色硬陶，表面饰折线纹以及方格纹（图一四六，1~3）。

陶器

方格纹残陶片

2015ZQJ：1，灰色硬陶，器表施方格纹，残长 12 厘米，高 11 厘米（图一四七，1）。

3. 遗址年代与性质

邱家山遗址位于山梁西南部山坡上，惜因遗址区域内因修整土地，加上水土流失，基本不见文化层堆积，地面发现少量陶器残片。

图一四三　邱家山遗址位置示意图

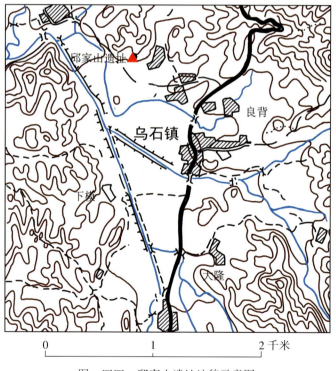

图一四四　邱家山遗址地貌示意图

图一四五　邱家山遗址远景图（由西向东）

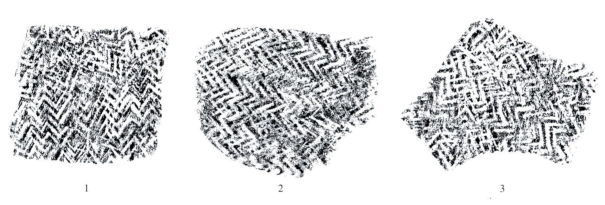

图一四六　邱家山遗址采集陶片纹饰拓片
1～3. 折线纹

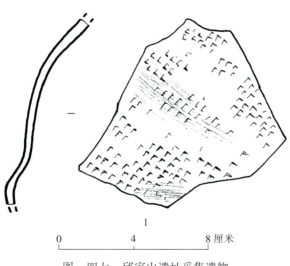

0　　　　4　　　　8厘米

图一四七　邱家山遗址采集遗物
1. 罐（2015ZQJ：1）

从采集陶片来看，折线纹装饰的硬陶，其年代主要集中在商代，而大方格纹与高坊水库I号遗址B型陶器纹饰相同，其年代为西周时期。因此，综合遗物特征，推定邱家山遗址的年代为晚商至西周时期。

二三　寺课遗址

1. 遗址概况

寺课遗址位于乌石镇茂林村委会上营村（图一四八）。南距 952 县道约 300 米，东距 205 省道约 640 米，西南临上营村民居（图一四九）。地理坐标：北纬 27°35′28.1″，东经 116°58′16.2″，海拔 218 米。

遗址平面整体呈西南—东北向不规则形，长径约 133 米，短径约 46 米。为一处山地缓坡地带，地势东北高西南低，表面现为人工种植树苗和菜地，植被较为茂密，遗址西南临民居，其余区域临树林（图一五〇）。总面积 8827.4 平方米。

图一四八　寺课遗址位置示意图

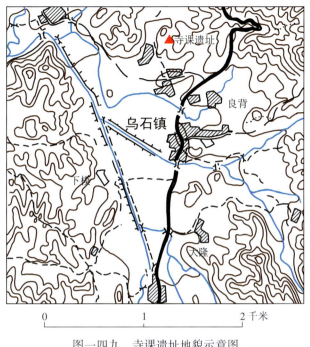

图一四九　寺课遗址地貌示意图

图一五〇　寺课遗址远景图

2. 遗物介绍

寺课遗址因人为、自然因素破坏，仅采集到石锛1件，清代铜币1枚。

石锛　1件。

2015ZSK：1，青灰色砂岩磨制而成，两侧平直，一面平整，一面中部凸起，单面斜刃。残高7.3厘米，宽4.1厘米，厚2.1厘米（图一五一，1；图版二四，1）。

2015ZSK：2，铜钱，圆形方孔，正面"顺治通宝"，背面左右分别为满文和汉文书写的"东"字，上有一穿孔。是清世祖顺治年间（1644～1661年）所铸钱。直径2.8厘米，孔径0.65厘米

（图一五二，2；图版二四，2）。

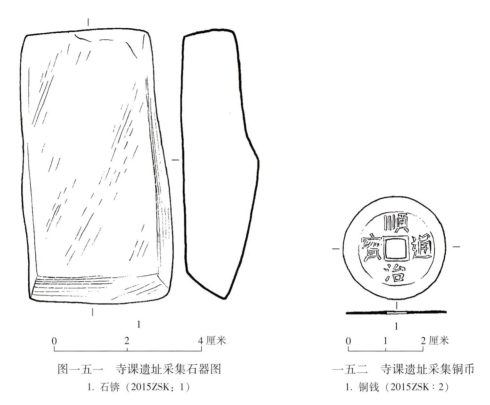

图一五一　寺课遗址采集石器图
1. 石锛（2015ZSK：1）

一五二　寺课遗址采集铜币
1. 铜钱（2015ZSK：2）

3. 遗址年代与性质

寺课遗址位于邱家山遗址东侧约450米，两遗址隔沟相望，距离很近。寺课遗址经钻探，未发现文化层。

遗址采集的石锛，其形制在抚河流域诸遗址中已多次发现，如金溪县模头岗遗址、周上村Ⅰ号遗址等，这些遗址年代均为商周时期遗址，因此，推测寺课遗址的年代也在商至春秋之间。

1. 石锛（2015ZSK：1）

2. 铜钱（2015ZSK：2）

图版二四　寺课遗址采集遗物

第三章 东乡县先秦时期遗址

第一节 自然环境与历史沿革

东乡县位于江西省东部偏北，地处抚州市北部。介于东经 116°20′~116°51′，北纬 28°2′~28°30′。县境东邻鹰潭市的余江县，西接南昌市的进贤县以及抚州市的临川县，南连金溪县，北毗邻上饶市的余干县。县行政区划图形南宽北窄，略呈等腰三角形。东乡地处赣东丘陵与鄱阳湖平原过渡地带，整个地势由东北向西南缓慢倾斜，自北而南平原与高、中山丘呈低—高—低—高相间分布，构成自东向西南敞开的一大盆地。境内水域分属抚河水系、信江水系、鄱阳湖水系，境内河流网布。东乡县面积为 1270 平方千米，下辖 17 个乡镇（场）和 1 个省级经济开发区，143 个行政村，12 个社区，1627 个村小组，全县总人口 46 万人（2012 年）。

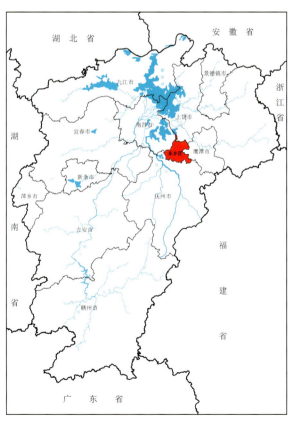

图一五三 东乡县位置示意图

一 自然环境

1. 地形与地貌

东乡县地形南宽北窄，略呈等腰三角形。境内山岭众多，丘陵起伏，与平原参差交错。整个地势由东北向西南缓慢倾斜，最高处为金峰岭，海拔498.8米。最低处为杨桥殿乡圳上万家最低田畈，海拔15米。县城附近海拔40米左右。县境内主要土壤类型有水稻土、潮土、红壤、紫色土等四个种类。

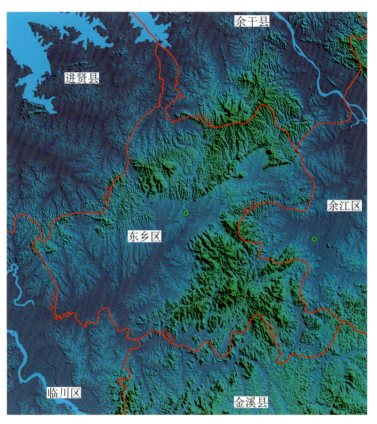

图一五四　东乡县地形示意图

2. 山脉与水系

东乡县属丘陵地区，县境内山脉属武夷山余脉，大部分为北东—南西走向，少数为北—南或为北西—南东走向。按其在县境内的分布可分为以下七条：

东北部山脉　位于珀玕、小璜、愉怡三乡（镇）北部，东西走向，山北为余干县境。主峰有四：古圣峰，海拔332.7米。大裤岭，又名大古岭，海拔320米。对形峰，又名帝圣峰，海拔346米。朱家山，海拔337米。其他山峰有：横山，海拔212米。七宝岭，海拔221.2米。猴子岭，海拔217.7米。学堂峰，原名鹤堂峰，海拔291米。大毛峰，海拔295米。眉毛峰，旧志称明阳峰或明王峰，海拔277.8米。

北部山脉　位于邓家乡冶塘、管桥以东，愉怡街、幸福水库以西，东西走向，主峰有二：雄岚峰，海拔329.1米。仙岚峰，海拔161米。其他山峰有：向南观，海拔219.9米。西岭，海拔262

米。邳石源岭，海拔288米。

西北部山脉　位于管桥、圩上桥西部。主峰香炉观，海拔193.1米。其他山峰有：鸡公岭，海拔182米。牛头岭，海拔163米。鸦雀岭，海拔189米。高椅山，海拔167.4米。和尚岭，海拔165米。

西部山脉　位于詹圩、跳石以西，西临进贤、临川县境。主峰伏山岭，又名檞山岭，海拔180.6米。其他山脉有：卢古岭，海拔160米。卢岗岭，海拔151米。梅山岭，海拔156米。

东部山脉　位于何坊、湖岭以东。主峰有三：大山里，原名大仙岭，海拔367米；积烟岭，海拔321米；任同岭，海拔300米。

南部山脉　位于长林、虎圩、岗上积、黎圩等乡境内。主峰有八：桃花岭，海拔351米。长林山，又名庚岭，海拔302米。猴伏山，海拔264.5米。西笔架尖，海拔272米。东笔架尖，海拔255米。鸦水岭，海拔250米。银峰尖，海拔248米。馒头岭，海拔297.3米。其他山峰有：何家岭，海拔200米。白家尖，海拔182.9米。会仙岭，海拔144.8米。灯芯岭，海拔216米。

东南部山脉　位于县城东南部，主峰有16座：渐岭，海拔419.8米。花草尖，又名花尖领，海拔341米。金峰岭，海拔498.8米，为境内第一高峰，附近尚有三座山峰：北金峰，海拔313.9米。甘坑东峰，海拔526米。甘坑西峰，海拔353米。白云峰，又名白蚁岭，海拔245.2米。狮子岭，海拔196.4米。起源岭，海拔225米。明珠峰，海拔215.7米。虎形山，海拔220米。柳树岭，海拔291米。北柳树岭，海拔372米。马鞭山，海拔282米。中虎形山，海拔302.2米。吉岭，海拔324米。庙门岭，海拔298米。石建岭，海拔220米。吴岭，海拔325.4米。

东乡县境内水域分属抚河水系、信江水系、鄱阳湖水系。东乡河（北港、南港两大支流）、铁山港、瑶河、王桥港、小璜港、珀玕港、润溪港、五坊港、跳石港等9条主要河港在县境内总长153.5千米，流域面积1668平方千米。县境地表水常年年径流量约为10.838亿立方米，全县各类蓄水工程能控制2.276亿立方米，其余地表水流出县外或渗入地下。地下水每日径流量为12.875万立方米，年径流总量4700万立方米。其境内河流按其所属水系可作以下划分：

抚河水系

北港　东乡河第一大支流，又称汝河，位于县境中部，源出愉怡乡眉毛峰南麓，主河道境内长31千米，河宽30～40米，流域面积549.3平方千米。有支流12条。此港自北向南折向西南，与南港汇合成东乡河，经临川境内注入抚河。

南港　东乡河第二大支流，位于县境西南边缘，源出金溪，河宽40～60米，主河道长27.5千米，流域面积589平方千米，其中东乡境内200.3平方千米。有支流4条。此港自东向西折向西北，与北港合成东乡河，经临川境内注入抚河。

铁山港　位于詹圩及红旗垦殖场西部，全场13.5千米，流域面积61平方千米。此港经临川境内注入抚河。

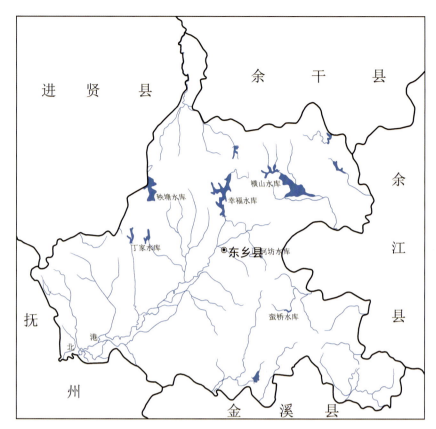

图一五五　东乡县水系示意图

信江水系

瑶河　又名青田港，位于县境东南，源出金溪。东乡境内河长13.5千米，流域面积523平方千米，其中东乡境内流域面积93平方千米。此水至瑶圩街公路桥下进入余江县境，注入信江支流白塔河。

王桥港　分南、北两条支流，控制流域面积85.5平方千米。北支为主流，又名花山港，河长8千米，流域面积60.5平方千米，南支为倪家港，河长6.2千米，流域面积25千米。此港经上南山进入余江县境内注入信江支流白塔河。

小璜港　位于县境东北，河长22千米，河宽10~20米，流域面积102.5平方千米。此港入余江县信江支流白塔河。

珀玕港　又名玉湾港，位于县境东北，主河道长7千米，流域面积52平方千米。此港入余江县信江支流白塔河。

鄱阳湖水系

润溪港　又名大沙港，位于县境北部，河长21千米，河宽15~20米，境内流域面积116.2平方千米。支流杨桥港，河长11千米，流域面积85.2平方千米。此港注入润溪湖，又名杨坊湖。

五坊港　位于邓家乡境，为县境西北边缘一条小支流，河长4千米，流域面积26平方千米。此港流经秧塘水库后再注入鄱阳湖。

跳石港　位于县境西部，长约6千米，流域面积18.5平方千米。主港至下跳石村进入进贤下埠集港，再注入鄱阳湖。

3. 气候

东乡属亚热带湿润季风气候区，日照充足，雨量充沛，无霜期长，农业气候条件优越。东乡县四季分明，春秋短，夏冬长。其主要特点是：春季多阴雨低温，初夏高温多雨，盛夏高温炎热，伏秋久晴易旱，冬季寒冷干燥，冰冻天气时常有发生。年平均气温 17.7℃。1 月最冷，平均气温 5.3℃。7 月最热，平均气温 29.3℃。东乡县无霜期较长，年平均无霜期约 271 天。该县日照充足，降雨较丰沛，年平均日照 1777 小时。年降水量平均 1768.7 毫米。

二　历史沿革与行政区划

东乡建县以前，其临川、金溪之地，隶属抚州府，进贤之地隶属南昌府，余干和余江之地隶属饶州府。

明正德七年（1512），分抚州府临川县的东境，并割金溪和饶州府的安仁、余干及南昌府的进贤等县部分领地，合而设置东乡县，隶属于抚州府。

清顺治二年（1645），清兵定江西，置江西省；抚州府及东乡县隶之，直到清末。

民国元年（1912）冬，废除府和直隶州。

民国三年（1914），江西省置豫章道、浔阳道、庐陵道、赣南道，东乡县隶豫章道。民国 15 年废道，各县直隶省政府。

民国二十一年（1932），江西省分置 13 个行政区，东乡县隶属于第五行政区，区治临川。

民国二十四年（1935）4 月 24 日，全省缩改为 8 个行政区，东乡县隶属于第七行政区，区治南城。

1949 年 5 月 5 日东乡县解放，5 月 14 日设置贵溪专区，东乡县隶之，9 月贵溪专区并入上饶专区，东乡县隶属上饶专区。

1952 年 9 月 11 日，江西省 9 个专区并为 6 个专区，东乡县仍属上饶专区。

1968 年专区改称地区；7 月东乡县改隶抚州地区。

2000 年 10 月，抚州撤地设市，东乡属抚州市一直至今。

2016 年 12 月 23 日江西省人民政府政府印发通知，按国务院有关批复精神，同意撤销东乡县，设立抚州市东乡区。原东乡县的行政区域为抚州市东乡区的行政区域，区人民政府驻孝岗镇子山路 188 号（现东乡县人民政府驻地）。

目前全县辖 9 个镇、4 个乡：孝岗镇、小璜镇、圩上桥镇、马圩镇、詹圩镇、岗上积镇、杨桥殿镇、黎圩镇、王桥镇、珀玕乡、邓家乡、虎圩乡、瑶圩乡。共有 16 个居委会、138 个村委会。

孝岗镇是江西省抚州市东乡区人民政府所在地，位于东乡区中东部，东邻王桥镇和小璜镇，南接虎圩乡，西引圩上桥、红星，北靠杨桥殿镇。320 国道、梨温高速及浙赣铁路、杭长高铁穿境而过。孝岗镇地处东南丘陵，属于高、中、低丘陵复合地带，地势东南高西北低，山清水秀，田畈与山丘相间，境内水系属长江流域抚河水系。小璜镇位于东乡区的东北部，东邻珀玕乡，南靠余江县，西接孝岗镇，北毗余干县，辖 13 个行政村，142 个自然村，历来享有"赣东北门户"之称。小璜镇面积 143 平方千米，占全县的九分之一，山地面积 13.65 万亩，占全县的七分之一，水资源

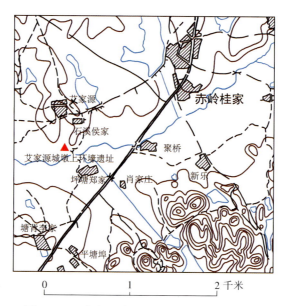

图一五八　艾家源城墩上环壕遗址地貌示意图

　　该环壕遗址主要由中部高台地、四周残存壕沟和残存壕沟外墙体组成，平面呈呈东北—西南向不规则形，长径约 116 米，宽约 87 米（图一五九）。中部台地整体高于周围稻田约 2 米，台地中部区域已被人为平整为菜地，植被较稀疏，四周边沿地带大部为树林，植被较为茂密（图一六○）。台地表面略呈边沿高中心低的凹形。四周壕沟现仅残存北壕沟和东壕沟部分，其中北壕沟为一积水潭，现存宽度约 9～28 米，东壕沟现为农田。东、北两壕沟外侧可见部分残存的墙体，其上现为树林，植被较为茂密，现存宽度约 9～15 米，整体高于壕沟底部约 1～3 米。西、南两侧壕沟已破坏殆尽（图一六一）。遗址总面积约 8271.5 平方米。

图一五九　艾家源城墩上环壕遗址航拍图

图一六〇 艾家源城墩上环壕遗址地貌图

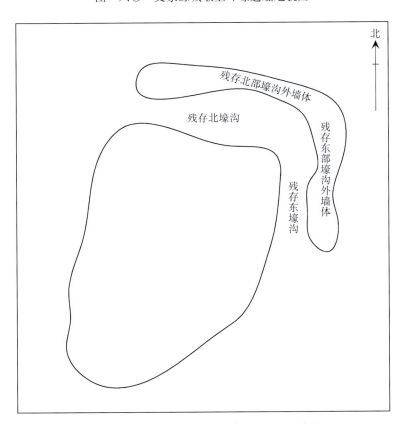

图一六一 艾家源城墩上环壕遗址平面示意图

2. 遗物介绍

艾家源城墩上环壕遗址仅采集到石器1件。

石器1件

2015DAC∶1，黄褐色砂岩，一端保留磨制痕迹，器形不明。残长11、宽6.2厘米（图一六二）。

0　1　2 厘米

图一六二　艾家源城墩上遗址采集遗物

石器（2015DAC：1）

3. 遗址年代与性质

该遗址破坏较严重，地面采集遗物较少，仅采集 1 件磨制石器。从目前抚河流域发现多处环壕聚落来看，此种聚落形态被古人长时间所使用，结合采集遗物初步判断该遗址为先秦时期，该遗址的发现为区域文化序列建立和聚落形态研究提供了十分重要的考古资料。

二　艾家源村壕沟环壕遗址

1. 遗址概况

艾家源村壕沟环壕遗址位于东乡县岗上积镇艾家源村（图一六三），北距艾家源村委会约 250 米，东距 208 省道约 1.1 千米，西距下庄约 520 米（图一六四）。地理坐标：北纬 28°06′16.2″，东经 116°30′40.9″，海拔 40 米。

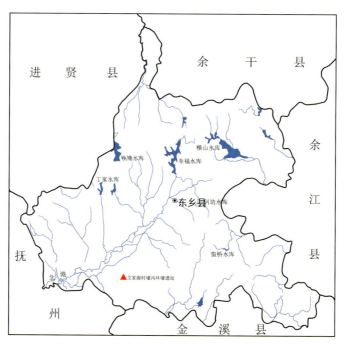

图一六三　艾家源村壕沟环壕遗址位置示意图

图一六四　艾家源村壕沟环壕遗址地貌示意图

　　该环壕遗址主要由中部高台地、四周残存壕沟和残存壕沟外墙体组成（图一六五）。中部高台地平面呈西北—东南向不规则形，长径约54米，短径约55米。中部台地整体高于四周农田约2～3米，地表已被人为平整为农田，上部有部分杂草，植被较稀疏，台地四周边沿地带表面为树林覆盖，植被非常茂密，整体呈中部地平，四周高的凹形。四周现残存有南、东和西三侧壕沟部分，壕沟现存宽度约5～14米，西、南壕沟内现为荒地，靠近中部台地处有水渠，东壕沟现为树林。此三侧壕沟外侧均可见残存的墙体，现存宽度约6～18米，整体高于周围农田约1～2米（图一六七）。其上为树林，植被非常茂密（图一六六）。

图一六五　艾家源村壕沟环壕遗址航拍图

图一六六　艾家源村壕沟环壕遗址远景图（由西北向东南）

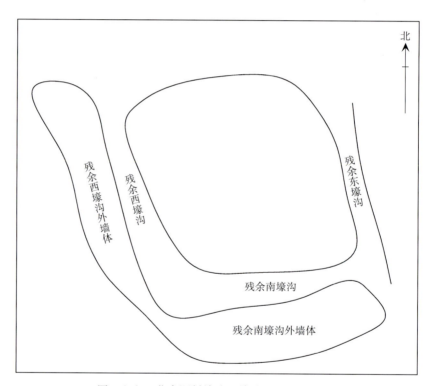

图一六七　艾家源村壕沟环壕遗址平面示意图

2. 遗物介绍

该遗址仅采集青铜器残片 1 件。

青铜器

2015DAJ：1，青铜残片，形状不规则残高 10.5 厘米（图版二五，1）。

3. 遗址年代与性质

艾家源村壕沟环壕遗址地势较为平坦，中部台地应是人工堆垒而成。该环壕聚落勘探区域内未发现墓葬、灰坑、房址等古代文化遗存，遗址表面因人为动土散见有少量陶片和青铜器。可初步推

1. 铜器（2015DAJ：1）

图版二五　艾家源村壕沟环壕遗址采集遗物

测该遗址的年代为先秦时期。在抚河流域有较多环壕聚落发现，此类聚落的修建是社会复杂化的体现，建造环壕需要大量劳动力，亦需要社会组织与协调，这样就形成了多层社会结构。因此，艾家源村壕沟环壕遗址的发现为区域聚落形态及社会演进研究提供了十分重要的考古资料。

三　北岸村城墩上环壕遗址

1. 遗址概况

北岸村城墩上环壕遗址位于东乡县岗上积镇新乐村委会北岸村（图一六八），北距北岸村约640米，东南距禅师岭约290米，西距208省道（东临公路）约1.4千米（图一六九）。地理坐标：北纬28°06′30.2″，东经116°32′40.9″，海拔49米。

该环壕遗址仅存中部台地，四周环壕及墙体已经损毁殆尽不可见（图一七〇）。中部台地平面近方形，边长约66米，整体高于外部草地约1~2米，台地上整体地势四周边沿地带高中部低（图一七二）。中部区域现为农田，种植由农作物，植被较稀疏，四周边沿地带地表为毛竹林，植被非常茂密（图一七一）。发现5座墓葬（编号M1~M5），其中M1为现代坟；M2~M5现存均为墓坑，地表散落有部分墓砖。遗址总面积：4486.1平方米。

2. 遗址年代与性质

北岸村城墩上环壕遗址所在区域地形平坦，中部台地应为人工堆垒而成。采集遗物较少，仅在勘探过程中采集零星夹砂陶片。可初步推断遗址的年代为先秦时期，具体年代的判断还有待更多的考古工作。该遗址是一处典型的环壕聚落，其建造特征与东乡县其他的环壕聚落有较多的相似性，该遗址的发现对区域环壕聚落形态及其演进研究提供了重要的考古资料。

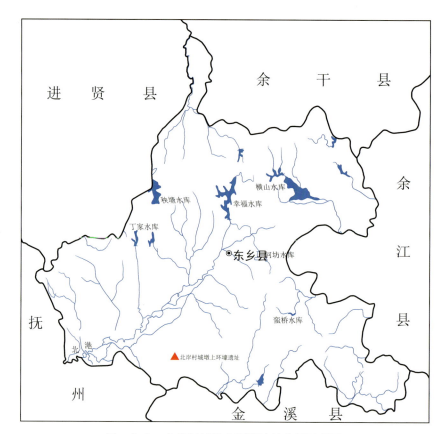

图一六八　北岸村城墩上环壕遗址位置示意图

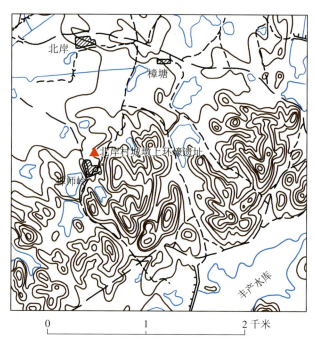

图一六九　北岸村城墩上环壕遗址地貌示意图

图一七〇 北岸村城墩上环壕遗址航拍图

图一七一 北岸村城墩上环壕遗址远景图（由南向北）

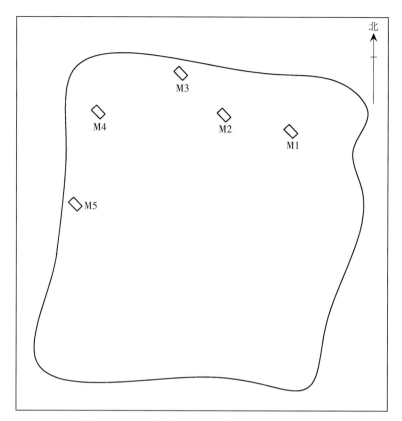

图一七二　北岸村城墩上环壕遗址平面示意图

四　北岸村壕沟环壕遗址

1. 遗址概况

北岸村壕沟环壕遗址位于东乡县岗上积镇新乐村委会北岸村（图一七三），北距北岸村委会约450米，东南距禅师岭约540米，西距208省道（东临公路）约1.2千米（图一七四）。地理坐标：北纬28°06′36.5″，东经116°32′39.2″，海拔43米。

该环壕主要由中部近长方形高台地、四周残存壕沟和残存壕沟外墙体组成，遗址整体平面呈不规则形，中部近长方形台地长约54米，宽约44米，高于四周农田约2~3米（图一七五）。台地表面西部和北部边沿地带地势较高，为树林覆盖，植被非常茂密。其他区域地势较平缓，地表已被人为平整为农田，上部有部分杂草，植被较稀疏（图一七六）。南、东、西三侧可见残存的壕沟，现存宽度约8~18米，壕沟内现为稻田。此三侧壕沟外侧均可见残存的墙体，其上现为树林，植被非常茂密，现存宽度约9~26米，整体高于周围农田约2米（图一七七）。遗址总面积约2310.8平方米。

2. 遗址年代与性质

由于植被十分茂密，地表尚未采集到遗物，仅在钻探过程中发现零星陶片碎块。通过对遗址的形制分析，可大致将该遗址的年代判断为先秦时期。北岸村壕沟环壕遗址的发现，为区域内先秦时期聚落形态及其演进研究提供了十分重要的考古资料。

图一七三　北岸村壕沟环壕遗址位置示意图

图一七四　北岸村壕沟环壕遗址地貌示意图

图一七五　北岸村壕沟环壕遗址航拍图

图一七六　北岸村壕沟环壕遗址远景图（由东向西）

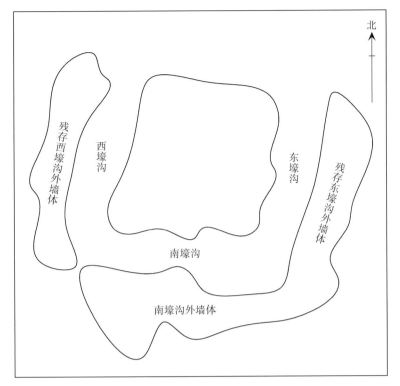

图一七七　北岸村壕沟环壕遗址平面示意图

五　岸上环壕遗址

1. 遗址概况

岸上环壕遗址位于东乡县岗上积镇上李村委会涵头江家村西侧（图一七八），西北距吴头陂约 500 米，东临涵头江家村民居，西南距城头咀约 600 米（图一七九）。地理坐标：北纬 28°09′27.8″，东经 116°32′23.6″，海拔 38 米。

该环壕遗址平面呈南北向不规则形，主要由中部近方形高台地、四周残存壕沟和残存壕沟外墙体组成（图一八〇）。中部近方形台地边长约 80 米，整体高于四周农田约 2～3 米，台地上地势四周边沿地带高中部低，地表为树林，植被非常茂密（图一八一）。台地北、东、南三侧现残存有壕沟，现存宽度约 10～16 米，壕沟内现为稻田。南壕沟外侧可见残存的墙体，现存宽度约 7～41 米，整体高于周围农田约 1～2 米，其上为树林，植被非常茂密（图一八二）。遗址总面积约 6030 平方米。

2. 遗址年代与性质

岸上环壕遗址位于地势较为平坦地带，中部台地应是人工堆垒而成。该环壕聚落采集遗物较少，仅有少量陶器碎块发现。可初步推测该遗址的年代为先秦时期。在抚河流域有较多环壕聚落发现，此类聚落的修建是社会复杂化的体现，建造环壕需要大量劳动力，亦需要社会组织与协调，这样就形成了多层社会结构。因此，岸上环壕遗址的发现为区域聚落形态及社会演进研究提供了十分重要的考古资料。

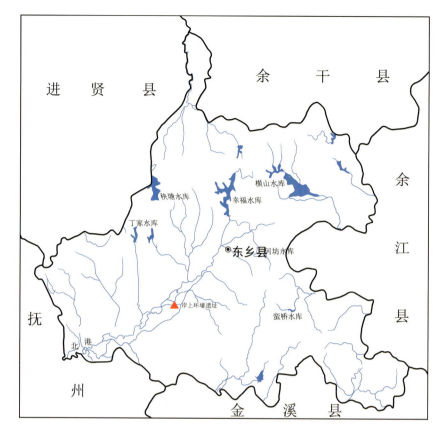

图一七八　岸上环壕遗址位置示意图

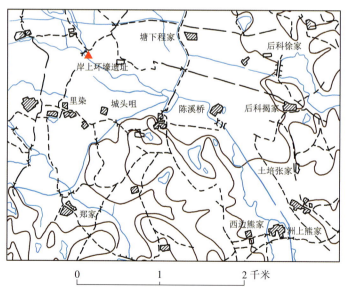

图一七九　岸上环壕遗址地貌示意图

图一八〇　岸上环壕遗址航拍图

图一八一　岸上环壕遗址远景图（由西北向东南）

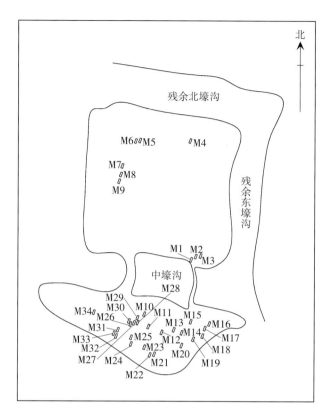

图一八二 岸上环壕遗址平面示意图

六 老虎巢环壕遗址

1. 遗址概况

老虎巢环壕遗址位于马圩镇荷拓村委会珠坊村西北部（图一八三），东距珠坊村约80米，西南距上保村约910米，南距荷拓村约400米（图一八四）。地理坐标：北纬28°08′48.1″，东经116°27′51.4″，海拔34米。

该环壕遗址主要由中部高台地、四周残存壕沟和残存壕沟外墙体组成，整体平面呈不规则形，中部高台地平面近长方形，长约63米，宽约51米，高于四周稻田约1~3米（图一八五）。台地表面略呈四周高中心低的凹形，地表现为树林，植被非常茂密。北、南、西三侧可见残存的壕沟部分，现存宽度约5~15米，壕沟内现为稻田。此三侧壕沟外侧均可见残存的墙体，宽度约10~22米，整体高于周围农田约1~3米（图一八六）。

遗址中部高台地发现二处文化层堆积区域，编号文化层堆积Ⅰ区、Ⅱ区。文化层堆积Ⅰ区位于中心台地北部，平面呈东西向不规则形，长径约5.9米，短径约4.8米，面积约14平方米，堆积距地表约1.8米出现，约2米结束，文化层堆积内包含部分灰渣和烧土块。文化层堆积Ⅱ区位于中心台地西北部，平面呈东西向不规则形，长径约17.4米，短径约10.7米，面积约43.1平方米，堆积距地表约1米出现，约1.6米结束，文化层堆积内包含部分灰渣和烧土块。在中部高台地中部发现12座墓葬（编号M1~M12），均为现代坟（图一八七）。遗址总面积2917.3平方米。

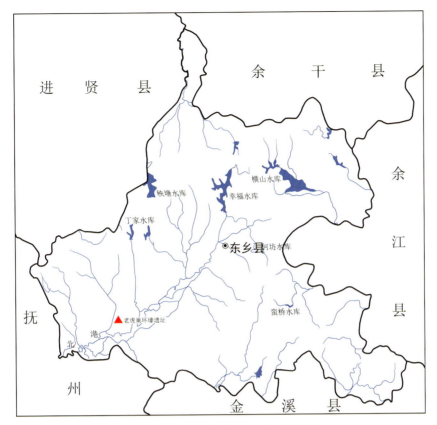

图一八三 老虎巢环壕遗址位置示意图

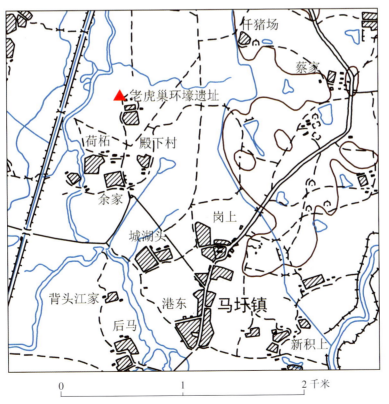

图一八四 老虎巢环壕遗址地貌示意图

图一八五　老虎巢环壕遗址航拍图

图一八六　老虎巢环壕遗址远景图（由南向北）

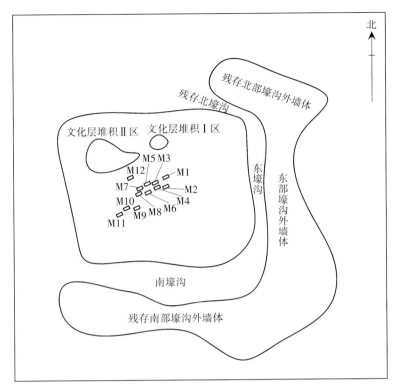

图一八七 老虎巢环壕遗址平面示意图

2. 遗址年代与性质

由于该遗址地表植被茂盛，地表保存完好，因此未能采集到陶片，仅在勘探过程中，发现有少量陶片碎块。从陶质陶色来看，该遗址年代应属先秦时期，可推定为先秦时期古人居住的聚落遗址。该遗址的发现，增加了区域内先秦时期环壕聚落的数量，同时也有助于区域内聚落形态的深入研究。

七 石湾城上山环壕遗址

1. 遗址概况

石湾城上山环壕遗址位于东乡县马圩镇新溪村委会石湾村（图一八八），东北距濠上张家村约650 米，东南距窑上村约 730 米，南距后万约 700 米，东南约 20 米有一村道水泥路（图一八九）。地理坐标：北纬 28°09′12.1″，东经 116°23′40.9″，海拔 34 米。

该环壕主要由中部长方形高台地、四周残存壕沟和残存壕沟外墙体组成，遗址整体平面呈不规则形，中部近长方形，台地长约 82 米，宽约 74 米，台地中部区域稍低四周边沿地带地势较高，现为草地覆盖，植被较稀疏，四周边沿地带高于周围沟底约 3~5 米（图一九〇）。四周壕沟保存状况较好，现为草地，部分区域有积水潭，壕沟现存宽度约 5~15 米。东、西、南、北四侧均可见壕沟残存外墙体，残存外墙上现为草地，植被稀疏，现存宽度约 9~25 米，整体高于壕沟底部约 1~3 米（图一九一）。

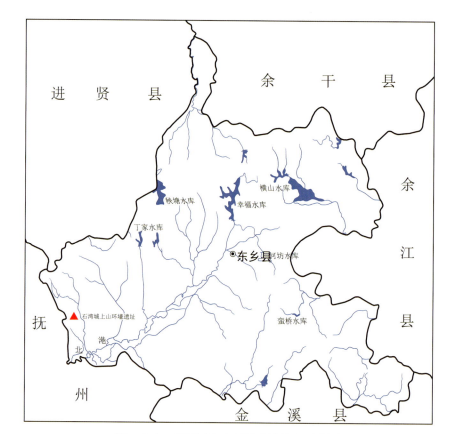

图一八八　石湾城上山环壕遗址位置示意图

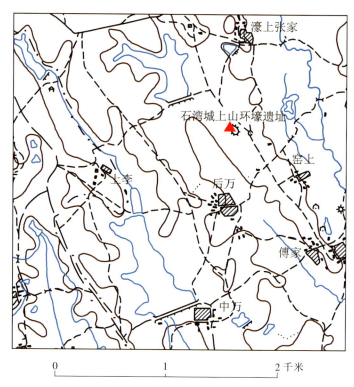

图一八九　石湾城上山环壕遗址地貌示意图

图一九〇　石湾城上山环壕遗址航拍图

图一九一　石湾城上山环壕遗址远景图（由南向北）

　　该遗址中部高台地北部发现1处文化层堆积区域（编号文化层堆积Ⅰ区），平面呈东北—西南向不规则形，长径约11.7米，短径约5.8米，面积约51平方米，堆积距地表约0.7～1米出现，约1～1.3米结束，文化层堆积内包含部分灰渣和烧土块。中部高台地中部偏南发现1处文化层堆积区域（编号文化层堆积Ⅱ区），平面呈东西向不规则形，长径约41.8米，短径约16.7米，面积约430平方米，堆积距地表约0.4～0.7米出现，约1.4～2.1米结束，文化层堆积内包含部分灰渣和烧土块。在中部高台地东南部发现1处疑似夯土堆积区域，近"L"形，宽约1～7米，堆积距地表约1米出现，约3米结束，堆积土较为致密，土质僵硬（图一九二）。遗址总面积约6643.3平方米。

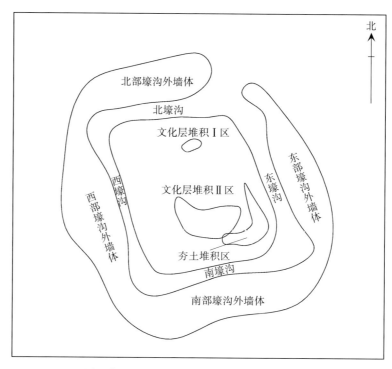

图一九二　石湾城上山环壕遗址平面示意图

2. 遗物介绍

该遗址采集遗物较少，所获主要为陶器残片。

陶器以夹砂陶为主。夹砂陶多为褐色，纹饰以绳纹为主（图一九三），器形见有陶罐。

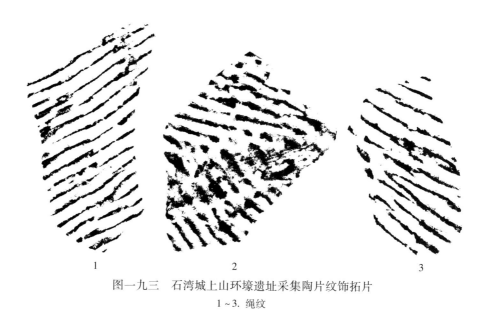

图一九三　石湾城上山环壕遗址采集陶片纹饰拓片
1～3. 绳纹

陶器

口沿　5件。

2015DSW：1，夹砂黄陶，夹粗砂，敛口折沿尖圆唇，素面。残高4厘米（图版二六，1）。

2015DSW：2，夹砂黄陶，夹粗砂，敛口折沿尖圆唇，颈部有一道凸棱，素面。残高2.2厘米

（图版二六，2）。

2015DSW：3，夹砂黄陶，夹粗砂，尖圆唇，素面，唇内外两侧各有一道凸棱，残高6厘米（图版二六，3）。

2015DSW：4，夹砂黄陶，夹粗砂，侈口尖唇，唇外侧有一道凸棱，素面。残高5厘米（图版二六，4）。

2015DSW：5，夹砂黄陶，夹细砂，敞口尖圆唇，素面，外侧有两道凸棱。残高5厘米（图版二六，5）。

鼎足 5件。

2015DSW：6，夹砂黄褐陶，夹细砂，扁足，素面。残高3厘米（图版二六，6）。

2015DSW：7，夹砂黄陶，夹粗砂，扁足，素面。残高7.2厘米（图版二六，7）。

2015DSW：8，夹砂黄陶，夹粗砂，横截面呈椭圆形，素面。残高5厘米（图版二六，8）。

2015DSW：9，夹砂黄陶，夹粗砂，横截面呈不规则圆形，素面。残高4.8厘米（图版二六，9）。

2015DSW：10，夹砂黄陶，夹粗砂，扁足，素面。残高4.8厘米（图版二六，10）。

1. 陶罐（2015DSW：1）

2. 陶罐（2015DSW：2）

3. 陶罐（2015DSW：3）

4. 陶罐（2015DSW：4）

5. 陶罐（2015DSW：5）

6. 陶鼎足（2015DSW：6）

7. 陶鼎足（2015DSW：7）

8. 陶鼎足（2015DSW：8）

9. 陶鼎足（2015DSW：9）

10. 陶鼎足（2015DSW：10）

图版二六　石湾城上山环壕遗址采集遗物

3. 遗址年代与性质

　　石湾城上山环壕遗址是一处典型的环壕聚落，从结构上来看，石湾城上山环壕遗址与其他遗址无太多差异，由中部高台、外围壕沟、壕墙组成。石湾城上山环壕遗址采集到遗物较少，所见陶鼎足为扁状，与西周晚期至春秋时期鼎足形态相近。因此，可推断石湾城上山环壕遗址的年代主要集中在西周晚期至春秋时期。石湾城上山环壕聚落的发现，为区域聚落形态与人地关系等方面的深入研究提供了十分重要的考古资料。

八 城墩上环壕遗址

1. 遗址概况

城墩上环壕遗址位于东乡县马圩镇新溪村委会下万村（图一九四），西北距新溪村约580米，东距香背坑约400米，东南距黄瓦约800米（图一九五）。地理坐标：北纬28°07′44.7″，东经116°23′42.2″，海拔38米。

该环壕遗址主要由中部高台地、四周残存壕沟和残存壕沟外墙体组成，整体平面呈不规则形。中部高台地平面近西北—东南向长方形，长约63米，宽约48米，整体高于四周稻田约2~4米，地表略呈四周边沿地带稍高中部区域稍低的凹形，台地地表现为树林，植被非常茂密（图一九六）。台地西、南两侧可见残存的壕沟，宽度约18~25米，壕沟内现为稻田。西、南两侧壕沟外侧均可见残存的墙体，宽度约7~15米，整体高于周围农田约1~3米，其上现为树林，植被较为茂密（图一九七）。

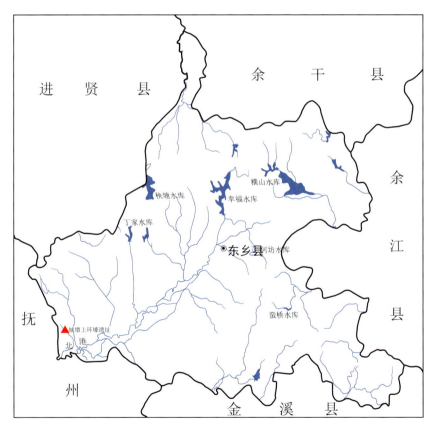

图一九四 城墩上环壕遗址位置示意图

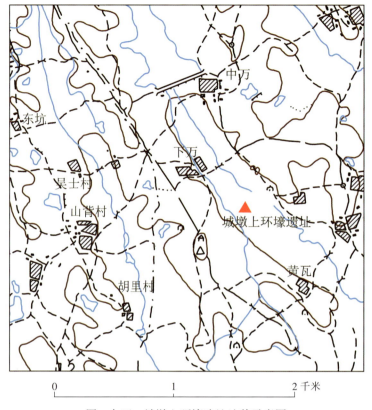

图一九五　城墩上环壕遗址地貌示意图

图一九六　城墩上环壕遗址航拍图

图一九七　城墩上环壕遗址远景图（由南向北）

在遗址所在台地中部发现 1 处文化层堆积区域，平面呈西北—东南向不规则形，长径约 58 米，短径约 43 米，面积约 2142.1 平方米，堆积距地表约 0.7~1.4 米出现，约 1.3~2.2 米结束，文化层堆积内包含部分灰渣和烧土块（图一九八）。

在中部高台地中部偏北发现 2 座墓葬（编号 M1~M2），现存均为墓坑，可能已被迁走或被盗掘。遗址总面积约 4486.1 平方米。

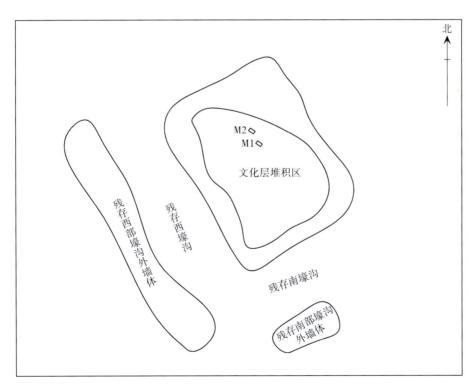

图一九八　城墩上环壕遗址平面示意图

2. 遗址年代与性质

城墩上环壕遗址属于一处典型的环壕聚落。遗址采集遗物较少，年代判断较为困难。整体上看，可推测该环壕的年代为先秦时期，有关该遗址的具体年代还需要更多的田野考古工作。

九 石背村环壕遗址

1. 遗址概况

石背村遗址位于东乡县詹圩镇占圩村委会石背村南部（图一九九），北距805乡道约350米，东南临074县道。西北为会家垄，东面为城塘胡家。遗址原为一带环壕的长方形台地，但现在破坏严重，只有环壕保存较好（图二〇〇）。地理坐标：北纬28°12′29.9″，东经116°25′04.9″，海拔48米。

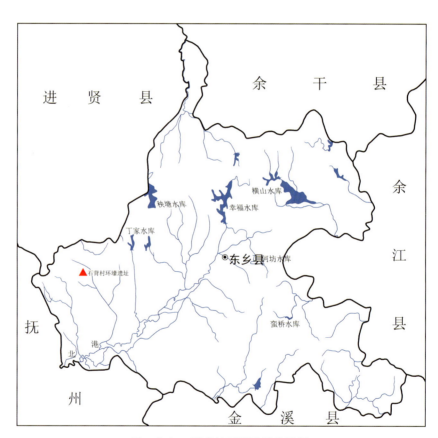

图一九九　石背村环壕遗址位置图

该遗址主体平面呈"L"形，遗址南侧基本已被现代建房破坏，现存主要由两段长条形区域组成（图二〇一）。北侧长条形区域呈东北—西南向的稍高台地，长约110米，宽约16米，台地整体高于北侧农田约1米，地表现为树林，植被较为茂密。西侧长条形区域呈西北—东南向的稍高台地，长约50米，宽约14米，区域中部被一水泥路南北贯穿，台地整体高于水泥路平面农田约1.5米，地表现为毛竹林，植被非常茂密（图二〇二）。遗址总面积约2479.4平方米。

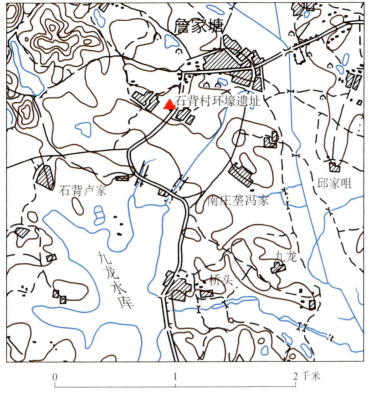

图二〇〇　石背村环壕遗址地貌示意图

图二〇一　石背村环壕遗址卫星照片图

该环壕遗址主要由中部高台地、四周残存壕沟和残存壕沟外墙体组成（图二一六）。遗址整体平面呈不规则形，中部高台地平面近长方形，呈南北向，长约37米，宽约33米，台地上地势四周边沿地带稍高中部区域稍低，台地表面为毛竹林，植被非常茂密，台地整体高于四周农田约1~2米（图二一七）。

四周均可见残存的壕沟，宽度约9~20米，壕沟内现为稻田。四周壕沟外侧均可见残存墙体，其上基本为毛竹林，植被较为茂密，现存宽度约5~14米，整体高于周围农田约1~3米（图二一八）。遗址总面积约1146.9平方米。

图二一六　白水潭环壕遗址航拍图

图二一七　白水潭环壕遗址远景图（由北向南）

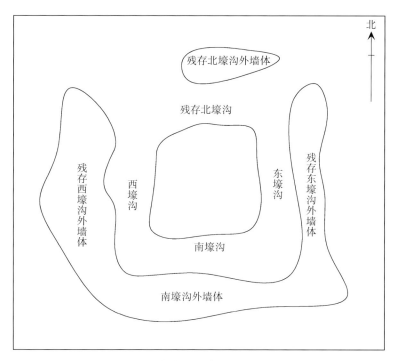

图二一八 白水潭环壕遗址平面示意图

2. 遗址年代与性质

白水潭环壕遗址属于一处典型的环壕聚落。从建造方式来看，白水潭环壕遗址利用天然平缓山岗进行人工修建，大大减少了工程量，同时也是根据特殊的地理单元特点而做的有效改造。遗址采集遗物较少，年代判断较为困难。整体上看，可推测该环壕的年代为商周时期，有关该遗址的具体年代还需要更多的田野考古工作。白水潭环壕聚落的发现，为该区域先秦聚落形态提供了新材料。

一二 邓家山环壕遗址

1. 遗址概况

邓家山环壕遗址位于东乡县詹圩镇荫岭村委会曹家桥村（图二一九），南距曹家桥村约 200 米，西距 074 县道约 910 米，东南距梁家约 550 米（图二二〇）。地理坐标：北纬 28°14′16.6″，东经 116°26′09.0″，海拔 42 米。

该遗址由中部高台地、四周残存壕沟和残存壕沟外墙体组成。中部高台地平面呈东西向不规则形，长径约 43 米，短径约 38 米，台地高于四周稻田约 2~3 米（图二二一）。

台地上地势四周边沿地带稍高中部区域稍低，地表现为树林，植被非常茂密。北、南、西三侧可见残存壕沟部分，现存宽度约 11~15 米，壕沟内现为稻田（图二二二）。

此三侧壕沟外侧均可见残存墙体，现存宽度约 6~15 米，整体高于周围农田约 1~3 米，其上现为树木和杂草覆盖，植被较为茂密。遗址中部高台地沿台地边沿发现 1 处呈环状分布的文化层堆积区域，但环状文化层分布带在南部部分区域未发现，推测可能为当时环壕遗址出口。文化层堆积宽约 7~12 米，面积约 620.9 平方米，堆积距地表约 1~1.5 米出现，约 1.5~2.1 米结束，文化层堆积内包含部分灰渣和烧土块（图二二三）。遗址总面积约 1628.9 平方米。

图二一九　邓家山环壕遗址位置示意图

图二二〇　邓家山环壕遗址地貌示意图

图二二一　邓家山环壕遗址航拍图

图二二二　邓家山环壕遗址远景图（由南向北）

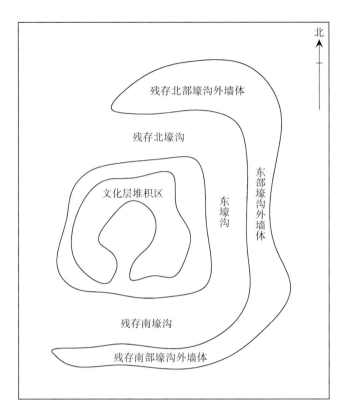

北

残存北部壕沟外墙体

残存北壕沟

文化层堆积区

东壕沟

东部壕沟外墙体

残存南壕沟

残存南部壕沟外墙体

图二二三　邓家山环壕遗址平面示意图

2. 遗址年代与性质

邓家山环壕遗于所在区域地形平坦，中部台地应为人工堆垒而成。由于遗址植被茂密，采集遗物十分困难，仅在地表发现零星夹砂陶片。可初步推断遗址的年代为先秦时期，具体年代的判断还有待更多的考古工作。该遗址是一处典型的环壕聚落，其建造特征与东乡县其他的环壕聚落有较多的相似性，该遗址的发现对区域环壕聚落形态及其演进研究提供了重要的考古资料。

一三　壕墩环壕遗址

1. 遗址概况

壕墩环壕遗址位于东乡县詹圩镇东观村委会郭阳张家村东南部（图二二四），西临郭阳张家村，东距后郭阳约 200 米，东南距前郭阳约 510 米（图二二五）。地理坐标：北纬 28°10′48.8″，东经 116°27′05.7″，海拔 40 米。

该环壕遗址主要由中部高台地和四周残存壕沟组成，整体体平面呈南北向不规则形，中部高台地平面近梯形，呈南北向，北侧边长约 64 米，南侧边长约 47 米，南北向长约 78 米，整体高于四周水塘平面约 5 米（图二二六）。台地上地势北部边沿地带稍高，其他区域稍低，台地上地表现为树林，植被较为茂密。台地四周现存有环绕水塘（根据其形制推测为之前壕沟），水塘宽约 15～50 米（图二二七）。

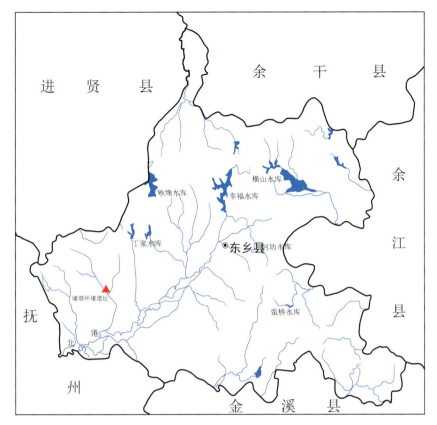

图二二四　壕墩环壕遗址位置示意图

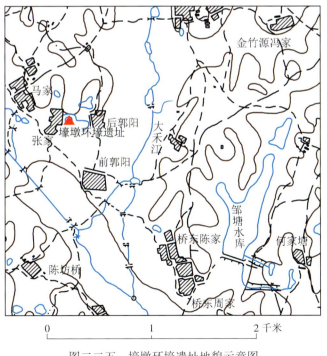

图二二五　壕墩环壕遗址地貌示意图

图二二六　壕墩环壕遗址航拍图

图二二七　壕墩环壕遗址远景图（由南向北）

该环壕遗址中心高台地上发现两处文化层堆积区域，编号文化层堆积Ⅰ区、Ⅱ区。文化层堆积Ⅰ区位于台地中部偏西，平面呈东北—西南向不规则形，长径约6.8米，短径约3.7米，面积约9平方米，堆积距地表约0.6~1米出现，约1.3~1.7米结束，文化层堆积内包含部分灰渣、烧土块和陶片残渣，区域内文化层保存状况较差，部分区域不明显。文化层堆积Ⅱ区，位于台地北部边沿地带，平面呈东西向不规则形，长径约23.3米，短径约10.8米，面积约170.9平方米，堆积距地表约0.6~1.5米出现，约1.5~2.4米结束，文化层堆积内包含部分灰渣、烧土块和陶片，区域内文化层保存状况较差，部分区域不明显（图二二八）。遗址总面积3719.1平方米。

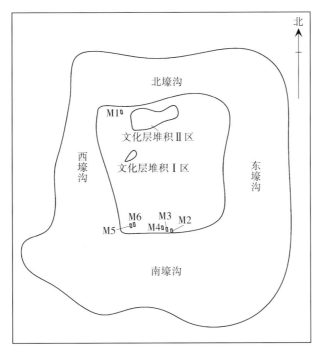

图二二八　壕墩环壕遗址平面示意图

2. 遗址年代与性质

壕墩环壕遗址是较为典型环壕聚落遗址，其所建区域地势较为平坦，遗址中心的高台应该是人为堆筑而成。由于植被十分茂密，地表尚未采集到遗物，仅在钻探过程中发现零星陶片碎块。通过比较，可大致将该遗址的年代判断为先秦时期。壕墩环壕遗址的发现，为区域内先秦时期聚落形态及其演进研究提供了十分重要的考古资料。

一四　岭下村壕墩环壕遗址

1. 遗址概况

岭下村壕墩环壕遗址位于东乡县詹圩镇梅家村委会岭下村西北部（图二二九），东南临岭下村民居，西南距埠上约 400 米，东南距 074 县道约 760 米（图二三○）。地理坐标：北纬 28°11′37.3″，东经 116°21′55.4″，海拔 61 米。

该环壕遗址主要由中部高台地、四周残存壕沟和残存壕沟外墙体组成，整体平面呈不规则形。中部高台地平面呈东西向不规则形，长径约 63 米，短径约 59 米，高于四周沟底约 3～5 米，台地表面略呈四周高中间低的凹形，四周边沿地带表面为树林覆盖，植被非常茂密，中部区域地表已被人为平整为农田，上部种植有油菜，地势较平缓（图二三一）。北、东、西三侧可见残存的壕沟部分，现存宽度约 4～10 米，壕沟内现为荒草地，部分区域有积水潭。西、南两侧壕沟外侧可见残存墙体，宽度约 12～28 米，整体高于沟底约 3～5 米，其上现为树林，植被非常茂密（图二三二）。

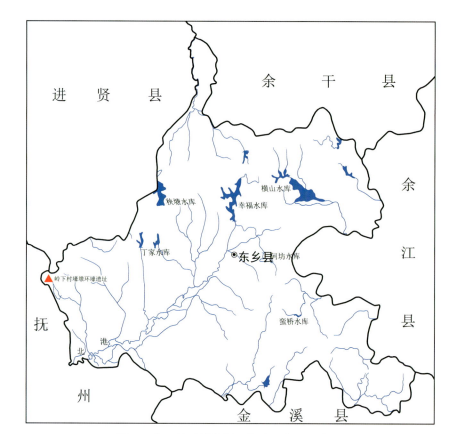

图二二九　岭下村壕墩环壕遗址位置示意图

图二三〇　岭下村壕墩环壕遗址地貌示意图

图二三一　岭下村壕墩环壕遗址航拍图

图二三二　岭下村壕墩环壕遗址远景图（由南向北）

　　遗址中心高台地发现二处文化层堆积区域，编号文化层堆积 I 区、II 区。文化层堆积 I 区位于台地东南部，平面呈东西向不规则形，长径约 35.5 米，短径约 13.4 米，面积约 432.2 平方米，堆积距地表约 1.2 ~ 1.5 米出现，约 1.7 ~ 1.9 米结束，文化层堆积内包含部分灰渣和烧土块，区域内文化层保存状况较差，部分区域不明显。文化层堆积 II 区位于中心台地中部偏北，平面呈东西向不规则形，长径约 45.3 米，短径约 24.8 米，面积约 711.8 平方米，堆积距地表约 0.9 米出现，约 1.2 米结束，文化层堆积内包含部分灰渣和烧土块，区域内文化层保存状况较差，部分区域不明显

（图二三三）。遗址总面积 3806.6 平方米。

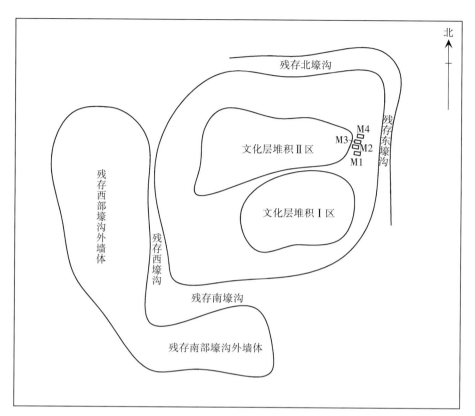

图二三三　岭下村壕墩环壕遗址平面示意图

2. 遗物介绍

该遗址采集遗物较少该遗址采集遗物较少，所获主要为陶器残片。陶器以泥质陶及夹砂陶为主。泥质陶多为灰色，纹饰有短线纹（图二三四，2、3）、菱格纹（图二三四，6）和交错绳纹（图二三四，1）等，器形见有陶盆；夹砂陶为红色，多为素面，仅见绳纹（图二三四，4、5），器形见有陶罐。

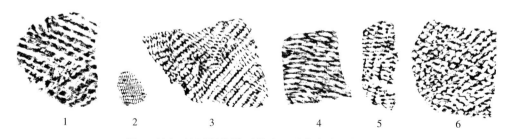

图二三四　岭下村壕墩环壕遗址采集陶片纹饰拓片
1. 交错绳纹　2、3. 短线纹　4、5. 绳纹　6. 菱格纹

纺轮　1件。

2015DLX：8，夹砂灰褐陶，扁圆柱状，中部穿孔。直径4.3厘米，孔径0.4厘米（图二三五，1；图版二八，8）。

罐　1件。

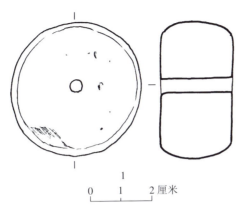

图二三五 岭下村壕墩环壕遗址采集陶器
1. 纺轮（2015DLX：8）

2015DLX：2，泥质灰陶，敛口方唇窄折沿，斜肩圆腹，肩部饰数道细弦纹，腹部饰细斜线纹，器内壁可见轮制痕迹，残高4.8厘米（图版二八，2）。

口沿 3件.

2015DLX：3，夹砂红陶，夹细砂，方唇宽折沿，素面，残高5.6厘米（图版二八，3）。

2015DLX：4，泥质灰陶，方唇窄折沿，唇内侧有一道窄凸棱，残高3.6厘米（图版二八，4）。

2015DLX：5，泥质红陶，折沿，素面，器表可见轮制痕迹，残高2.6厘米（图版二八，5）。

鼎足 2件。

2015DLX：6，夹砂红陶，陶色发灰，夹粗砂，扁足，素面，残高8.6厘米（图版二八，6）。

2015DLX：7，夹砂红陶，夹粗砂，扁足，素面，残高4.6厘米（图版二八，7）。

无名陶器 1件。

2015DLX：1，泥质灰陶，平面呈不规则五边形，横截面呈长方形，各个面皆平整，磨制规整，素面，高4厘米，长2厘米，厚0.8厘米（图版二八，1）。

1. 无名陶器（2015DLX：1） 　　　 2. 陶罐（2015DLX：2）

3. 陶口沿（2015DLX：3）

4. 陶口沿（2015DLX：4）

5. 陶口沿 2015DLX：5）

6. 陶鼎足（2015DLX：6）

7. 陶鼎足（2015DLX：7）

8. 陶纺轮（2015DLX：8）

图版二八　岭下村壕墩环壕遗址采集遗物

3. 遗址年代与性质

　　岭下村壕墩环壕遗址是利用山岗缓坡地形，将岗地边缘挖成壕沟，中部台地及外围台地均为自然地形。由于遗址地表植被茂密，采集遗物较少。岭下村壕墩环壕遗址是一处典型的环壕聚落，从遗址采集遗物来看，所见扁状鼎足，年代为商代晚期至西周时期。有关该遗址年代的准确判断，还有待更多的考古工作。该遗址的发现增加了抚河流域先秦遗址的数量，亦增加了先秦聚落类型的多样性，为区域聚落形态的演进研究提供了十分重要的考古资料。

一五　城树园环壕遗址

1. 遗址概况

城树园环壕遗址位于东乡县黎圩镇谭江村委会周家村（图二三六），北邻786乡道，西距786乡道约50米，东南距溪头约900米（图二三七）。地理坐标：北纬28°04′54.9″，东经116°40′42.8″，海拔68米。

图二三六　城树园环壕遗址位置示意图

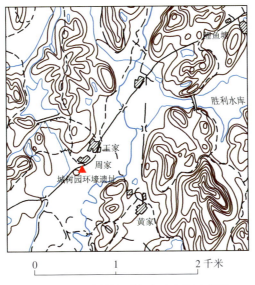

图二三七　城树园环壕遗址地貌示意图

该环壕遗址仅存中部台地，台地平面呈南北向不规则形，长径约110米，短径约95米，高于周围稻田约3～4米，台地地表略呈四周边沿地带稍高中部区域稍低的凹形，地表现为树林，植被非常茂密（图二三八、图二三九）。在台地四周边沿地带发现有疑似夯土堆积，平面呈环形，宽约5～16米，堆积距地表0.4～0.8米出现，1.5～3米结束，堆积内包含部分风化石渣和砂粒，较致密，质较坚硬，部分区域内有石子，探铲无法击穿。

图二三八　城树园环壕遗址航拍图

图二三九　城树园环壕遗址远景图（由南向北）

在台地西部发现 1 处文化层堆积区域，平面呈东北—西南向不规则形，长径约 15.4 米，短径约 5.7 米，面积约 56.3 平方米，堆积距地表约 0.5 米出现，约 2 米结束，文化层堆积内包含部分灰渣和烧土块，文化层堆积区域西侧与疑似夯土堆积相接，部分区域因有石子无法击穿（图二四〇）。台地上共发现墓葬 12 座（编号 M1 ~ M12），其中 M1 ~ M4 现存为墓坑，M5 ~ M12 为现代坟。遗址总面积约 8235.9 平方米。

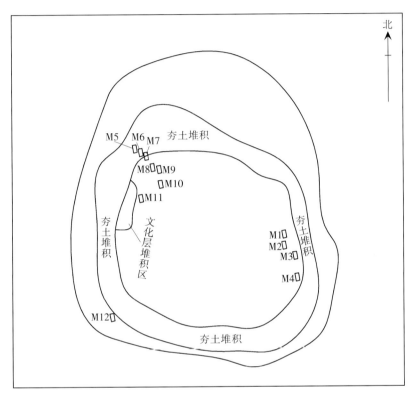

图二四〇　城树园环壕遗址平面示意图

2. 遗址年代与性质

城树园环壕遗址所在区域地形平坦，中部台地应为人工堆垒而成。由于遗址植被茂密，采集遗物十分困难，仅在地表发现零星夹砂陶片。可初步推断遗址的年代为先秦时期，具体年代的判断还有待更多的考古工作。

城树园环壕遗址是一处典型的环壕聚落，东距该区域最大的遗址胜利水库 1、2 号遗址 1600 米，两者之间可能存在某种关系。该环壕遗址建造特征与东乡县其他的环壕聚落有较多相似性，该遗址的发现对区域环壕聚落形态及其演进研究提供了重要的考古资料。

一六　龙骨山环壕遗址

1. 遗址概况

龙骨山环壕遗址位于东乡县杨桥殿镇金坑村委会谢坊村（图二四一），东北距金坑村约 250 米，东距 791 乡道约 480 米，东南距排楼下约 1.2 千米，西北距蔡坊村约 670 米（图二四二）。地理坐标：北纬 28°20′02.5″，海拔 116°31′44.3″，海拔 59 米。

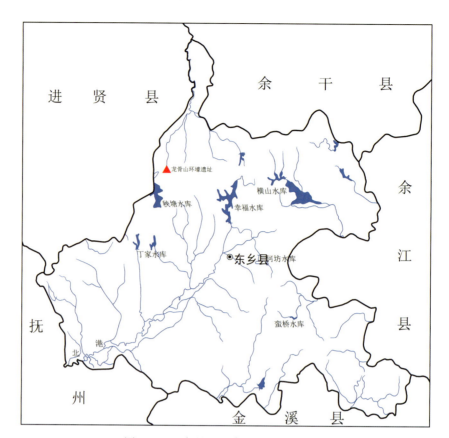

图二四一　龙骨山环壕遗址位置示意图

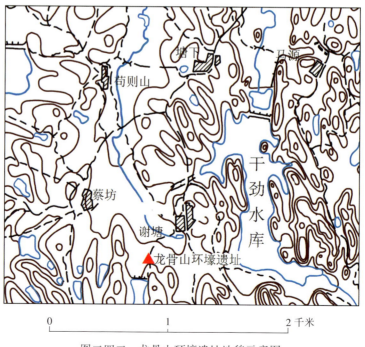

图二四二　龙骨山环壕遗址地貌示意图

该环壕遗址主要由中部长方形高台地、四周残存壕沟和残存壕沟外墙体组成，平面整体呈南北向不规则形（图二四三）。中部长方形台地长约 121 米，宽约 92 米，高于四周农田约 1～3 米，台地上地势较平缓，地表大部为荒草地，植被稀疏，边沿地带有部分树林，植被较为茂密（图二四四）。四周均可见残存壕沟，现存宽度约 9～19 米，壕沟内现为农田。北、东两侧壕沟外侧可见残存墙体，宽度约 9～22 米，整体高于周围农田约 1～2 米，其上为树林。遗址总面积 10897.1 平方米。

图二四三　龙骨山环壕遗址航拍图

图二四四　龙骨山环壕遗址远景图（由西向东）

龙骨山环壕遗址区域中部高台地的北部和西部边沿地带发现 1 处文化层堆积区域（编号文化层堆积Ⅰ区），平面略近曲尺形，宽约 2～13 米，面积约 3762 平方米，堆积距地表约 0.5～1.5 米出现，约 1～2 米深结束，文化层堆积内包含部分灰渣和烧土块。在中部台地东南部发现 1 处文化层堆积区域（编号文化层堆积Ⅱ区），平面近长条形，长约 27 米，宽约 7 米，面积约 1354 平方米，堆积距地表约 1 米出现，深约 1.3 米结束，堆积内包含部分灰渣和烧土块。在中部高台地西南部外围发现 1 处夯土堆积区域，平面近长条形，宽约 6～10 米，夯土堆积距地表约 0.8 米出现，深约

1.5 米结束，夯土堆积内土层致密度较高。在中部高台地北部和西北部外围发现 1 处夯土堆积区域，平面略近"7"字形，宽约 2~7 米，夯土堆积距地表约 0.8 米出现，深约 1.6 米结束，夯土堆积内土层致密度较高（图二四五）。

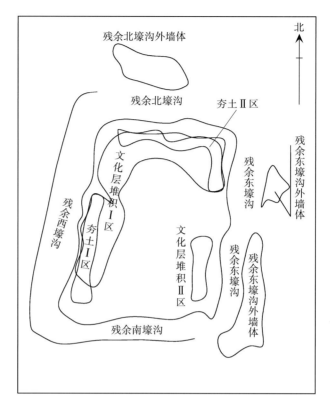

图二四五 龙骨山环壕遗址平面示意图

2. 遗物介绍

龙骨山环壕遗址采集遗物较少，仅石锛 1 件。

石锛 1 件。

2015DLG：1，黄色砂岩磨制而成，一侧平直，单面直刃。残高 4.7 厘米（图二四六；图版二九）。

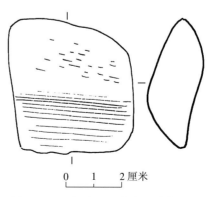

0　1　2厘米

图二四六 龙骨山环壕遗址采集石器

石锛（2015DLG：1）

1. 石锛（2015DLG∶1）　　　　　　　　　2. 陶鼎足（2015DYD∶1）

图版二九　龙骨山环壕遗址、芋墩山环壕遗址采集遗物

3. 遗址年代与性质

龙骨山环壕遗址是一处典型的环壕聚落，中部台地、壕沟及外围台地构成了该环壕聚落的基本形态。该环壕遗址为南北向山梁北端人工挖掘壕沟隔离形成的。南侧壕墙借用自然山梁本体，东侧、北侧有人为堆积修建痕迹。西侧原为河道，现地表已无壕墙痕迹。遗址两侧冲沟现均为小型水库，历史时期当水源丰富。

该遗址采集遗物较少，对比抚河流域形制相近的遗址，可初步判断城墙山遗址的年代为先秦时期。该环壕聚落的发现为区域内先秦时期聚落演进提供了重要考古资料。

一七　芋墩山环壕遗址

1. 遗址概况

芋墩山环壕遗址位于圩上桥镇大桥村委会前贡村（图二四七），北距961县道约1.12千米，东距798乡道约520米，东南距便塘约800米（图二四八）。地理坐标：北纬28°12′41.2″，东经116°32′06.4″，海拔50米。

遗址勘探区域主体平面近方形，主要由中部近方形高台地、四周残存壕沟和残存壕沟外墙体组成（图二四九）。中部近方形台地边长约82米，台地整体高于四周外围平面约3~4米，台地上地势较平缓，中部区域地表大部为荒草地，植被稀疏，边沿地带有部分树林，植被较为茂密。四周残存壕沟现存有北壕沟和西壕沟，现存宽度约5~12米，壕沟内现为荒草水滩地（图二五〇）。残存壕沟外墙体现存有残存北、西壕沟外墙体，现存基本为树林，宽度约13~31米，整体高于壕沟底部平面约2~3米。总面积5858.5平方米。

芋墩山环壕遗址勘探区域中部高台地东部边沿地带发现1处文化层堆积区域，平面呈南北向不规则形，长径约54米，短径约20.8米，面积约788平方米，堆积距地表约0.3~1米出现，约1~1.5米结束，文化层堆积内包含部分灰渣、烧土块和陶片，区域内文化层保存状况较差，部分区域不明显且深度差异较大，可能为之前文化层堆积被破坏所致。地面散见陶片、石器等（图二五一）。

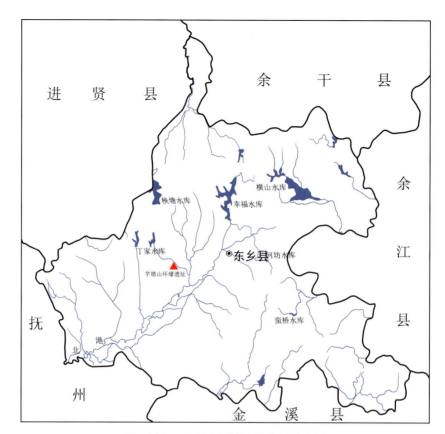

图二四七　芋墩山环壕遗址位置示意图

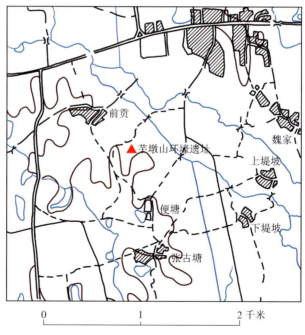

图二四八　芋墩山环壕遗址地貌示意图

图二四九　芋墩山环壕遗址航拍图

图二五○　芋墩山环壕遗址远景图（由东向西）

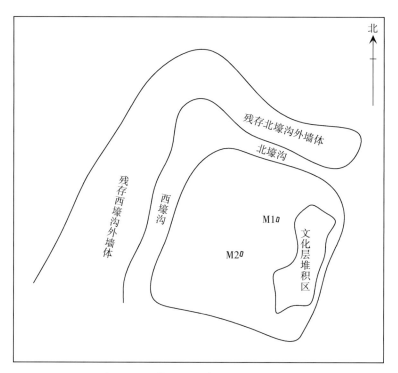

图二五一　芋墩山环壕遗址平面示意图

2. 遗物介绍

发现遗物较少，均为陶器残片。

陶器

采集陶片纹饰主要为方格纹（图二五二，1~3）、菱格纹（图二五二，4、5）。

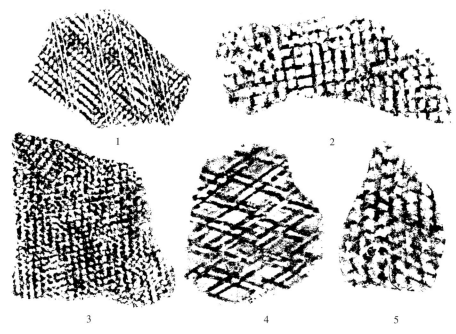

图二五二　芋墩山环壕遗址采集陶片纹饰拓片

1~3. 方格纹　4、5. 菱格纹

鼎足　1 件。

2015DYD：1，泥质灰陶，扁足，形体比较大，横截面呈椭圆形，素面，残高 12 厘米（图版二九，2）。

3. 遗址年代与性质

芋墩山环壕遗址是利用山岗缓坡地形修建，地表植被茂密，采集遗物较少，仅发现有少量陶片。芋墩山环壕遗址是一处典型的环壕聚落，从遗址采集遗物来看，所见扁状鼎足，年代为商代晚期至西周时期。有关该遗址年代的准确判断，还有待更多的考古工作。

芋墩山环壕遗址东侧为水库，导致环壕遗址东壕墙仅有部分暴露于水面。从现存地表形态来看，该环壕遗址规制标准，可能为晚期该类遗存已经比较成熟时期的产物。同时，该遗址南部山梁上分布有中永兴猪场遗址，两者相距约 150 米，可能为同一时期的遗存。

芋墩山环壕遗址的发现增加了抚河流域先秦遗址的数量，亦增加了先秦聚落类型的多样性，为区域聚落形态的演进研究提供了十分重要的考古资料。该遗址为探讨环壕类遗址与周边山岗类聚落遗址的相互关系提供了新的线索。

第三节　东乡县先秦时期坡地聚落遗址

一　九龙山遗址

1. 遗址概况

九龙山遗址位于东乡县詹圩镇下马村委会九龙村（图二五三），北距 074 县道约 1.74 千米，西距 810 乡道约 660 米，东南距下马村约 1.1 千米（图二五四）。地理坐标：北纬 28°11′46.0″，东经 116°25′31.6″，海拔 50 米。

该遗址位于一处山地缓坡地带，平面整体呈西北—东南向不规则形，整体地势北侧稍高，南侧稍低，长径约 216 米，短径约 110 米。地表现为树林，植被较为茂密，遗址东北临一条土路，其余区域紧邻树林（图二五五）。

2. 遗物介绍

九龙山遗址地表未采集到遗物，仅钻探出少量的印纹硬陶碎片。

3. 遗址年代与性质

九龙山遗址位于山地缓坡地带，整体地势北高南低，地表为树林地带，植被非常茂密，遗址地表未采集到陶器残片等遗物，钻探出少量饰有绳纹的印纹硬陶，均为碎片。从后期勘探来看，由于水土流失及雨水冲刷等原因，遗址内文化层已被破坏殆尽。从陶片质地及纹饰来看，该遗址应属于先秦时期，具体年代未知。

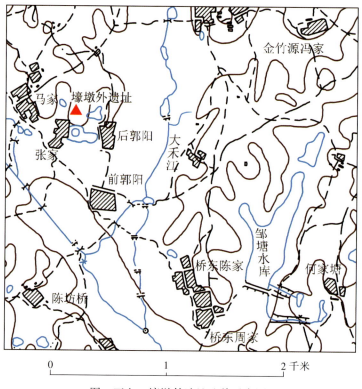

图二五七　壕墩外遗址地貌示意图

　　壕墩外遗址位于一处山岗地带，平面呈南北向不规则形，长径约173米，短径约121米，整体地势南部边沿地带稍高，其他区域较平缓。地表现为树林，植被非常茂密，遗址南部有一人工水渠（图二五八）。壕墩外遗址北邻农田，西邻村道，东临树林，南邻壕墩环壕遗址北部水塘。遗址总面积18773.4平方米。

图二五八　壕墩外遗址远景图（由南向北）

遗址区共有两处地点采集到遗物，为郭阳张家地点以及壕墩北地点，两处地点地表均为林地或菜地，调查过程中，在菜地范围内采集到较多遗物。后期经钻探，遗址区域内东北部发现 4 座墓葬（编号 M1～M4），已被盗掘，现存均为墓坑；区域中部发现 18 座墓葬（编号 M5～M22），均为现代坟。

2. 遗物介绍

郭阳张家地点采集到的遗物均为陶器，简介如下。

陶器

陶器以夹砂灰陶为主，另有少量泥质红陶和泥质灰陶。陶片表面纹饰主要为菱格纹（图二五九，2）与绳纹（图二五九，1、3）。可辩器形包括罐、鼎（足）等。

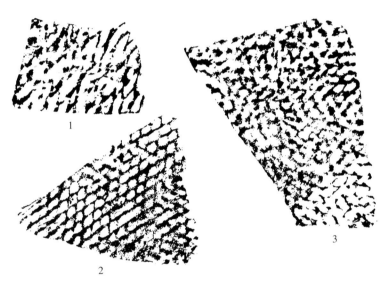

图二五九　壕墩外遗址郭阳张家地点采集陶片纹饰拓片
1、3. 绳纹　2. 菱格纹

罐　6 件。

2015DGY：1，夹砂灰陶，夹粗砂，敞口折沿，素面，残高 2.8 厘米（图版三〇，1）。

2015DGY：2，泥质红陶，敛口圆唇窄折沿，素面，残高 2.6 厘米（图版三〇，2）。

2015DGY：3，泥质灰陶，侈口尖唇窄折沿，沿内侧有一道窄凸棱，素面，可见轮制痕迹，残高 4.4 厘米（图版三〇，3）。

2015DGY：4，夹砂黄陶，夹粗砂，敛口宽折沿，沿外侧有一道凸棱，器表饰方格纹，残高 4.2 厘米（图版三〇，4）。

2015DGY：5，夹砂灰陶，夹细砂，器表饰绳纹，残高 6.2 厘米（图版三〇，5）。

器底　1 件。

2015DGY：6，泥质红陶，陶质坚硬，斜腹平底，素面，可见轮制痕迹，残高 1.4 厘米（图版三〇，6）。

鼎足　4 件。

2015DGY：7，夹砂灰陶，夹粗砂，扁足，素面，足根部外侧两面有指压凹窝，残高 6.8 厘米

（图版三〇，7）。

2015DGY：8，夹砂灰陶，夹粗砂，扁足，素面，残高4.2厘米（图版三〇，8）。

2015DGY：9，夹砂灰陶，夹粗砂，横截面呈圆形，素面，残高6.4厘米（图版三〇，9）。

2015DGY：10，夹砂黄陶，夹粗砂，扁足，素面，足外侧有指压凹窝，残高4厘米（图版三〇，10）。

1. 陶罐（2015DGY：1）

2. 陶罐（2015DGY：2）

3. 陶罐（2015DGY：3）

4. 陶罐（2015DGY：4）

5. 陶罐（2015DGY：5）

6. 陶器底（2015DGY：6）

7. 陶鼎足（2015DGY：7）

8. 陶鼎足（2015DGY：8）

9. 陶鼎足（2015DGY：9）

10. 陶鼎足（2015DGY：10）

图版三〇　壕墩外遗址郭阳张家地点采集遗物

壕墩北地点采集较多遗物，主要为石器、陶器，简介如下：

（1）石器

石刀　1件。

2015DHD：1，青石磨制而成，直背，单面直刃，近背处有一圆形穿孔。残高7.2厘米（图二六〇，1；图版三一，1）。

（2）陶器

该地点采集陶器以泥质灰陶为主，少量裂袭黄陶，另有少量灰黑色硬陶。陶片表面纹饰主要为方格纹、菱格纹以及绳纹，器形可辨者包括刀、罐等。

陶刀　1件。

2015DHD：10，灰黑色硬陶，弧背，单面直刃。残高4.2厘米（图版三一，10）。

罐　7件。

2015DHD：2，泥质灰陶，敛口宽折沿，器表饰方格纹。残高3.2厘米（图版三一，2）。

2015DHD：3，泥质灰陶，侈口尖圆唇窄折沿，素面，器表可见轮制痕迹。残高2.6厘米（图版三一，3）。

3. 遗址年代与性质

壕墩外遗址位于山岗地带，整体地势南部边沿地带稍高，其他区域较平缓，南近水源，较适合人类居住。地表现为树林，植被非常茂密，采集到一定数量的陶器与少量石器。从遗址采集遗物来看，该遗址郭阳张家地点陶器多以夹砂陶为主，纹饰以绳纹为主，而壕墩北地点陶器以泥质陶居多，纹饰种类较多。两地点之间存在一定时代差距，从采集鼎足来看，郭阳张家地点鼎足形制包括扁柱状和宽扁状两种，从周边遗址情况来看，宽扁状鼎足具有商代晚期至西周时期特征，而扁柱状鼎足具有东周时期文化特征，因此，可以推定郭阳张家地点年代为商周时期遗存。壕墩北地点未见鼎足，从陶器表面纹饰来看，多方格纹、菱格纹，具有东周时期特征。由于水土流失等原因，未在遗址区域内发现文化层堆积。

因此，从采集陶片质地及纹饰判断该遗址年代为商周时期。而该遗址不同地点之间的差异发现为区域文化结构和聚落演进等问题的研究提供了十分重要的实物资料。

三 桃树园1号遗址

1. 遗址概况

桃树园1号遗址位于东乡县詹圩镇官家村委会官家村（图二六一），北邻官家村村道，西距805乡道约200米，南距805乡道约400米（图二六二）。地理坐标：北纬28°13′34.9″，东经116°24′07.8″，海拔55米。

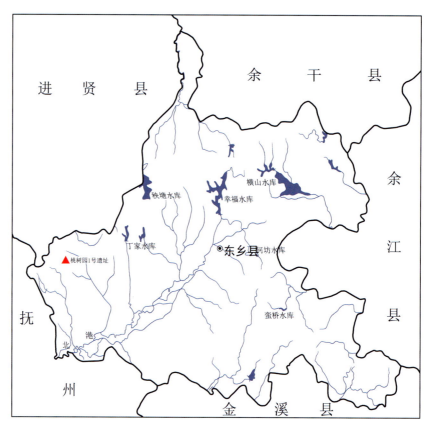

图二六一　桃树园1号遗址位置示意图

图二六二　桃树园1号遗址地貌示意图

　　该遗址平面呈东西向不规则形，为一处坡状山岗地带，长径约 233 米，短径约 132 米，整体地势北高南低。地表现中部为油菜田，四周为树林，植被较为茂密，区域南部外围有一人工水渠（图二六三）。遗址总面积约 21348.8 平方米。

图二六三　桃树园1号遗远景图（由南向北）

2. 遗物介绍

桃树园1号遗址地表未采集到遗物，仅钻探出少量印纹硬陶碎片。

3. 遗址年代与性质

桃树园 1 号遗址位于坡状山岗地带，整体地势北高南低，南近河流。地理环境较适宜人类居住，地表已开辟为油菜田，四周为树林，植被较为茂密，未在遗址范围内采集到陶器碎片等遗物。由于土地平整等原因，未在遗址范围内发现文化层堆积。初步判断该遗址应属于先秦时期，具体时代未知。

四 桃树园 2 号遗址

1. 遗址概况

桃树园 2 号遗址位于东乡县詹圩镇官家村委会官家村（图二六四），北距官家村村道约 110 米，西距 805 乡道约 330 米，南距高傅约 400 米（图二六五）。地理坐标：北纬 28°13′33.4″，东经 116°24′11.6″，海拔 52 米。

该遗址平面呈东西向不规则形的稍高台地，长径约 42 米，短径约 32 米，遗址整体地势西高东低。地表现为树林覆盖，植被非常茂密，区域西、北部外围有一人工水渠，区域东、南部临农田（图二六六）。遗址总面积约 1341.6 平方米。

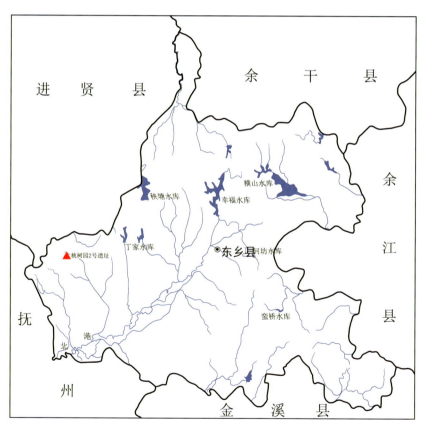

图二六四　桃树园 2 号遗址位置示意图

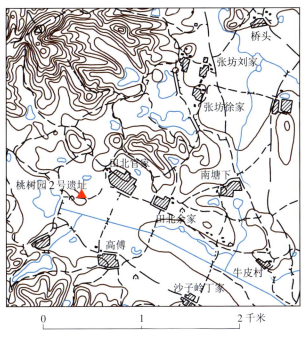

图二六五　桃树园 2 号遗址地貌示意图

图二六六　桃树园 2 号遗址远景图（由南向北）

2. 遗物介绍

桃树园 2 号遗址仅采集到石器 2 件，器形包括锛和刀。

石器

石锛　1 件。

2015DTS Ⅱ：1，黄色砾石磨制而成，两侧平直，单面直刃。残高 4.8 厘米（图二六七，1；图版三二，1）。

石刀　1件。

2015DTSⅡ：2，青石磨制而成，弧背，刃部残，中部有一圆形穿孔。残高2.7厘米（图二六七，2；图版三二，2）。

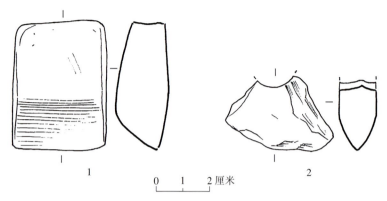

图二六七　桃树园2号遗址采集石器
1. 石锛（2015DTSⅡ：2）　2. 石刀（2015DTSⅡ：1）

1. 石锛（2015DTSⅡ：1）　　　　　　　　2. 石刀（2015DTSⅡ：2）

图版三二　桃树园2号遗址采集石器

3. 遗址年代与性质

桃树园2号遗址位于一处稍高台地，整体地势西高东低，南近河流。较适宜人类居住，地表现为树林地带，植被非常茂密，地表仅采集到少量石器。由于水土流失等原因，未在遗址范围内发现文化层堆积。从采集石器来初步判断，该遗址属于先秦时期，具体时代未知。

五　北楼水库1号遗址

1. 遗址概况

北楼水库1号遗址位于东乡县詹圩镇北楼水库东部（图二六八），西临北楼水库，东距074县道约140米，西南距圩上刘家约700米（图二六九）。地理坐标：北纬28°10′54.6″，东经116°22′13.4″，海拔52米。

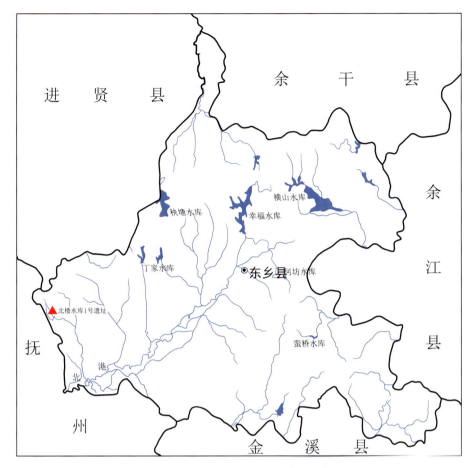

图二六八　北楼水库1号遗址位置示意图

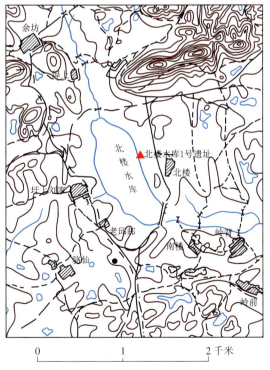

图二六九　北楼水库1号遗址地貌示意图

该遗址位于水库东岸缓坡地带，整体地势东高西低。平面呈东西向不规则形，长径约 80.6 米，短径约 53.7 米，地表现为人工平整后的菜地，植被较为稀疏。遗址西面邻水，北、南、东三面为树林（图二七〇）。遗址总面积约 4666.2 平方米。

图二七〇　北楼水库 1 号遗址远景图（由南向北）

2. 遗物介绍

北楼水库 1 号遗址地表仅采集到石器 1 件，器形为锛。

石锛　1 件。

2015DBLⅠ：1，青灰色砾石磨制而成，两侧平直，单面直刃。残高 11.8 厘米（图二七一，1；图版三三，1）。

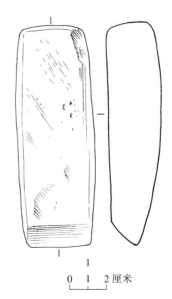

1

0　　1　　2 厘米

图二七一　北楼水库 1 号遗址采集石器
1. 石锛（2015DBLⅠ：1）

1. 石锛（2015DBL I∶1）

图版三三　北楼水库 1 号遗址采集石器

3. 遗址年代与性质

北楼水库 1 号遗址位于水库东岸缓坡地带，整体地势东高西低，西近水源。自然环境较适宜人
类居住。地表已开辟为菜地，植被较为稀疏。遗址区域内采集到少量石器，未发现陶器残片。从后
期勘探资料来看，该遗址已被完全破坏，未发现文化层以及遗迹现象。从采集石器初步判断，该遗
址应属先秦时期，具体年代未知。

六　北楼水库 2 号遗址

1. 遗址概况

北楼水库 2 号遗址位于东乡县詹圩镇北楼水库西南部（图二七二），北临北楼水库，东距 074
县道约 230 米，西南距骆仙村约 880 米（图二七三）。地理坐标：北纬 28°10′30.7″，东经 116°22′
06.5″，海拔 54 米。

遗址位于水库西南部山岗地带，平面呈东北—西南向不规则形，长径约 381 米，短径约 287
米，整体地势中南部高其余区域稍低（图二七四）。地表现为树林，植被非常茂密。遗址所在区域
西南临村道，东临水库漫滩地。在遗址区域内东北部偏西发现 41 座墓葬（编号 M1～M41），主要
为近现代和明清墓葬。区域东北部发现 2 座窑址（编号 Y1～Y2），其中 Y1 现存于地表，平面近圆
形，直径约 1.7 米；Y2 现存于地表，平面近圆形，直径约 1.8 米（图二七五）。遗址总面积约
86494.6 平方米。

2. 遗物介绍

北楼水库 2 号遗址地表仅采集到石器 2 件，器形均为锛。

石锛　2 件

2015DBL II∶1，青石磨制而成，器表较为规整。残高 6.7 厘米（图二七六，1；图版三四，
1）。

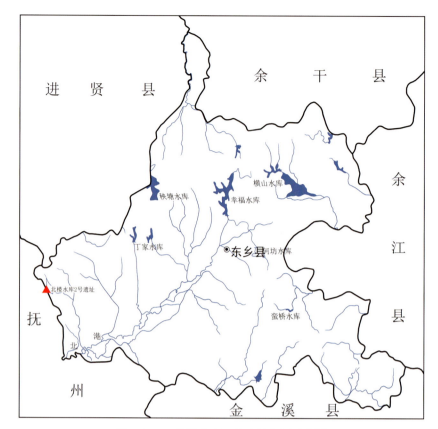

图二七二　北楼水库 2 号遗址位置示意图

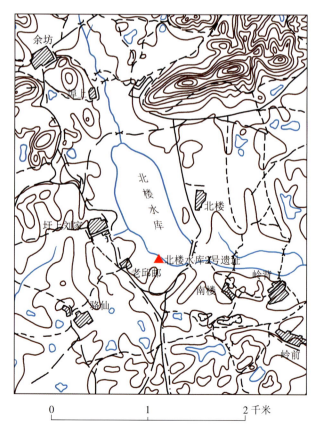

图二七三　北楼水库 2 号遗址地貌示意图

图二七四　北楼水库2号遗址远景图（由南向北）

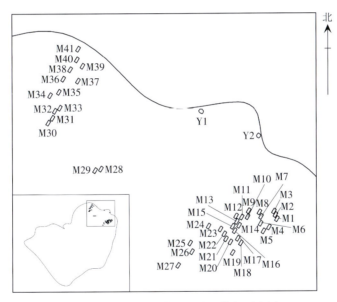

图二七五　北楼水库2号遗址勘探示意图

2015DBLⅡ∶2，灰白色砾石磨制而成，两侧平直，单面直刃。残4.6高厘米（图二七七，1；图版三四，2）。

3. 遗址年代与性质

北楼水库2号遗址位于水库西南部山岗地带，整体地势中南高，其余偏低。北近水源，自然环境较适宜人类居住。地表现为树林地带，植被非常茂密。遗址区域内采集到少量石器，未发现陶器残片。从后期勘探资料来看，该遗址由于水土流失，土地平整等原因遭到破坏，未发现文化层以及遗迹现象。从采集石器初步判断，该遗址应属先秦时期，具体年代未知。该遗址与北楼水库1号遗址所见遗物十分相近，且地理位置距离较近，两处遗址应具有密切关系。可能是同一聚落的不同家庭居住地，有待进一步考古工作的深入开展来全面解读。

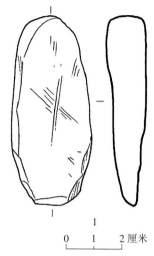 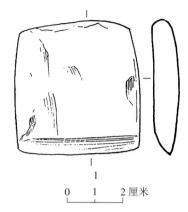

图二七六　北楼水库2号遗址采集石器　　　　图二七七　北楼水库2号遗址采集石器
　　1. 石锛（2015DBLⅡ：1）　　　　　　　　　　1. 石锛（2015DBLⅡ：2）

　　1. 石锛（2015DBLⅡ：1）　　　　　　　　2. 石锛（2015DBLⅡ：2）

图版三四　北楼水库2号遗址采集石器

七　骆仙村遗址

1. 遗址概况

骆仙村遗址位于东乡县詹圩镇骆仙村（图二七八），北距北楼水库约1千米，东距074县道约310米，西距骆仙村约460米（图二七九）。地理坐标：北纬28°10′08.7″，东经116°21′57.4，北纬55米。

该遗址位于一处缓坡地带，整体地势南高北低，平面呈西北—东南向不规则性，长径约176米，短径约76米，地表大部已被人为平整为农田，植被较稀疏，区域东邻稻田，北邻树林，西南邻农田边小道（图二八○）。遗址区域西北部发现7座墓葬，均为现代坟。遗址面积12149.3平方米。

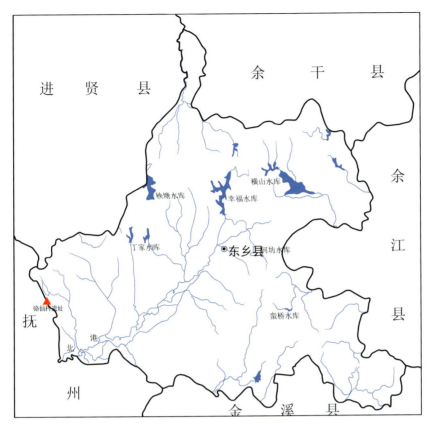

图二七八　骆仙村遗址位置示意图

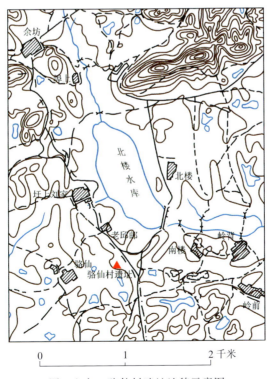

图二七九　骆仙村遗址地貌示意图

图二八〇　骆仙村遗址远景图（由南向北）

2. 遗物介绍

骆仙村遗址地表未采集到遗物，仅钻探出少量印纹硬陶碎片（图二八一）。

3. 遗址年代与性质

骆仙村遗址处于缓坡地带，整体地势南高北低，与北楼水库一号遗址相距较近。地表大部已被人为平整开辟为农田，植被较稀疏，地表未采集到陶器碎片等遗物。仅后期钻探出少量印纹硬陶碎片，未见明显纹饰。从陶片质地来看，应属于先秦时期，具体年代未知。从后期勘探资料来看，该遗址已被完全破坏，未发现文化层以及遗迹现象。

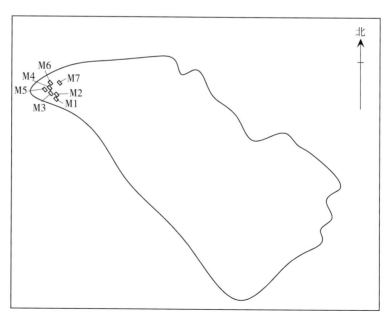

图二八一　骆仙村遗址勘探示意图

八 塘泥岭遗址

1. 遗址概况

塘泥岭遗址位于东乡县詹圩镇梅家村委会岭下村东南部（图二八二），东临074县道，西北距埠上约900米，西南距北楼水库约280米（图二八三）。地理坐标：北纬28°11′14.1″，东经116°27′14.1，海拔57米。

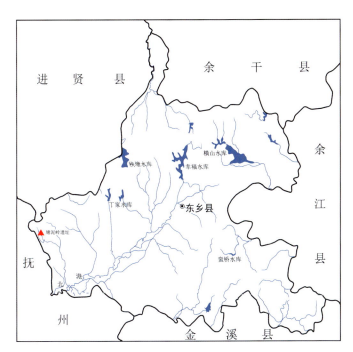

图二八二 塘泥岭遗址位置示意图

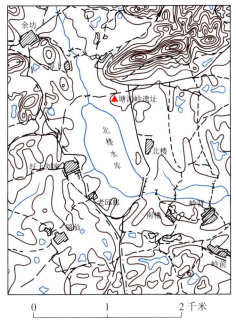

图二八三 塘泥岭遗址地貌示意图

该遗址平面呈南北向不规则形，为一处荒草地，长径约 79 米，短径约 64 米，整体地势较平缓。地表现为杂草覆盖，植被较为茂密，遗址西南为砖厂取土断面，西北邻近一养殖户（图二八四）。遗址总面积约 5135.5 平方米。

图二八四　塘泥岭遗址远景图（由南向北）

2. 遗物介绍

塘泥岭遗址采集遗物以陶器为主，介绍如下：

陶器

陶器以夹砂陶和泥质陶组成，夹砂陶陶色多为灰色，泥质陶多为红色。陶器表面纹饰主要有绳纹（图二八五，1、2、5、7），菱格纹（图二八五，3、6），交叉线纹（图二八五，4）。器形可辨识仅为罐。

图二八五　塘泥岭遗址采集陶片纹饰拓片
1、2、5、7. 绳纹　3、6. 菱格纹　4. 交叉线纹

罐　4件。

2015DTN：1，泥质红陶，敞口方唇直颈圆腹，颈部外侧有一道凸棱，可见轮制痕迹。器表饰细菱格纹，残高4.4厘米（图版三五，1）。

2015DTN：2，夹砂灰陶，夹细砂，敛口方唇窄折沿,，器表饰绳纹，残高3.6厘米（图版三五，2）。

2015DTN：3，泥质红陶，折沿圆唇，唇内外侧各有一道凸棱，可见轮制痕迹。素面，残高2.8厘米（图版三五，3）。

2015DTN：4，夹砂灰陶，夹粗砂，圆唇折沿，沿上有两道细凹槽。素面，残高2.8厘米（图版三五，4）。

口沿　1件。

2015DTN：5，夹砂灰陶，夹粗砂，敛口宽折沿圆腹，素面，残高5.2厘米。

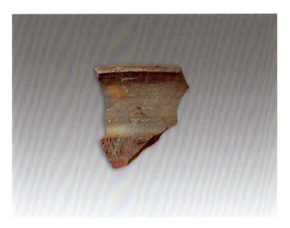

1. 罐（2015DTN：1）

2. 罐（2015DTN：2）

3. 罐（2015DTN：3）

4. 罐（2015DTN：4）

图版三五　塘泥岭遗址采集遗物

3. 遗址年代与性质

塘泥岭遗址位于村镇周边，整体地势较平缓。自然环境适宜人类居住，地表现为杂草覆盖，植被较为茂密。遗址区域内存在现代人工建筑，遗址表面有人为动土痕迹，地表采集到少量陶器残片，以夹砂陶为主，多素面或绳纹纹饰。从采集陶片质地及纹饰来看，该遗址应属于商周时期。由于人为动土及平整土地等原因，该遗址已被破坏，未发现文化层及遗迹现象。

九　胜利水库1号遗址

1. 遗址概况

胜利水库1号遗址位于东乡县黎圩镇谭江村委会胜利水库西南部（图二八六），东邻胜利水库2号遗址，北距786乡道约740米，西距786乡道约700米（图二八七）。地理坐标：北纬28°05′17.2″，东经116°41′28.8″，海拔84米。

图二八六　胜利水库1号遗址位置示意图

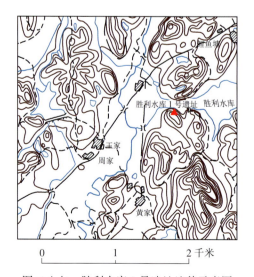

图二八七　胜利水库1号遗址地貌示意图

该遗址平面呈西北—东南向不规则形的山地，长径约306米，短径约287米，遗址整体地势中南部高四周低。地表原植被已被人为推平，上部较光秃。遗址北、西、南临稻田（图二八八）。遗址内西部发现1座墓葬（编号M1），为现代坟；遗址东南部发现1座墓葬（编号M2），为现代坟。遗址总面积约82073.5平方米。

图二八八　胜利水库1号遗址远景图（由南向北）

遗物介绍

胜利水库1号遗址因地表破坏，采集到大量遗物，包括石器、陶器、铜器等。现分别介绍如下：

（1）石器

遗址采集石器数量较多，多为青灰色砂岩、黄色砾石磨制而成，器形包括锛、磨石、镞、锤、刀、环以及石料等。

锛　11件。

2015DSLⅠ∶15，青灰色砾石磨制而成，两面平直，单面刃，刃部残。残长12.5、宽5.5厘米（图二八九，1；图版三七，7）。

2015DSLⅠ∶16，黄色砾石磨制而成，顶端及一侧残，两面各有一道凹槽，单面刃。残长5.8、宽6.5厘米（图二八九，2；图版三七，8）。

2015DSLⅠ∶18，灰色砂岩磨制而成，两侧平直，单面刃。残长6.3、宽2厘米（图二八九，3；图版三八，2）。

2015DSLⅠ∶19，青灰色砂岩磨制而成，一面平直，一面中部凸起，两面磨制成刃。残长11.2、宽4厘米（图二八九，4；图版三八，3）。

2015DSLⅠ∶20，黄色砾石磨制而成，两面平直，两端磨制成刃，刃部残。残长10.2、宽5厘米（图二八九，5；图版三八，4）。

2015DSLⅠ∶21，黄色砾石磨制而成，顶端残，两面平直，单面刃。残长7.8、宽7厘米（图二八九，6；图版三八，5）。

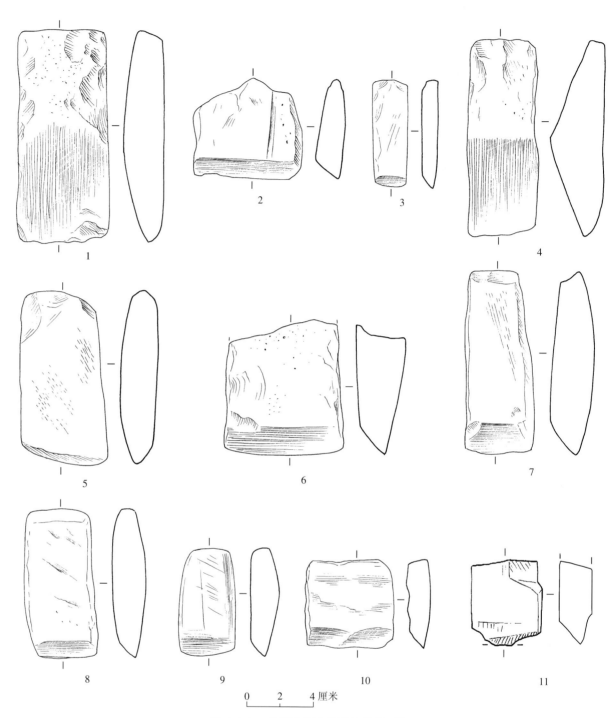

图二八九　胜利水库 1 号遗址采集石锛

1 ~ 11. 石锛（2015DSLⅠ：15、2015DSLⅠ：16、2015DSLⅠ：18、2015DSLⅠ：19、2015DSLⅠ：20、
2015DSLⅠ：21、2015DSLⅠ：22、2015DSLⅠ：24、2015DSLⅠ：25、2015DSLⅠ：54、2015DSLⅠ：56）

　　2015DSLⅠ：22，青灰色砂岩磨制而成，两侧平直，单面刃。残长 10.7、宽 4 厘米（图二八九，
7；图版三八，6）。

　　2015DSLⅠ：24，青灰色砾石磨制而成，两面平直，单面刃。残长 8.6、宽 4.3 厘米（图二八
九，8；图版三八，8）。

　　2015DSLⅠ：25，灰色砾石磨制而成，两面平直，单面刃，器表磨制光滑。残长 6.2、宽 3.4 厘

米（图二八九，9；图版三九，1）。

2015DSLⅠ：51，黄色砾石磨制而成，两侧平直，单面刃，刃部残。残长 5.2、宽 5.2 厘米（图二八九，10；图版四二，3）。

2015DSLⅠ：56，青灰色砾石磨制而成，两侧平直，单面刃，刃部略残。残长 5、宽 4 厘米（图二八九，11）。

磨石　17 件。

2015DSLⅠ：1，红色砾石磨制而成，器表磨制规整。残长 11.1、宽 5.8 厘米（图二九〇，1；图版三六，1）。

2015DSLⅠ：2，黄色砂岩磨制而成，一端残，器表磨制规整。残长 11.5、宽 6.5 厘米（图二九〇，2；图版三六，2）。

2015DSLⅠ：3，黄色砾石磨制而成，器表磨制规整。残长 7、宽 7 厘米（图二九〇，3；图版三六，3）。

2015DSLⅠ：4，黄色砾石磨制而成，器表磨制光滑。残长 7.7、宽 6.5 厘米（图二九〇，4；图版三六，4）。

2015DSLⅠ：5，黄褐色砾石磨制而成，器表磨制光滑。残长 10、宽 11.5 厘米（图二九〇，5；图版三六，5）。

2015DSLⅠ：6，黄色砂岩磨制而成，器表磨制规整。残长 9、宽 7.3 厘米（图二九〇，6；图版三六，6）。

2015DSLⅠ：7，灰色砾石磨制而成，器表磨制光滑。残长 9.5、宽 4.2 厘米（图二九〇，7；图版三六，7）。

2015DSLⅠ：8，灰白色砂岩磨制而成，器表磨制规整。残长 15、宽 10.5 厘米（图二九〇，8；图版三六，8）。

2015DSLⅠ：9，黄色砾石磨制而成，器表磨制规整。残长 7、宽 4.6 厘米（图二九〇，9；图版三七，1）。

2015DSLⅠ：10，黄褐色砾石磨制而成，器表磨制规整。残长 13、宽 8.5 厘米（图二九一，1；图版三七，9）。

2015DSLⅠ：11，黄褐色砾石磨制而成，器表磨制规整。残长 6、宽 6 厘米（图二九一，2；图版三七，3）。

2015DSLⅠ：12，灰褐色砂岩磨制而成，器表磨制规整。残长 9.4、宽 7.8 厘米（图二九一，3；图版三七，4）。

2015DSLⅠ：13，红色砂岩磨制而成，一端残，器表磨制规整。残长 10.5、宽 8.7 厘米（图二九一，4；图版三七，5）。

2015DSLⅠ：14，黄色砾石磨制而成，器表磨制规整。残长 6、宽 4.5 厘米（图二九一，5；图版三七，6）。

2015DSLⅠ：23，黄色砾石磨制而成，器表磨制规整。残长 7.5、宽 5.5 厘米（图二九一，6；

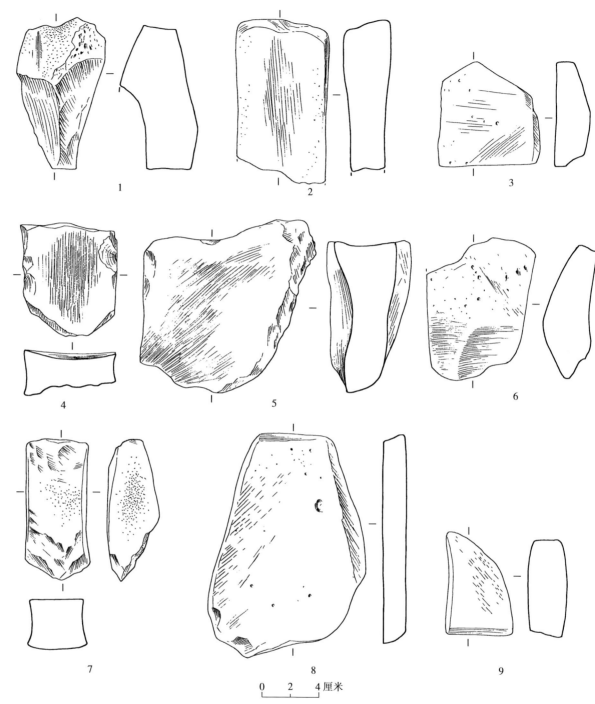

图二九〇　胜利水库1号遗址采集磨石

1~9. 磨石（2015DSLⅠ：1、2015DSLⅠ：2、2015DSLⅠ：3、2015DSLⅠ：4、2015DSLⅠ：5、

2015DSLⅠ：6、2015DSLⅠ：7、2015DSLⅠ：8、2015DSLⅠ：9）

图版四二，1）。

　　2015DSLⅠ：49，红褐色砂岩磨制而成，两面平整，两端残。残长5.8、宽12.2厘米（图二九

一，7；图版三八，7）。

　　2015DSLⅠ：57，黄色砾石磨制而成，器表磨制规整。残长12、宽5.4厘米（图二九一，8；图

版四三，1）。

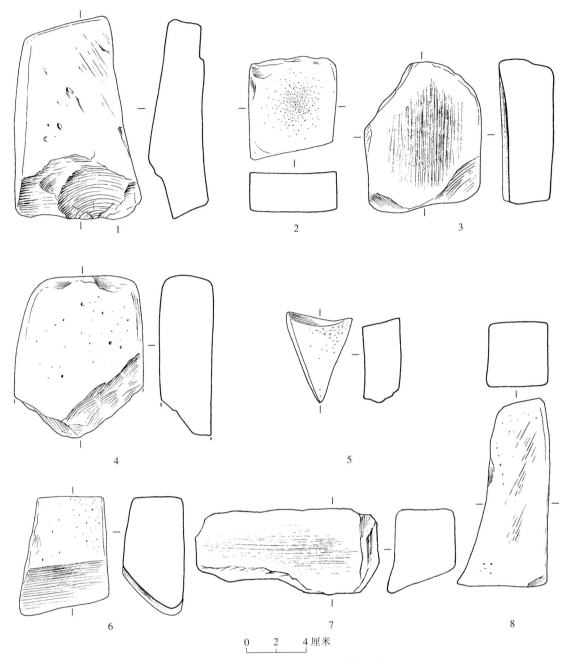

图二九一 胜利水库 1 号遗址采集磨石

1～8. 磨石（2015DSLⅠ：10、2015DSLⅠ：11、2015DSLⅠ：12、2015DSLⅠ：13、
2015DSLⅠ：14、2015DSLⅠ：23、2015DSLⅠ：49、2015DSLⅠ：57）

镞 10 件。

2015DSLⅠ：32，青石磨制而成，前锋残，两刃锐利，中部起脊，尖状铤，截面呈菱形。残长
7、宽 2 厘米（图二九二，1；图版三九，8）。

2015DSLⅠ：33，青石磨制而成，尖锋，中部起脊，铤部残，截面呈六边形。残长 2.9、宽 1.2
厘米（图二九二，2；图版四〇，1）。

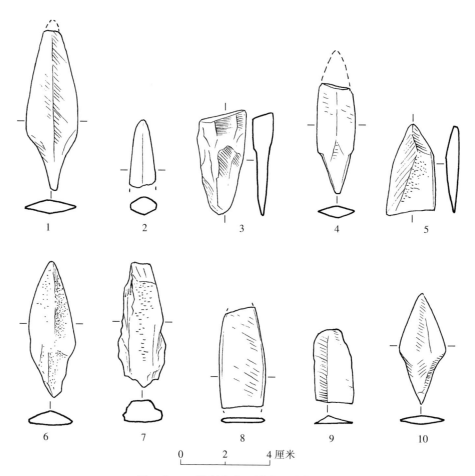

图二九二　胜利水库 1 号遗址采集石镞

1~10. 石镞（2015DSLⅠ：32、2015DSLⅠ：33、2015DSLⅠ：34、2015DSLⅠ：35、2015DSLⅠ：36、
2015DSLⅠ：37、2015DSLⅠ：38、2015DSLⅠ：39、2015DSLⅠ：40、2015DSLⅠ：41）

2015DSLⅠ：34，青石磨制而成，石镞毛坯，器表有打磨痕迹，前锋及铤部残，截面呈六边形。残长 4.5、宽 2 厘米（图二九二，3；图版四〇，2）。

2015DSLⅠ：35，青石磨制而成，尖锋，刃部锐利，中部起脊，铤部残，截面呈菱形。残长 4.5、宽 1.7 厘米（图二九二，4；图版四〇，3）。

2015DSLⅠ：36，青石磨制而成，尖锋，两翼未经磨制。残长 3.8、宽 2 厘米（图二九二，5；图版四〇，4）。

2015DSLⅠ：37，青石磨制而成，尖锋，中部起脊，尖状铤，截面呈三角形。残长 5.7、宽 2 厘米（图二九二，6；图版四〇，5）。

2015DSLⅠ：38，青石磨制而成，石镞毛坯，器表有打磨痕迹，前锋残，截面呈梯形。残长 5.3、宽 2 厘米（图二九二，7；图版四〇，6）。

2015DSLⅠ：39，青石磨制而成，前锋残，刃部锐利。残长 4.3、宽 2 厘米（图二九二，8；图版四〇，7）。

2015DSLⅠ：40，黄色砾石磨制而成，前锋残，两刃锐利，中部起脊，铤部残，截面呈三角形。残长 3.2、宽 1.8 厘米（图二九二，9；图版四〇，8）。

2015DSLⅠ：41，青石磨制而成，尖锋，两刃锐利，尖状锉。残长4.8、宽2厘米（图二九二，10；图版四一，1）。

锤 1件。

2015DSLⅠ：48，黄色砂岩磨制而成，一端残，器表磨制规整。残长4.5、宽3.4厘米（图二九三，1；图版四一，48）。

石器 5件。

2015DSLⅠ：45，黄色砾石磨制而成，截面呈三角形，器表凹凸不平。残长8.2、宽5.5厘米（图二九三，2；图版四一，8）。

2015DSLⅠ：46，青灰色砾石磨制而成，两端残，器表磨制光滑。残长4、宽2.8厘米（图二九三，3；图版四一，6）。

2015DSLⅠ：50，红色砂岩磨制而成，截面呈三角形，一端残，器表磨制规整。残长3.1、宽3.4厘米（图二九三，4；图版四二，2）。

2015DSLⅠ：52，红色砾石磨制而成。残长4.2、宽1.5厘米（图二九三，5；图版四二，4）。

2015DSLⅠ：54，黄色砂岩磨制而成，截面呈三角形，器表磨制平整。残长5.5、宽2.5厘米（图二九三，6；图版四二，6）。

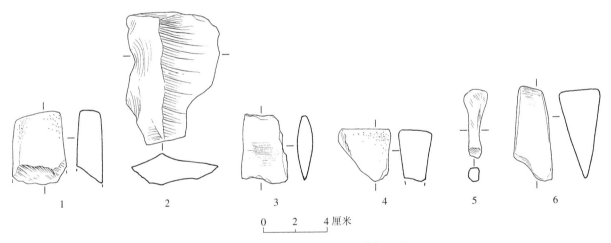

图二九三 胜利水库1号遗址采集石器

1. 石锤（2015DSLⅠ：48） 2~6. 石器（2015DSLⅠ：45、2015DSLⅠ：46、2015DSLⅠ：50、2015DSLⅠ：52、2015DSLⅠ：54）

石料 6件。

2015DSLⅠ：17，红色砾石磨制而成，两端残，器表磨制规整。残长3.5、宽3.5厘米（图二九四，1；图版三八，1）。

2015DSLⅠ：42，灰色砂岩磨制而成，器表磨制规整。残长5.5、宽4厘米（图二九四，2；图版四一，2）。

2015DSLⅠ：44，灰色砂岩磨制而成，器表磨制规整。残长5.2、宽3.2厘米（图二九四，3；图版四一，4）。

2015DSLⅠ：47，黄色砾石磨制而成，器表磨制规整。残长5、宽9.4厘米（图二九四，5；图版四一，7）。

2015DSL Ⅰ：53，黄色砾石磨制而成，器表磨制规整。残长7、宽5厘米（图二九四，6；图版四二，5）。

2015DSL Ⅰ：55，红色砂岩磨制而成，器表磨制规整，一端残。残长6.2、宽3厘米（图二九四，7；图版四二，7）。

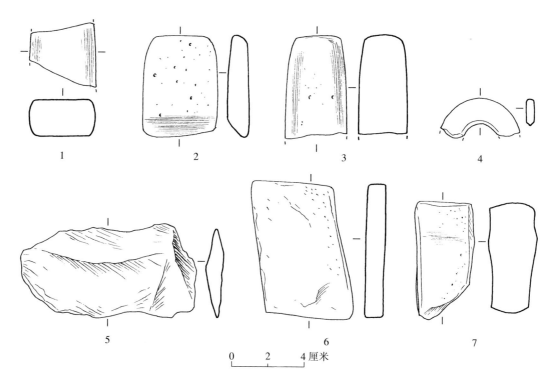

图二九四　胜利水库1号遗址采集石料、石环

1～3、5～7. 石料（2015DSL Ⅰ：17、2015DSL Ⅰ：42、2015DSL Ⅰ：44、2015DSL Ⅰ：47、
2015DSL Ⅰ：53、2015DSL Ⅰ：55）　4. 石环（2015DSL Ⅰ：43）

刀　6件

2015DSL Ⅰ：26，青灰色砾石磨制而成，刃部残，一侧可见圆形穿孔，器表磨制光滑。残长3.2、宽3.3厘米（图二九五，1；图版三九，2）。

2015DSL Ⅰ：27，青灰色砾石磨制而成，直背，近背处可见一个圆形穿孔，单面斜刃。残长4.3、宽3.7厘米（图二九五，2；图版三九，3）。

2015DSL Ⅰ：28，青灰色砾石磨制而成，两面磨制成刃，刃部残，器表磨制光滑。残长4.1、宽3厘米（图二九五，3；图版三九，4）。

2015DSL Ⅰ：29，青灰色砾石磨制而成，直背，近背处可见一个圆形穿孔，单面斜刃。残长3.6、宽4.5厘米（图二九五，4；图版三九，5）。

2015DSL Ⅰ：30，青灰色砾石磨制而成，直背，近背处可见两个圆形穿孔，单面斜刃。残长3.5、宽3厘米（图二九五，5；图版三九，6）。

2015DSL Ⅰ：31，青灰色砾石磨制而成，一端残，两面磨制成刃，器表磨制光滑。残长2.2、宽0.9厘米（图二九五，6；图版三九，7）。

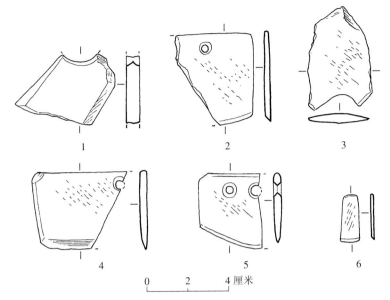

图二九五 胜利水库1号遗址采集石刀

1~6. 石刀（2015DSLⅠ：26、2015DSLⅠ：27、2015DSLⅠ：28、2015DSLⅠ：29、2015DSLⅠ：30、2015DSLⅠ：31）

环 1件。

2015DSLⅠ：43，灰色砾石磨制而成，环状，器表磨制规整。残径4.2、孔径1.6厘米（图二九四，4；图版四一，3）。

（2）陶器

夹砂陶与硬陶基本相当。夹砂陶陶色多为灰色和黄色。纹饰主要有绳纹、雷纹、折线纹、菱格纹、粗线纹、方格纹，器形多见鼎足、罐、豆、刀、纺轮等。见有少量泥质灰陶，器形有豆等。印纹硬陶数量略多，多为灰色，灰褐色，另有浅红色，纹饰多样，主要有变体雷纹、方格纹、叶脉纹、菱格纹、绳纹、细线纹，组合纹，细线与短线组合纹、小方格纹等。器形可见罐等。

陶器纹饰。

2015DSLⅠ：67，灰色硬陶，器表饰螺旋状纹饰。残高4.4厘米（图二九六，2）。

2015DSLⅠ：167，灰褐色硬陶，侈口，长颈，颈部有两道凸棱，器表饰交错短线纹，肩上部可见一个附耳。残高6.8厘米（图二九六，1）。

2015DSLⅠ：216，灰色硬陶，器表饰雷纹。残高5.8厘米（图二九六，3）。

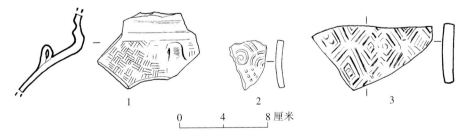

图二九六 胜利水库1号遗址采集陶片纹饰

1. 交错短线纹（2015DSLⅠ：167） 2. 螺旋状纹（2015DSLⅠ：67） 3. 雷纹（2015DSLⅠ：216）

陶鸭　1件

2015DSL Ⅰ：72，灰色硬陶。高6.8、长10厘米（图二九七）。

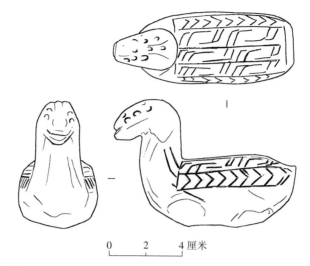

图二九七　胜利水库1号遗址采集陶鸭（2015DSL Ⅰ：72）

钵　7件。按照口部形制，可分为两型：

Aa型　4件，敞口。

2015DSL Ⅰ：64，夹砂黄陶，近直口，尖唇，弧腹，平底，素面。残高6.2厘米（图二九八，1）。

2015DSL Ⅰ：66，夹砂灰褐陶，敛口，圆唇，弧腹，平底，素面。残高3厘米（图二九八，2）。

2015DSL Ⅰ：68，黄色硬陶，侈口，方唇，弧腹，平底，器表饰粗线纹。残高8厘米（图二九八，3）。

2015DSL Ⅰ：69，灰色硬陶，侈口，窄折沿，方唇，弧腹平底，素面。残高4.6厘米（图二九八，4）。

Ab型　3件，敛口。

2015DSL Ⅰ：60，灰色硬陶，敛口，尖圆唇，鼓腹，平底，素面。残高6厘米（图三〇〇，2）。

2015DSL Ⅰ：62，夹砂黄陶，敛口，圆唇，弧腹，平底，素面。残高6厘米（图三〇〇，3）。

2015DSL Ⅰ：158，黄色硬陶，敛口，圆唇，素面。残高5.6厘米（图三〇〇，4）。

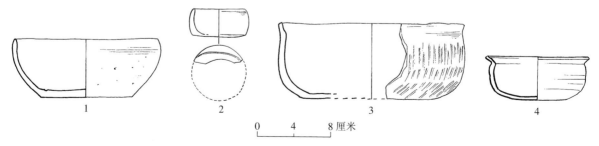

图二九八　胜利水库1号遗址采集陶钵

1~4. 陶钵（2015DSL Ⅰ：64、2015DSL Ⅰ：66、2015DSL Ⅰ：68、2015DSL Ⅰ：69）

碗 2件。

2015DSLⅠ:61，夹砂黄陶，侈口，圆唇，斜直腹，腹部有一道凸棱，平底，素面。残高7.1厘米（图二九九，1）。

2015DSLⅠ:63，灰色硬陶，侈口，尖唇，斜直腹，平底，底部有一道凹槽，素面。残高5.5厘米（图二九九，2）。

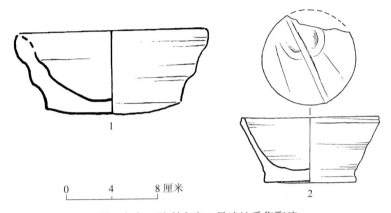

图二九九 胜利水库1号遗址采集陶碗

1~2. 陶碗（2015DSLⅠ:61、2015DSLⅠ:63）

盆 8件。

2015DSLⅠ:59，夹砂灰陶，侈口，方唇，口沿处可见一残耳，斜直腹，平底，微内凹，素面。残高5.6厘米（图三〇〇，1；图版四三，3）。

2015DSLⅠ:107，夹砂灰白硬陶，侈口，折沿，尖圆唇，器表饰菱格纹。残高12.6厘米（图三〇一，1）。

2015DSLⅠ:126，夹砂灰陶，近直口，窄平沿，尖圆唇，沿面可见数道凹槽，器表饰雷纹。残高8厘米（图三〇一，2）。

2015DSLⅠ:128，灰色硬陶，直口，卷沿，圆唇，沿面可见数道凹槽，器表饰雷纹。残高8.4厘米（图三〇一，3）。

2015DSLⅠ:129，灰色硬陶，敛口，尖圆唇，口沿内可见数道凹槽，器表饰绳纹。残高10厘米（图三〇一，4）。

2015DSLⅠ:130，夹砂灰陶，侈口，窄平沿，尖圆唇，沿面有数道凹槽，器表饰网格纹。残高4.4厘米（图三〇一，5）。

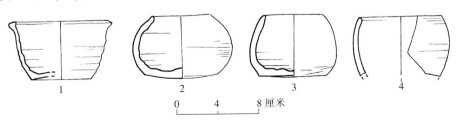

图三〇〇 胜利水库1号遗址采集陶盆、钵

1. 陶盆（2015DSLⅠ:59） 2. Ab型陶钵（2015DSLⅠ:60、2015DSLⅠ:62、2015DSLⅠ:158）

2015DSLⅠ：152，灰色硬陶，侈口，折沿，圆唇，沿面有三道凹槽，器表饰雷纹。残高3.6厘米（图三○一，6）。

2015DSLⅠ：166，黄褐色硬陶，敞口，折沿，方唇，器表饰交错线纹。残高6厘米（图三○一，7）。

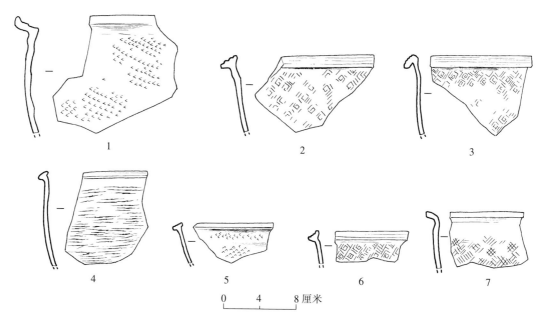

图三○一　胜利水库1号遗址采集陶盆

1~7. 陶盆（2015DSLⅠ：107、2015DSLⅠ：126、2015DSLⅠ：128、2015DSLⅠ：129、

2015DSLⅠ：130、2015DSLⅠ：152、2015DSLⅠ：166）

罐　88件。数量较多，据腹部及口部特征，可分为三型。

A型：　8件。鼓腹，大敞口，折沿。

2015DSLⅠ：140，灰色硬陶，近直口，窄平沿，方唇，器表饰雷纹。残高6厘米（图三○二，1）。

2015DSLⅠ：141，灰色硬陶，敛口，窄平沿，圆唇，器表饰雷纹。残高5.2厘米（图三○二，2）。

2015DSLⅠ：143，灰色硬陶，侈口，微卷沿，方唇，器表饰雷纹。残高5.6厘米（图三○二，4）。

2015DSLⅠ：144，灰色硬陶，微敛口，窄平沿，方唇，器表饰折线纹。残高5.4厘米（图三○二，5）。

2015DSLⅠ：145，夹砂灰陶，敛口，折沿，方唇，器表饰菱格纹。残高7厘米（图三○二，6）。

2015DSLⅠ：146，夹砂黄陶，侈口，窄平沿，圆唇，器表饰交错短线纹。残高5厘米（图三○二，7）。

2015DSLⅠ：159，灰色硬陶，近直口，方唇，器表饰方格纹。残高8.6厘米（图三○二，8）。

2015DSLⅠ：171，灰色硬陶，微敛口，窄平沿，器表饰菱格纹。残高5厘米（图三○二，3）。

B型：20件。鼓腹，高领。

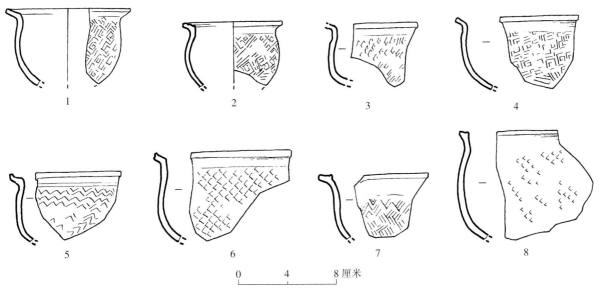

图三〇二 胜利水库 1 号遗址采集 A 型陶罐

1~8. A 型陶罐（2015DSL I：140、2015DSL I：141、2015DSL I：171、2015DSL I：143、
2015DSL I：144、2015DSL I：145、2015DSL I：146、2015DSL I：159）

2015DSL I：73，灰白色硬陶，敞口，微卷沿，方唇，唇边有一道凸棱，高领，颈部可见数道凹弦纹，器表饰绳纹。残高 6.4 厘米（图三〇三，1）。

2015DSL I：74，灰褐色硬陶，敞口，微卷沿，尖圆唇，口沿内有一道凸棱，器表饰绳纹。残高 7 厘米（图三〇三，2）。

2015DSL I：75，灰色硬陶，侈口，微卷沿，方唇，器表饰雷纹。残高 8.2 厘米（图三〇三，3）。

2015DSL I：76，灰色硬陶，侈口，微卷沿，尖圆唇，高领，器表饰雷纹。残高 11.6 厘米（图三〇三，4）。

2015DSL I：77，黄褐色硬陶，侈口，微卷沿，尖圆唇，长颈，器表饰方格纹与粗线纹的组合纹饰。残高 7.4 厘米（图三〇三，5）。

2015DSL I：78，灰褐色硬陶，侈口，微卷沿，方唇，高领，器表饰折线纹。残高 7 厘米（图三〇三，6）。

2015DSL I：79，夹砂黄陶，侈口，微卷沿，圆唇，器表饰折线纹。残高 5.8 厘米（图三〇三，7）。

2015DSL I：80，夹砂黄陶，侈口，微卷沿，方唇，唇面有一道凹槽，器表饰折线纹。残高 5.6 厘米（图三〇三，8）。

2015DSL I：81，夹砂黄褐陶，侈口，微卷沿，圆唇，器表饰折线纹。残高 7 厘米（图三〇三，9）。

2015DSL I：82，黄色硬陶，侈口，圆唇，长颈，器表饰折线纹。残高 7.8 厘米（图三〇三，10）。

2015DSL I：83，夹砂黄，侈口，微卷沿，尖圆唇，器表饰折线纹。残高 5.4 厘米（图三〇三，11）。

2015DSL I：84，黄褐色硬陶，侈口，卷沿，圆唇，器表饰交错短线纹。残高 6 厘米（图三〇三，12）。

2015DSL I：85，灰色硬陶，侈口，微卷沿，方唇，器表饰方格纹。残高 9.4 厘米（图三〇三，13）。

2015DSL I：86，夹砂黄陶，侈口，微卷沿，方唇，器表饰绳纹及折线纹。残高 8 厘米（图三

○三，14）。

　　2015DSLⅠ：87，夹砂黄陶，侈口，微卷沿，方唇，唇面有一道凹槽，器表饰绳纹。残高7厘米（图三○三，15）。

　　2015DSLⅠ：88，夹砂灰陶，侈口，微卷沿，圆唇，口沿内有一道凸棱，器表饰折线纹。残高5厘米（图三○三，16）。

　　2015DSLⅠ：89，夹砂红陶，侈口，卷沿，圆唇，器表饰折线纹。残高15.4厘米（图三○三，17）。

　　2015DSLⅠ：155，灰褐色硬陶，微侈口，圆唇，器表饰交错短线纹。残高6.8厘米（图三○三，18）。

　　2015DSLⅠ：160，夹砂灰陶，侈口，微卷沿，方唇，长颈，器表纹饰不清。残高7厘米（图三○三，19）。

　　2015DSLⅠ：168，灰色硬陶，侈口，方唇，器表饰雷纹。残高7.2厘米（图三○三，20）。

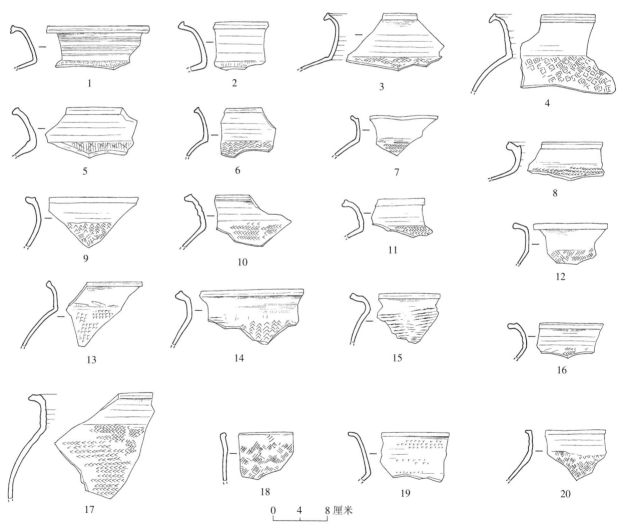

图三○三　胜利水库1号遗址采集 B 型陶罐

1～20. B 型陶罐（2015DSLⅠ：73、2015DSLⅠ：74、2015DSLⅠ：75、2015DSLⅠ：76、2015DSLⅠ：77、2015DSLⅠ：78、2015DSLⅠ：79、2015DSLⅠ：80、2015DSLⅠ：81、2015DSLⅠ：82、2015DSLⅠ：83、2015DSLⅠ：84、2015DSLⅠ：85、2015DSLⅠ：86、2015DSLⅠ：87、2015DSLⅠ：88、2015DSLⅠ：89、2015DSLⅠ：155、2015DSLⅠ：160、2015DSLⅠ：168）

C型：44件。敛口，宽折沿，弧腹。

2015DSLⅠ∶90，灰白色硬陶，侈口，折沿，尖圆唇，器表纹饰不清。残高6厘米（图三〇四，1）。

2015DSLⅠ∶93，灰色硬陶，敞口，折沿，圆唇，器表饰菱格纹。残高5.6厘米（图三〇四，2）。

2015DSLⅠ∶94，夹砂黄陶，侈口，折沿，尖圆唇，器表饰菱格纹。残高5.6厘米（图三〇四，3）。

2015DSLⅠ∶96，灰色硬陶，敛口，宽平沿，方唇，唇面有一道凹槽，器表饰网格纹。残高7厘米（图三〇四，4）。

2015DSLⅠ∶97，夹砂黄陶，侈口，微卷沿，方唇，器表饰粗线纹。残高6.6厘米（图三〇四，5）。

2015DSLⅠ∶98，夹砂灰陶，敞口，卷沿，方唇，颈部有一道凹槽，器表饰雷纹。残高6厘米（图三〇四，6）。

2015DSLⅠ∶99，黄色硬陶，侈口，卷沿，方唇，器表饰菱格纹。残高6厘米（图三〇四，7）。

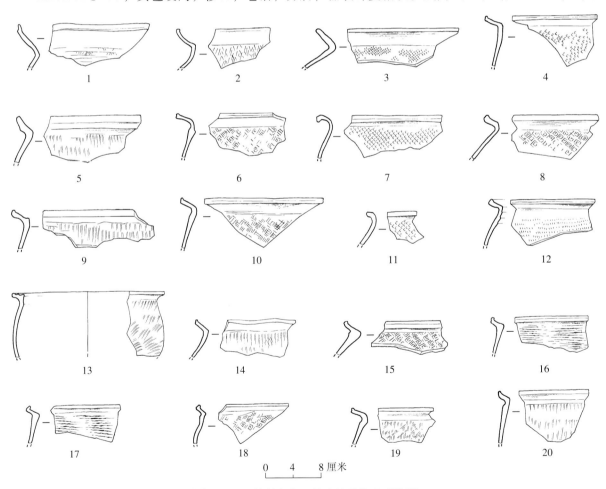

0　　4　　8厘米

图三〇四　胜利水库1号遗址采集C型陶罐

1~20. C型陶罐（2015DSLⅠ∶90、2015DSLⅠ∶93、2015DSLⅠ∶94、2015DSLⅠ∶96、2015DSLⅠ∶97、2015DSLⅠ∶98、2015DSLⅠ∶99、2015DSLⅠ∶100、2015DSLⅠ∶101、2015DSLⅠ∶102、2015DSLⅠ∶103、2015DSLⅠ∶104、2015DSLⅠ∶105、2015DSLⅠ∶109、2015DSLⅠ∶110、2015DSLⅠ∶111、2015DSLⅠ∶112、2015DSLⅠ∶113、2015DSLⅠ∶114、2015DSLⅠ∶115）

2015DSLⅠ：100，黄褐色硬陶，侈口，卷沿，圆唇，器表饰雷纹。残高6.4厘米（图三〇四，8）。

2015DSLⅠ：101，夹砂灰陶，敞口，折沿，圆唇，器表饰粗线纹。残高5.4厘米（图三〇四，9）。

2015DSLⅠ：102，黄褐色硬陶，敛口，折沿，方唇，器表饰交错短线纹。残高7厘米（图三〇四，10）。

2015DSLⅠ：103，夹砂灰陶，侈口，卷沿，圆唇，器表饰方格纹。残高4.6厘米（图三〇四，11）。

2015DSLⅠ：104，黄色硬陶，敞口，折沿，方唇，器表饰绳纹。残高6.4厘米（图三〇四，12）。

2015DSLⅠ：105，灰色硬陶，敛口，窄平沿，圆唇，沿面可见两道凹槽，器表饰不规则线纹。残高9厘米（图三〇四，13）。

2015DSLⅠ：109，夹砂黄陶，侈口，微卷沿，方唇，器表饰粗线纹。残高5.2厘米（图三〇四，14）。

2015DSLⅠ：110，黄褐色硬陶，敞口，折沿，方唇，器表饰雷纹。残高4.8厘米（图三〇四，15）。

2015DSLⅠ：111，黄褐色硬陶，敞口，折沿，圆唇，器表饰绳纹。残高5.2厘米（图三〇四，16）。

2015DSLⅠ：112，夹砂灰陶，微敛口，宽平沿，圆唇，沿面有一道凸棱，器表饰绳纹。残高5.2厘米（图三〇四，17）。

2015DSLⅠ：113，夹砂灰陶，侈口，微卷沿，方唇，器表饰雷纹。残高5.4厘米（图三〇四，18）。

2015DSLⅠ：114，夹砂灰褐陶，敛口，宽平沿，方唇，唇面有一道凹槽，器表饰网格纹。残高5厘米（图三〇四，19）。

2015DSLⅠ：115，夹砂灰陶，敛口，折沿，尖圆唇，口沿下有一道凹槽，器表饰粗线纹。残高7.4厘米（图三〇四，20）。

2015DSLⅠ：116，灰色硬陶，侈口，折沿，方唇，唇面有两道凹槽，器表饰折线纹。残高4厘米（图三〇五，1）。

2015DSLⅠ：117，夹砂红陶，侈口，折沿，圆唇，器表饰粗线纹。残高5.8厘米（图三〇五，2）。

2015DSLⅠ：118，夹砂灰陶，侈口，折沿，方唇，器表饰菱格纹。残高11.4厘米（图三〇五，3）。

2015DSLⅠ：119，夹砂灰褐陶，近直口，窄平沿，圆唇，器表饰粗线纹。残高8厘米（图三〇五，4）。

2015DSLⅠ：121，夹砂黄褐陶，侈口，折沿，方唇，器表饰方格纹。残高6.6厘米（图三〇五，5）。

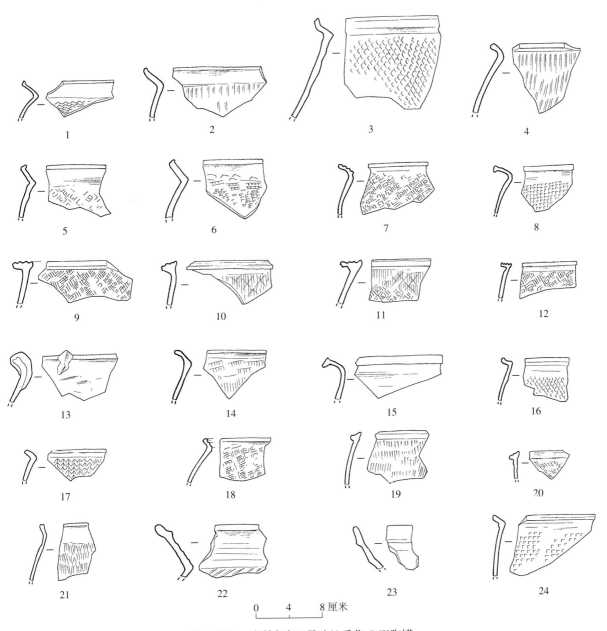

图三〇五 胜利水库1号遗址采集C型陶罐

1~24. C型陶罐（2015DSLⅠ：116、2015DSLⅠ：117、2015DSLⅠ：118、2015DSLⅠ：119、2015DSLⅠ：120、2015DSLⅠ：121、
2015DSLⅠ：122、2015DSLⅠ：123、2015DSLⅠ：124、2015DSLⅠ：125、2015DSLⅠ：127、2015DSLⅠ：132、2015DSLⅠ：136、
2015DSLⅠ：137、2015DSLⅠ：138、2015DSLⅠ：139、2015DSLⅠ：147、2015DSLⅠ：149、2015DSLⅠ：150、2015DSLⅠ：153、
2015DSLⅠ：156、2015DSLⅠ：162、2015DSLⅠ：163、2015DSLⅠ：170）

2015DSLⅠ：120，灰白色硬陶，侈口，折沿，方唇，器表饰雷纹。残高6厘米（图三〇五，6）。

2015DSLⅠ：122，夹砂灰褐陶，侈口，微卷沿，圆唇，器表饰雷纹。残高6厘米（图三〇五，7）。

2015DSLⅠ：123，灰色硬陶，侈口，微卷沿，方唇，器表饰菱格纹。残高5.4厘米（图三〇五，8）。

2015DSLⅠ：124，灰色硬陶，敛口，宽平沿，圆唇，沿面有三道凹槽，器表饰雷纹。残高5厘米（图三〇五，9）。

2015DSLⅠ：125，灰褐色硬陶，敛口，窄平沿，圆唇，沿面有三道凹槽，器表饰粗线纹。残高5厘米（图三〇五，10）。

2015DSLⅠ：127，夹砂灰陶，敛口，宽平沿，沿面有三道凹槽，圆唇，器表饰雷纹与粗线纹的组合纹饰。残高5厘米（图三〇五，11）。

2015DSLⅠ：132，灰色硬陶，敛口，窄平沿，圆唇，沿面有三道凹槽及数道刻划纹，器表饰粗雷纹。残高4厘米（图三〇五，12）。

2015DSLⅠ：136，灰色硬陶，侈口，微卷沿，方唇，口沿上饰附加堆纹，素面。残高5.4厘米（图三〇五，13）。

2015DSLⅠ：137，夹砂灰白陶，侈口，微卷沿，圆唇，器表饰方格纹。残高5.6厘米（图三〇五，14）。

2015DSLⅠ：138，灰白硬陶，侈口，微卷沿，尖圆唇，素面。残高4.8厘米（图三〇五，15）。

2015DSLⅠ：139，灰白色硬陶，敞口，折沿，方唇，器表饰菱格纹。残高5厘米（图三〇五，16）。

2015DSLⅠ：147，灰色硬陶，敛口，微卷沿，尖圆唇，器表饰折线纹。残高3.6厘米（图三〇五，17）。

2015DSLⅠ：149，夹砂灰陶，敛口，折沿，圆唇，器表饰雷纹。残高5厘米（图三〇五，18）。

2015DSLⅠ：150，夹砂灰陶，敛口，窄平沿，圆唇，沿面有一道凹槽，器表饰粗线纹。残高6厘米（图三〇五，19）。

2015DSLⅠ：153，灰褐色硬陶，敛口，窄平沿，尖圆唇，沿面有三道凹槽，器表饰雷纹。残高3.2厘米（图三〇五，20）。

2015DSLⅠ：156，灰色硬陶，侈口，方唇，器表饰粗线纹。残高6.4厘米（图三〇五，21）。

2015DSLⅠ：162，夹砂灰陶，侈口，圆唇，器表饰斜向粗线纹。残高6厘米（图三〇五，22）。

2015DSLⅠ：163，夹砂灰陶，侈口，圆唇，素面。残高5厘米（图三〇五，23）。

2015DSLⅠ：170，夹砂红陶，侈口，微卷沿，方唇，器表饰方格纹。残高7厘米（图三〇五，24）。

D型：6件。低领，鼓腹。

2015DSLⅠ：91，黄色硬陶，侈口，方唇，唇面有一道凹槽，器表饰折线纹。残高6厘米（图三〇六，1）。

2015DSLⅠ：92，夹砂灰陶，侈口，微卷沿，尖圆唇，器表饰方格纹。残高6.8厘米（图三〇六，2）。

2015DSLⅠ：95，灰白色硬陶，侈口，卷沿，圆唇，长颈，器表饰绳纹。残高5厘米（图三〇六，3）。

2015DSLⅠ：108，夹砂黄陶，侈口，卷沿，圆唇，器表饰绳纹。残高6.6厘米（图三〇六，4）。

2015DSLⅠ：131，黄色硬陶，侈口，尖圆唇，沿面有两道凹槽，器表饰交错短线纹。残高3.6厘米（图三〇六，5）

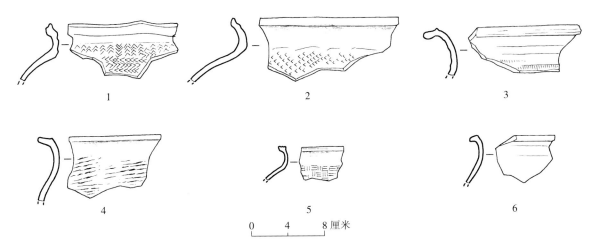

图三○六　胜利水库 1 号遗址采集 D 型陶罐

1~6. D 型陶罐（2015DSLⅠ：91、2015DSLⅠ：92、2015DSLⅠ：95、2015DSLⅠ：108、2015DSLⅠ：131、2015DSLⅠ：154）

2015DSLⅠ：154，灰色硬陶，侈口，窄平沿，圆唇，素面。残高 5 厘米（图三○六，6）。

E 型　6 件。侈口，窄折沿，鼓腹。

2015DSLⅠ：58，夹砂灰陶，侈口，尖圆唇，束颈，折腹，平底，素面。残高 6.8 厘米（图三○七，1；图版四三，2）。

2015DSLⅠ：70，灰色硬陶，侈口，微卷沿，尖圆唇，器表饰折线纹。残高 9.9 厘米（图三○七，2）。

2015DSLⅠ：142，夹砂黄陶，侈口，卷沿，尖圆唇，器表饰方格纹。残高 5.4 厘米（图三○七，3）。

2015DSLⅠ：148，黄色硬陶，侈口，卷沿，尖圆唇，器表饰方格纹。残高 3.8 厘米（图三○七，4）。

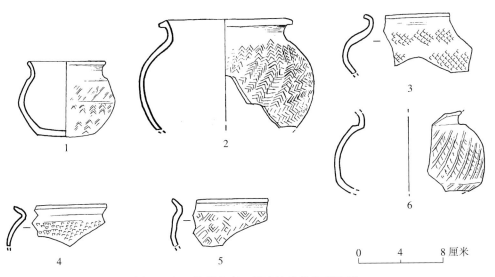

图三○七　胜利水库 1 号遗址采集 E 型陶罐

1~6. E 型陶罐（2015DSLⅠ：58、2015DSLⅠ：70、2015DSLⅠ：142、2015DSLⅠ：148、2015DSLⅠ：151、2015DSLⅠ：169）

2015DSLⅠ∶151，灰褐硬陶，侈口，微卷沿，尖圆唇，器表饰雷纹。残高4.4厘米（图三〇七，5）。

2015DSLⅠ∶157，灰白色硬陶，近直口，尖唇，器表饰方格纹。残高5厘米。

2015DSLⅠ∶169，灰色硬陶，侈口，微卷沿，器表饰方格纹。残高7厘米（图三〇七，6）。

F型　4件。斜折沿，敞口。

2015DSLⅠ∶106，灰色硬陶，敞口，折沿，方唇，唇面有两道凹槽，器表纹饰不清。残高3.6厘米（图三〇八，1）。

2015DSLⅠ∶133，灰色硬陶，侈口，卷沿，方唇，口沿内有一道凸棱，器表饰雷纹。残高5厘米（图三〇八，2）。

2015DSLⅠ∶134，灰褐色硬陶，敞口，折沿，方唇，器表饰雷纹。残高5.2厘米（图三〇八，3）。

2015DSLⅠ∶135，夹砂黄陶，侈口，折沿，圆唇，口沿内刻划有枝叶纹，器表饰网格纹。残高4.4厘米（图三〇八，4）。

口沿　3件。

2015DSLⅠ∶161，夹砂红陶，直口，方唇，器表饰网格纹。残高9.4厘米（图三〇九，1）。

2015DSLⅠ∶164，夹砂灰陶，敛口，方唇，素面。残高3.4厘米（图三〇九，2）。

2015DSLⅠ∶165，夹砂黄陶，侈口，微卷沿，尖圆唇，素面。残高3.6厘米（图三〇九，3）。

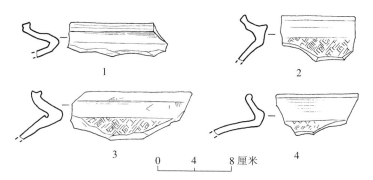

图三〇八　胜利水库1号遗址采集F型陶罐

1~4. F型陶罐（2015DSLⅠ∶106、2015DSLⅠ∶133、2015DSLⅠ∶134、2015DSLⅠ∶135）

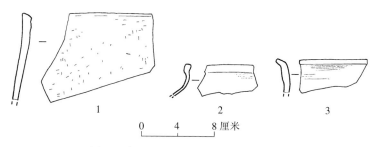

图三〇九　胜利水库1号遗址采集口沿

1~3. 口沿（2015DSLⅠ∶161、2015DSLⅠ∶164、2015DSLⅠ∶165）

鼎足　63 件。发现数量较多，据形态可分为五型：

A 型：1 件。截面呈"T"字形。

2015DSL Ⅰ：243，夹砂黄陶，截面呈"T"字形，素面。残高 8.6 厘米。

B 型：31 件宽扁状足，据器表边缘有无按压痕及足高低，可分为三亚型：

Ba 型：10 件。足部边缘见有按压痕。

2015DSL Ⅰ：173，夹砂黄陶，截面呈扁圆形，两面及一侧各有数个戳印凹窝。残高 9.4 厘米（图三一〇，1）。

2015DSL Ⅰ：174，夹砂红陶，扁足，两侧各有数个戳印凹窝。残高 6.6 厘米（图三一〇，2）。

2015DSL Ⅰ：181，夹砂灰陶，扁足，两侧足上部各有一个按压凹窝。残高 6 厘米（图三一〇，3）。

2015DSL Ⅰ：183，夹砂灰陶，扁足，两侧足上部各有一对按压凹窝。残高 11 厘米（图三一〇，4）。

2015DSL Ⅰ：184，夹砂灰陶，截面呈扁圆形，两侧足上部各有一个按压凹窝。残高 9.6 厘米（图三一〇，5）。

2015DSL Ⅰ：185，夹砂灰陶，截面呈扁圆形，两侧足上部各有一对按压凹窝。残高 7 厘米（图三一〇，6）。

2015DSL Ⅰ：186，夹砂灰陶，扁足，两侧足中部各有一个按压凹窝。残高 7 厘米（图三一〇，7）。

2015DSL Ⅰ：188，夹砂灰陶，扁足，两侧足上部各有一个按压凹窝。残高 7 厘米（图三一〇，8）。

2015DSL Ⅰ：189，夹砂灰陶，扁足，两侧足上部各有一个按压凹窝。残高 6 厘米（图三一〇，9）。

2015DSL Ⅰ：234，夹砂黄陶，舌状扁足，一面有竖向短线纹。残高 7.2 厘米（图三一〇，10）。

Bb 型：20 件。足部边缘未见按压痕。2015DSL Ⅰ：172，夹砂黄陶，扁足，一面可见数道戳印短刻槽。残高 12 厘米（图三一一，1）。

2015DSL Ⅰ：182，夹砂黄陶，截面呈三角形，素面。残高 10 厘米（图三一一，2）。

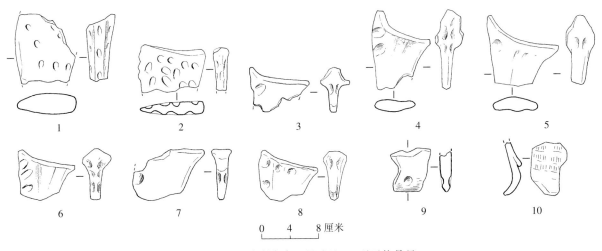

图三一〇　胜利水库 1 号遗址 Ba 型瓦状鼎足

1～10. Ba 型鼎足（2015DSL Ⅰ：173、2015DSL Ⅰ：174、2015DSL Ⅰ：181、2015DSL Ⅰ：183、2015DSL Ⅰ：184、2015DSL Ⅰ：185、2015DSL Ⅰ：186、2015DSL Ⅰ：188、2015DSL Ⅰ：189、2015DSL Ⅰ：234）

2015DSLⅠ：187，夹砂灰陶，截面呈扁圆形，素面。残高6.4厘米（图三一一，3）。

2015DSLⅠ：190，夹砂红陶，截面呈扁圆形，素面。残高6厘米（图三一一，4）。

2015DSLⅠ：192，夹砂灰陶，扁足，素面。残高5厘米（图三一一，5）。

2015DSLⅠ：200，夹砂黄陶，截面呈扁圆形，素面。残高11厘米（图三一一，6）。

2015DSLⅠ：205，夹砂灰陶，截面呈三角形，素面。残高8厘米（图三一一，7）。

2015DSLⅠ：206，夹砂灰陶，扁足，素面。残高8.2厘米（图三一一，8）。

2015DSLⅠ：207，夹砂黄陶，扁足，素面。残高9厘米（图三一一，9）。

2015DSLⅠ：208，夹砂灰陶，扁足，底部有捏制痕迹，素面。残高8厘米（图三一一，10）。

2015DSLⅠ：213，夹砂黄陶，截面呈长方形，素面。残高12厘米（图三一一，11）。

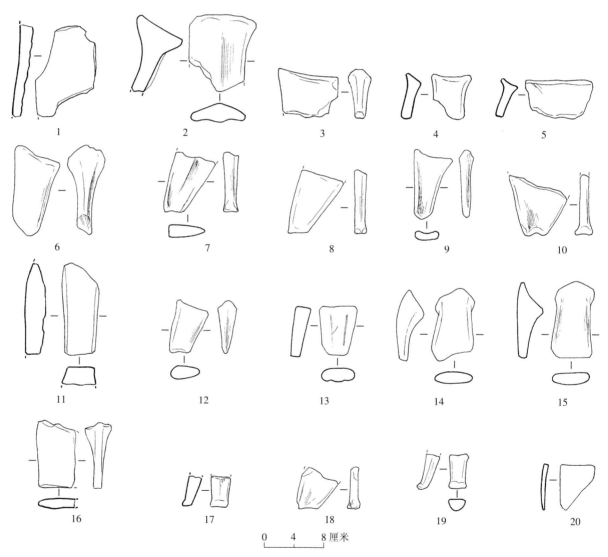

图三一一　胜利水库1号遗址Bb型鼎足

1~20. Bb型鼎足（2015DSLⅠ：172、2015DSLⅠ：182、2015DSLⅠ：187、2015DSLⅠ：190、2015DSLⅠ：192、
2015DSLⅠ：200、2015DSLⅠ：205、2015DSLⅠ：206、2015DSLⅠ：207、2015DSLⅠ：208、2015DSLⅠ：213、2015DSLⅠ：214、
2015DSLⅠ：215、2015DSLⅠ：217、2015DSLⅠ：218、2015DSLⅠ：219、2015DSLⅠ：226、2015DSLⅠ：227、
2015DSLⅠ：228、2015DSLⅠ：231）

2015DSLⅠ：214，夹砂黄陶，扁足，素面。残高7厘米（图三一一，12）。

2015DSLⅠ：215，夹砂灰陶，截面呈扁圆形，素面。残高6.6厘米（图三一一，13）。

2015DSLⅠ：217，夹砂黄陶，舌状扁足，素面。残高8.8厘米（图三一一，14）。

2015DSLⅠ：218，夹砂黄陶，舌状扁足，素面。残高10厘米（图三一一，15）。

2015DSLⅠ：219，夹砂灰褐陶，扁足，素面。残高9厘米（图三一一，16）。

2015DSLⅠ：226，夹砂灰陶，截面呈梯形，素面。残高4厘米（图三一一，17）。

2015DSLⅠ：227，夹砂灰陶，扁足，底部有捏制痕迹，素面。残高5.4厘米（图三一一，18）。

2015DSLⅠ：228，夹砂灰陶，截面呈椭圆形，底部有捏制痕迹，素面。残高4.4厘米（图三一一，19）。

2015DSLⅠ：231，夹砂红陶，扁足，素面。残高6厘米（图三一一，20）。

Bc 型：1 件。矮宽扁足。

2015DSLⅠ：230，夹砂黄陶，扁足，素面。残高3.6厘米（图三一五，3）。

C 型：24 件 扁柱状，按照鼎足形状，可分为两亚型：

Ca 型　16 件。鼎足较短。

2015DSLⅠ：175，夹砂黄陶，截面呈椭圆形，素面。残高5.6厘米（图三一二，1）。

2015DSLⅠ：176，夹砂红陶，截面呈椭圆形，素面。残高5厘米（图三一二，2）。

2015DSLⅠ：177，夹砂红陶，截面呈椭圆形，一侧足上部可见一个按压凹窝。残高5厘米（图三一二，3）。

2015DSLⅠ：178，夹砂灰褐陶，截面呈扁圆形，素面。残高5.4厘米（图三一二，4）。

2015DSLⅠ：179，夹砂黄陶，截面呈扁圆形，一侧足上部可见一个按压凹窝。残高7.4厘米（图三一二，5）。

2015DSLⅠ：180，夹砂红陶，截面近三角形，素面。残高7厘米（图三一二，6）。

2015DSLⅠ：191，夹砂灰陶，截面近三角形，素面。残高7厘米（图三一二，7）。

2015DSLⅠ：197，夹砂黄陶，截面呈扁圆形，一面可见一道竖向凹槽。残高9厘米（图三一二，8）。

2015DSLⅠ：198，夹砂黄陶，截面呈椭圆形，素面。残高7.4厘米（图三一二，9）。

2015DSLⅠ：199，夹砂黄陶，截面呈椭圆形，素面。残高10厘米（图三一二，10）。

2015DSLⅠ：201，夹砂黄陶，截面呈椭圆形，素面。残高9厘米（图三一二，11）。

2015DSLⅠ：202，夹砂灰陶，截面呈椭圆形，素面。残高6.4厘米（图三一二，12）。

2015DSLⅠ：209，夹砂灰褐陶，截面呈三角形，素面。残高8厘米（图三一二，13）。

2015DSLⅠ：210，夹砂红陶，截面呈三角形，素面。残高7厘米（图三一二，14）。

2015DSLⅠ：211，夹砂灰白陶，截面呈梯形，素面。残高5厘米（图三一二，15）

2015DSLⅠ：212，夹砂黄陶，截面呈椭圆形，素面。残高5.2厘米（图三一二，16）。

Cb 型　8 件。鼎足较细长。

2015DSLⅠ：193，夹砂灰陶，截面呈椭圆形，素面。残高12.4厘米（图三一三，1）。

2015DSLⅠ：194，夹砂灰陶，截面呈椭圆形，素面。残高12厘米（图三一三，2）。

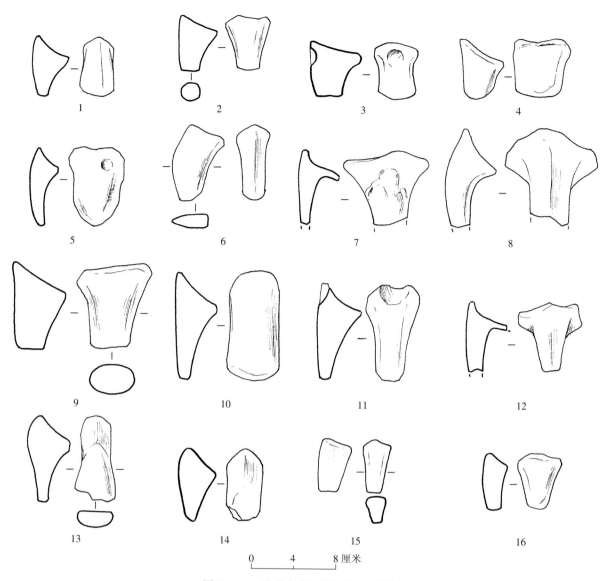

图三一二　胜利水库 1 号遗址 Ca 型鼎足

1～16. Ca 型鼎足（2015DSLⅠ：175、2015DSLⅠ：176、2015DSLⅠ：177、2015DSLⅠ：178、2015DSLⅠ：179、2015DSLⅠ：180、
2015DSLⅠ：191、2015DSLⅠ：197、2015DSLⅠ：198、2015DSLⅠ：199、2015DSLⅠ：201、2015DSLⅠ：202、2015DSLⅠ：209、
2015DSLⅠ：210、2015DSLⅠ：211、2015DSLⅠ：212）

2015DSLⅠ：195，夹砂黄陶，截面呈椭圆形，素面。残高 13 厘米（图三一三，3）。

2015DSLⅠ：196，夹砂黄陶，截面呈扁圆形，素面。残高 9.6 厘米（图三一三，4）。

2015DSLⅠ：203，夹砂灰陶，截面呈长方形，素面。残高 7 厘米（图三一三，5）。

2015DSLⅠ：204，夹砂灰陶，扁足，素面。残高 6 厘米（图三一三，6）。

2015DSLⅠ：229，夹砂黄陶，截面呈梯形，素面。残高 6 厘米（图三一三，7）。

2015DSLⅠ：232，灰色硬陶，截面呈半圆形，素面。残高 4.4 厘米（图三一三，8）。

D 型：件 瓦状鼎足。

2015DSLⅠ：220，夹砂灰陶，铲状扁足，素面。残高 7 厘米（图三一四，1）。

2015DSLⅠ：221，夹砂灰褐陶，铲状扁足，素面。残高 8 厘米（图三一四，2）。

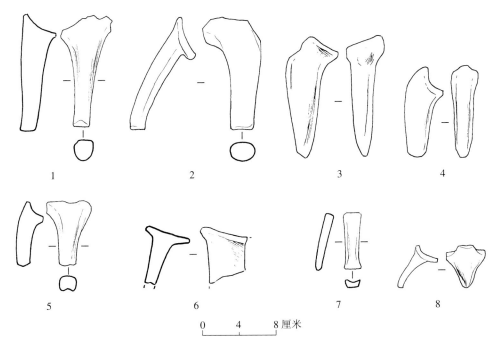

0　　4　　8厘米

图三一三　胜利水库 1 号遗址 Cb 型鼎足

1～8. Cb 型鼎足（2015DSLⅠ：193、2015DSLⅠ：194、2015DSLⅠ：195、2015DSLⅠ：196、

2015DSLⅠ：203、2015DSLⅠ：204、2015DSLⅠ：229、2015DSLⅠ：232）。

2015DSLⅠ：223，夹砂灰陶，铲状扁足，素面。残高 8 厘米（图三一四，3）。

2015DSLⅠ：222，夹砂黄陶，铲状扁足，素面。残高 6.3 厘米（图三一四，4）。

2015DSLⅠ：224，夹砂黄陶，截面呈"M"字形，一面可见数道短刻痕。残高 5.4 厘米（图三一四，5）。

2015DSLⅠ：225，夹砂灰白陶，铲状扁足，足上部可见一个圆形穿孔。残高 5 厘米（图三一四，6）。

E 型：1 件。空心足。

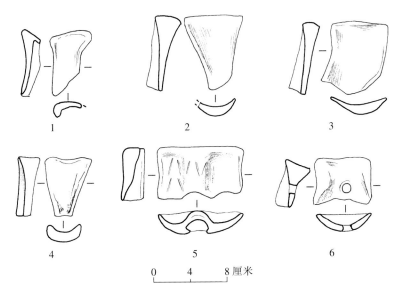

0　　4　　8厘米

图三一四　胜利水库 1 号遗址 D 型瓦状鼎足

1～6. D 型鼎足（2015DSLⅠ：220、2015DSLⅠ：221、2015DSLⅠ：222、2015DSLⅠ：223、2015DSLⅠ：224、2015DSLⅠ：225）

2015DSLⅠ：273，夹砂灰陶，空心足，截面呈椭圆形，一面可见二环形纹饰，其间饰两道刻划纹。残高6.6厘米（图三一五，1）。

鬲足　1件。

2015DSLⅠ：233，夹砂黄陶，袋状足，素面。残高5厘米（图三一五，2）。

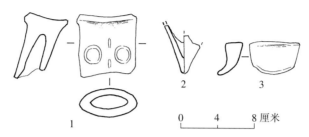

图三一五　胜利水库1号遗址采集陶 E 型鼎足、鬲足
1. E 型鼎足（2015DSLⅠ：273）　2. 鬲足（2015DSLⅠ：233）　3. Bc 型鼎足（2015DSLⅠ：230）

甗腰　10件。

2015DSLⅠ：235，夹砂黄陶，窄腰格，其上有一周圆形穿孔，器表饰绳纹。残高8厘米（图三一六，1）。

2015DSLⅠ：236，夹砂黄陶，窄腰格，器表饰折线纹。残高11厘米（图三一六，2）。

2015DSLⅠ：237，夹砂黄陶，窄腰格，其上有一周圆形小孔，器表纹饰不清。残高11厘米（图三一六，3）。

2015DSLⅠ：238，夹砂黄陶，窄腰格，其上有一周圆形穿孔，器表饰绳纹。残高8.2厘米（图三一六，4）。

2015DSLⅠ：239，夹砂灰陶，窄腰格，器表饰绳纹。残高11厘米（图三一六，5）。

2015DSLⅠ：240，夹砂黄陶，窄腰格，器表饰网格纹。残高7厘米（图三一六，6）。

2015DSLⅠ：241，夹砂黄陶，窄腰格，器表饰绳纹。残高8厘米（图三一六，7）。

2015DSLⅠ：242，夹砂黄陶，窄腰格，其上有一周圆形穿孔，器表纹饰不清。残高10厘米（图三一六，8）。

2015DSLⅠ：244，夹砂黄陶，窄腰格，器表纹饰不清。残高4厘米（图三一六，9）。

2015DSLⅠ：245，夹砂灰陶，窄腰格，器表饰网格纹。残高6厘米（图三一六，10）。

豆柄　13件。

2015DSLⅠ：259，夹砂灰褐陶，喇叭口状底座，素面。残高6厘米（图三一七，1）。

2015DSLⅠ：260，夹砂黄陶，柱状底座，底部有圆形穿孔，腹部有两道凸棱。残高8.8厘米（图三一七，2）。

2015DSLⅠ：261，夹砂红陶，喇叭口状底座，素面。残高5厘米（图三一七，3）。

2015DSLⅠ：262，夹砂黄陶，喇叭口状底座，素面。残高3厘米（图三一七，4）。

2015DSLⅠ：263，夹砂黑陶，喇叭口状底座，素面。残高3厘米（图三一七，5）。

2015DSLⅠ：264，夹砂黄褐陶，喇叭口状底座，素面。残高6厘米（图三一七，6）。

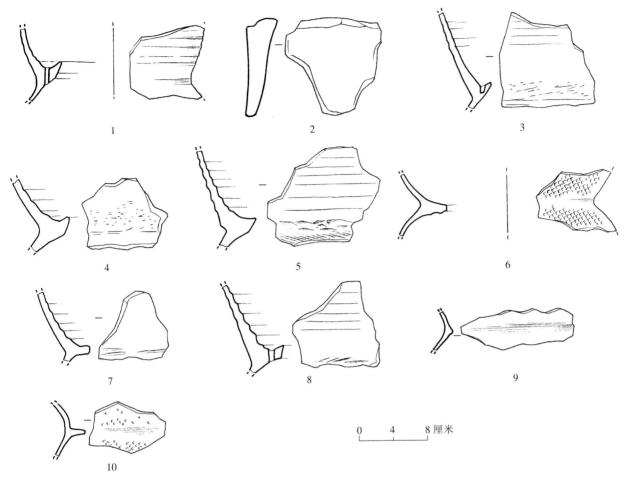

图三一六 胜利水库 1 号遗址采集甗腰

1~10. 甗腰（2015DSLⅠ：235、2015DSLⅠ：236、2015DSLⅠ：237、2015DSLⅠ：238、2015DSLⅠ：239、
2015DSLⅠ：240、2015DSLⅠ：241、2015DSLⅠ：242、2015DSLⅠ：244、2015DSLⅠ：245）

2015DSLⅠ：265，夹砂黄陶，喇叭口状底座，素面。残高 3.8 厘米（图三一七，7）。

2015DSLⅠ：266，夹砂灰陶，喇叭口状底座，素面。残高 1 厘米（图三一七，8）。

2015DSLⅠ：267，夹砂灰白陶，柱状底座，中部有两道凸棱。残高 7 厘米（图三一七，9）。

2015DSLⅠ：268，夹砂黄陶，柱状底座，中部有两道凸棱。残高 3.4 厘米（图三一七，10）。

2015DSLⅠ：269，夹砂黄陶，喇叭口状底座，素面。残高 5.2 厘米（图三一七，11）。

2015DSLⅠ：270，夹砂黄陶，柱状底座，中部有两道凸棱。残高 6 厘米（图三一七，12）。

2015DSLⅠ：271，夹砂黄陶，柱状底座，素面。残高 4 厘米（图三一七，13）。

圈足 2 件。

2015DSLⅠ：257，夹砂灰褐陶，矮圈足，素面。残高 4 厘米（图三一八，1）。

2015DSLⅠ：258，夹砂灰陶，矮圈足，素面。残高 3 厘米（图三一八，2）。

器底 9 件。

2015DSLⅠ：248，夹砂黑陶，直腹，平底，微内凹，素面。残高 1.6 厘米（图三一九，1）。

2015DSLⅠ：249，红色硬陶，斜直腹，平底，素面。残高 3 厘米（图三一九，2）。

2015DSLⅠ：250，夹砂灰陶，弧腹，平底，微内凹，素面。残高 2 厘米（图三一九，3）。

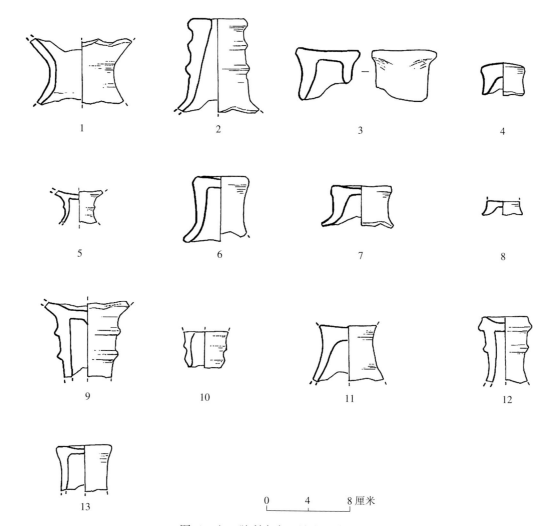

0　　　4　　　8厘米

图三一七　胜利水库1号遗址采集豆柄

1～13. 豆柄（2015DSLⅠ：259、2015DSLⅠ：260、2015DSLⅠ：261、2015DSLⅠ：262、2015DSLⅠ：263、
2015DSLⅠ：265、2015DSLⅠ：265、2015DSLⅠ：266、2015DSLⅠ：267、2015DSLⅠ：268、
2015DSLⅠ：269、2015DSLⅠ：270、2015DSLⅠ：271）

0　　　4　　　8厘米

图三一八　胜利水库1号遗址采集圈足

1～2. 圈足（2015DSLⅠ：257、2015DSLⅠ：258）

2015DSLⅠ：251，夹砂红陶，平底，内凹，器表饰交错绳纹。残高2.2厘米（图三一九，4）。

2015DSLⅠ：252，灰色硬陶，平底，内凹，器表饰交错绳纹。残高2厘米（图三一九，5）。

2015DSLⅠ：253，夹砂红陶，平底，内凹，器表饰交错绳纹。残高2厘米（图三一九，6）。

2015DSLⅠ：254，黄褐色硬陶，弧腹，平底，素面。残高4.4厘米（图三一九，7）。

2015DSLⅠ：255，夹砂灰白陶，弧腹，平底，素面。残高5厘米（图三一九，8）。

2015DSLⅠ：256，夹砂黑陶，平底，素面。残高2.4厘米。

器盖　1件。

2015DSLⅠ：71，夹砂黑陶，圆形器盖，其上有空心纽。残高6.4厘米（图三二〇，3）。

器耳　2件。

2015DSLⅠ：246，夹砂灰陶，桥形附耳。残高2厘米（图三二〇，1）。

2015DSLⅠ：247，夹砂黄陶，桥形附耳。残高7厘米（图三二〇，2）。

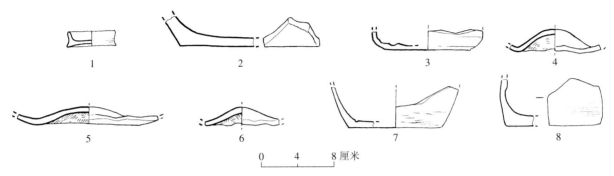

0　　4　　8厘米

图三一九　胜利水库1号遗址采集器底

1~8. 器底（2015DSLⅠ：248、2015DSLⅠ：249、2015DSLⅠ：250、2015DSLⅠ：251、2015DSLⅠ：252、
2015DSLⅠ：253、2015DSLⅠ：254、2015DSLⅠ：255）

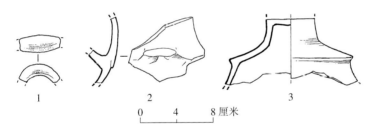

0　　4　　8厘米

图三二〇　胜利水库1号遗址采集附耳、器盖

1~2. 附耳（2015DSLⅠ：246、2015DSLⅠ：247）　　3. 器盖（2015DSLⅠ：71）

陶拍　5件。

2015DSLⅠ：272，夹砂黄陶，器表饰绳纹。残高9厘米（图三二一，1）。

2015DSLⅠ：274，夹砂浅黄陶，锥状柄，顶部大致呈半球状，素面。残高9厘米（图三二一，2）。

2015DSLⅠ：275，夹砂黄陶，柱状柄，顶部大致呈饼状，素面。残高15.3厘米（图三二一，3）。

2015DSLⅠ：276，夹砂红陶，柱状柄，顶部大致呈饼状，器表饰绳纹，残。残高7.4厘米（图三二一，4）。

2015DSLⅠ：277，夹砂浅黄陶，柱状柄，顶部大致呈饼状，素面，残。残高4.6厘米（图三二一，5）。

刀　6件。

2015DSLⅠ：286，灰色硬陶，上下侧皆为单面刃，中部可见一圆形穿孔。残长3.4、宽4.2厘米（图三二二，1）。

2015DSLⅠ：287，灰色硬陶，背部残，单面刃。残长2.8、宽2.1厘米（图三二二，2）。

2015DSLⅠ：288，灰褐色硬陶，直背，近背处可见二圆形穿孔，单面斜刃，器表饰折线纹。残长4、宽4厘米（图三二二，3）。

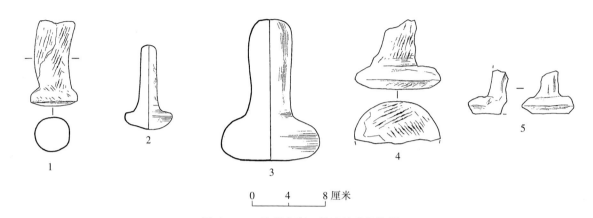

0   4   8厘米

图三二一　胜利水库1号遗址采集陶拍

1~5. 陶拍（2015DSLⅠ：272、2015DSLⅠ：274、2015DSLⅠ：275、2015DSLⅠ：276、2015DSLⅠ：277）

2015DSLⅠ：289，灰褐色硬陶，直背，近背处可见一圆形穿孔，单面斜刃。残长4、宽3厘米（图三二二，4）。

2015DSLⅠ：290，灰白色硬陶，直背，近背处可见一圆形穿孔，单面刃，器表饰绳纹。残长3、宽3厘米（图三二二，5）。

2015DSLⅠ：291，黄褐色硬陶，直背，近背处可见一圆形穿孔，单面斜刃，器表饰折线纹。残长3.6、宽3.5厘米（图三二二，6）。

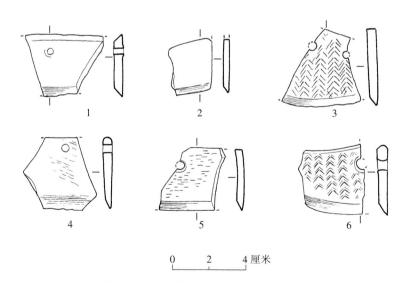

0   2   4厘米

图三二二　胜利水库1号遗址采集陶刀

1~6. 陶刀（2015DSLⅠ：286、2015DSLⅠ：287、2015DSLⅠ：288、
2015DSLⅠ：289、2015DSLⅠ：290、2015DSLⅠ：291）

纺轮 8件。

2015DSLⅠ∶278，夹砂红褐陶，截锥状，中部穿孔。直径3.6、孔径0.3厘米（图三二三，1）。

2015DSLⅠ∶279，黄褐色硬陶，圆饼状，折腹，中部穿孔，器表饰折线纹。直径4.6、孔径0.5厘米（图三二三，2）。

2015DSLⅠ∶280，夹砂黑陶，圆饼状，中部穿孔，略残。直径4.1、孔径0.3厘米（图三二三，3）。

2015DSLⅠ∶281，夹砂黑陶，截锥状，中部穿孔，略残。直径3.5、孔径0.3厘米（图三二三，4）。

2015DSLⅠ∶282，灰白色硬陶，圆饼状，折腹，中部穿孔，上下面微内凹。直径4、孔径0.5厘米（图三二三，5）。

2015DSLⅠ∶283，夹砂黑陶，截锥状，中部穿孔。直径4.8、孔径0.6厘米（图三二三，6）。

2015DSLⅠ∶284，夹砂灰黑陶，截锥状，中部穿孔，略残。直径3.2、孔径0.4厘米（图三二三，7）。

2015DSLⅠ∶285，夹砂黄陶，圆饼状，折腹，中部穿孔，略残。直径5、孔径0.7厘米（图三二三，8）。

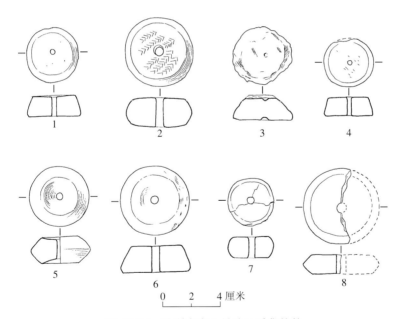

图三二三　胜利水库1号遗址采集纺轮

1~8.纺轮（2015DSLⅠ∶278、2015DSLⅠ∶279、2015DSLⅠ∶280、2015DSLⅠ∶281、
2015DSLⅠ∶282、2015DSLⅠ∶283、2015DSLⅠ∶284、2015DSLⅠ∶285）

不知名陶器 4件。

2015DSLⅠ∶292，夹砂灰陶，一面平整，一面可见椭圆形凹窝。残长9.3、宽6.8、厚2.9厘米（图三二四，1）。

2015DSLⅠ∶293，夹砂黄陶，圆饼状，略残。直径3.2厘米（图三二四，2）。

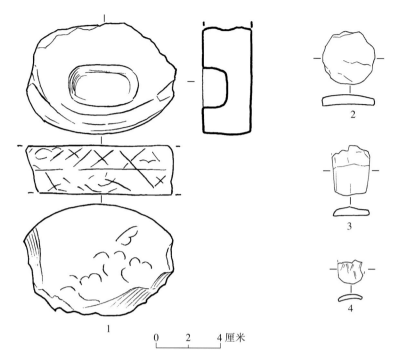

图三二四　胜利水库 1 号遗址采集不知名陶器

1~4. 不知名陶器（2015DSLⅠ：292、2015DSLⅠ：293、2015DSLⅠ：294、2015DSLⅠ：295）

2015DSLⅠ：294，夹砂黑陶。残长 3、宽 2.4、厚 0.5 厘米（图三二四，3）。

2015DSLⅠ：295，夹砂红陶，一面饰刻划纹。残长 1.4、宽 1.6、厚 0.3 厘米（图三二四，4）。

3. 遗址年代与性质

该遗址采集遗物较为丰富，所处地形适合古人生活、居住，是一处典型的岗地类聚落。与周边遗存比较，可大致将该遗址采集遗存划分为三个年代组：

第 1 组：以 A、D、E 型鼎足为代表。这一时期多为夹砂陶，硬陶较少，该地所见鼎足与广丰社山头、新余拾年山遗址新石器时代末期遗存相近，可推定年代为新石器时代末期或略晚。其中 A 型 "T" 形鼎足，为典型的早商时期遗物，类似的遗物在城上村遗址也有发现。

第 2 组：以 B 型鼎足、A 型陶罐、鬲足为代表。硬陶较多，纹饰见有绳纹、方格纹、菱格纹等。这一阶段所见遗物较多，与周边比较，该组所见器物与抚河流域商代晚期至西周时期同类器十分相近，年代也应相近。值得说明的是，抚河流域少见有陶鬲，仅在少数遗址中见到，陶鬲在抚河流域的年代应为商至西周时期，这种文化传播应与吴城文化有密切关系。

第 3 组：以 C 型鼎足、E、F 型陶罐等为代表。该组陶器在抚河流域多有分布，其年代可推定为西周晚至春秋时期。胜利水库 1 号遗址的发现，初步可建立该区域新石器时代晚期至春秋时期的文化序列，同时也为聚落形态及其演进研究提供了十分重要的考古资料。

1. 磨石（2015DSLⅠ∶1）

2. 磨石（2015DSLⅠ∶2）

3. 磨石（2015DSLⅠ∶3）

4. 磨石（2015DSLⅠ∶4）

5. 磨石（2015DSLⅠ∶5）

6. 磨石（2015DSLⅠ∶6）

7. 磨石（2015DSLⅠ∶7）

8. 磨石（2015DSLⅠ∶8）

图版三六　胜利水库 1 号遗址采集遗物

1. 磨石（2015DSLⅠ：9）　　　　2. 磨石（2015DSLⅠ：10）

3. 磨石（2015DSLⅠ：11）　　　　4. 磨石（2015DSLⅠ：12）

5. 磨石（2015DSLⅠ：13）　　　　6. 磨石（2015DSLⅠ：14）

7. 石锛（2015DSLⅠ：15）　　　　8. 石锛（2015DSLⅠ：16）

图版三七　胜利水库 1 号遗址采集遗物

1. 石料（2015DSLⅠ：17）

2. 石锛（2015DSLⅠ：18）

3. 石锛（2015DSLⅠ：19）

4. 石锛（2015DSLⅠ：20）

5. 石锛（2015DSLⅠ：21）

6. 石锛（2015DSLⅠ：22）

7. 磨石（2015DSLⅠ：23）

8. 石锛（2015DSLⅠ：24）

图版三八　胜利水库1号遗址采集遗物

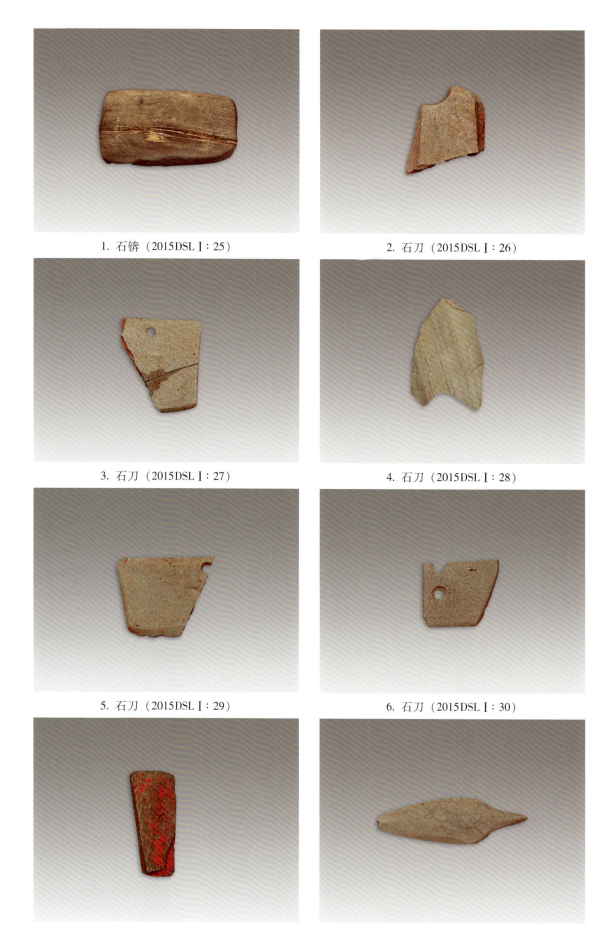

1. 石锛（2015DSLⅠ∶25）　　　　　　2. 石刀（2015DSLⅠ∶26）

3. 石刀（2015DSLⅠ∶27）　　　　　　4. 石刀（2015DSLⅠ∶28）

5. 石刀（2015DSLⅠ∶29）　　　　　　6. 石刀（2015DSLⅠ∶30）

7. 石镞（2015DSLⅠ∶31）　　　　　　8. 石镞（2015DSLⅠ∶32）

图版三九　胜利水库1号遗址采集遗物

1. 石镞（2015DSLⅠ：33）　　　　2. 石镞（2015DSLⅠ：34）

3. 石镞（2015DSLⅠ：35）　　　　4. 石镞（2015DSLⅠ：36）

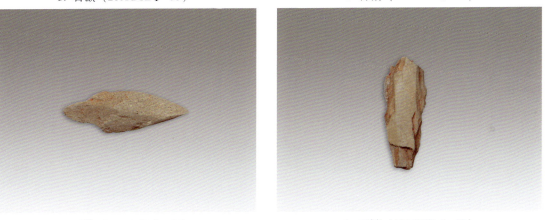

5. 石镞（2015DSLⅠ：37）　　　　6. 石镞（2015DSLⅠ：38）

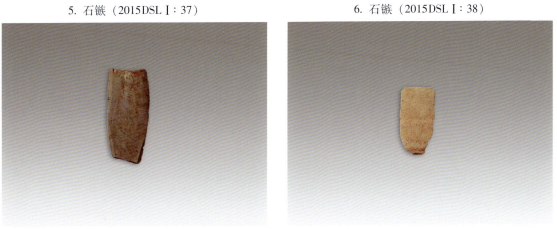

7. 石镞（2015DSLⅠ：39）　　　　8. 石镞（2015DSLⅠ：40）

图版四〇　胜利水库 1 号遗址采集遗物

1. 石镞（2015DSLⅠ：41）

2. 石料（2015DSLⅠ：42）

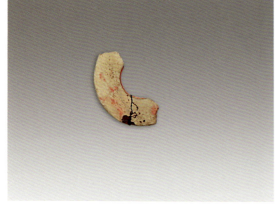

3. 石环（2015DSLⅠ：43）

4. 石料（2015DSLⅠ：44）

5. 残石器（2015DSLⅠ：45）

6. 残石器（2015DSLⅠ：46）

7. 石料（2015DSLⅠ：47）

8. 石锤（2015DSLⅠ：48）

图版四一　胜利水库 1 号遗址采集遗物

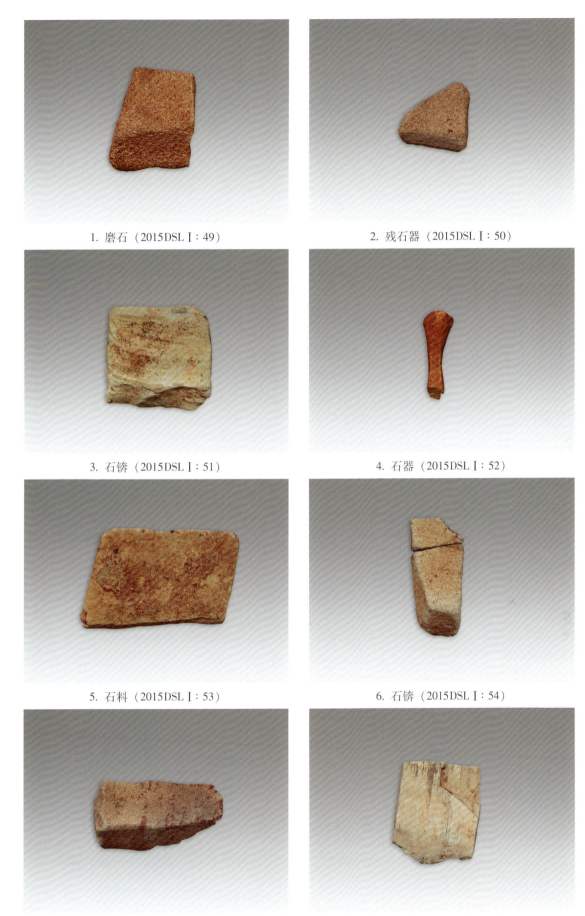

1. 磨石（2015DSLⅠ∶49）

2. 残石器（2015DSLⅠ∶50）

3. 石锛（2015DSLⅠ∶51）

4. 石器（2015DSLⅠ∶52）

5. 石料（2015DSLⅠ∶53）

6. 石锛（2015DSLⅠ∶54）

7. 石料（2015DSLⅠ∶55）

8. 石锛（2015DSLⅠ∶56）

图版四二　胜利水库 1 号遗址采集遗物

1. 磨石 (2015DSLⅠ：57)

2. 陶罐 (2015DSLⅠ：58)

3. 陶盆 (2015DSLⅠ：59)

图版四三　胜利水库 1 号遗址采集遗物

一〇　胜利水库 2 号遗址

1. 遗址概况

胜利水库 2 号遗址位于东乡县黎圩镇谭江村委会胜利水库西南部（图三二五），西邻胜利水库 1 号遗址，北、东邻胜利水库，东距 942 县道约 1.4 千米（图三二六）。地理坐标：北纬 28°05′ 13.2″，东经 116°41′41.4″，海拔 97 米。

该遗址平面呈南北向不规则形的台地，长径约 419 米，短径约 342 米，遗址整体地势中部高四周低，地表原植被已被人为推平，修整为台阶状梯田，遗址上部较光秃，四周植被较稀疏（图三二七）。遗址内南部发现 1 座墓葬（编号 M1），为现代坟；遗址北部发现 1 座墓葬（编号 M2），为一砖室墓，其中部分已暴露在地表之上。遗址总面积约 120667.9 平方米。

2. 遗物介绍

胜利水库 2 号遗址因地表破坏，采集到大量遗物，包括石器、陶器、铜器等。现分别介绍如下：

（1）石器

遗址采集石器数量较多，多为青灰色砂岩、黄色砾石、青石磨制而成，器形包括锛、磨石、镞、刀以及石料等。

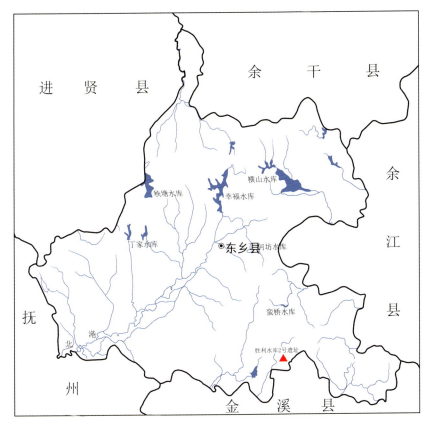

图三二五 胜利水库 2 号遗址位置示意图

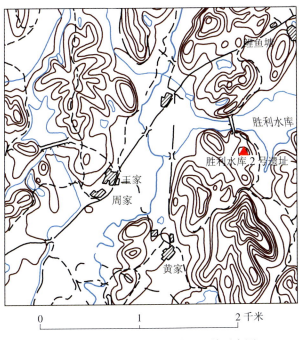

图三二六 胜利水库 2 号遗址地貌示意图

图三二七　胜利水库 2 号遗址远景图（由南向北）

石器　39 件。遗址地表采集大量有人工加工痕迹的石器，仅有少数可辨别功能用途。

2015DSLⅡ：4，黄色砾石磨制而成，大致呈三棱状，器表磨制较为规整，残高 8.8 厘米（图三二八，4）。

2015DSLⅡ：6，青石磨制而成，两侧平直，器表磨制光滑，残高 6.5 厘米（图三二八，6）。

2015DSLⅡ：8，黄色砾石磨制而成，大致呈四棱柱状，两端圆润，残高 12 厘米（图三二八，8；图版四四，3）。

2015DSLⅡ：9，黄色砾石磨制而成，大致呈三棱状，器表磨制规整，残高 11.5 厘米（图三二八，9）。

2015DSLⅡ：10，黄褐色砾石磨制而成，截面呈长方形，器表磨制规整，残高 15 厘米（图三二九，1）。

2015DSLⅡ：11，黄色砾石磨制而成，大致呈四棱柱状，器表磨制规整，残高 7.1 厘米（图三二九，2）。

2015DSLⅡ：12，灰褐色砾石磨制而成，圆角长方形，器表磨制规整，残高 10 厘米（图三二九，3）。

2015DSLⅡ：13，青石磨制而成，器表磨制规整，残高 3 厘米（图三二九，4）。

2015DSLⅡ：14，青石磨制而成，器表磨制光滑，残高 14.2 厘米（图三二九，5）。

2015DSLⅡ：15，黄褐色砾石磨制而成，一端残，器表磨制光滑，残高 6.4 厘米（图三二九，6）。

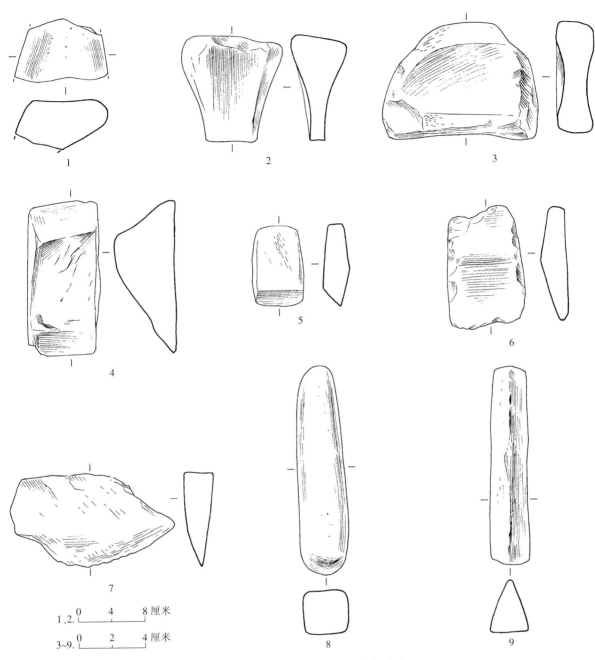

图三二八　胜利水库 2 号遗址采集石器

1～3. 磨石（2015DSLⅡ：1、2015DSLⅡ：2、2015DSLⅡ：3）　4、6、8、9 残石器．（2015DSLⅡ：4、2015DSLⅡ：6、
2015DSLⅡ：8、2015DSLⅡ：9）　5. 石锛（2015DSLⅡ：5）　7. 石刀（2015DSLⅡ：7）

2015DSLⅡ：16，黄色砂岩磨制而成，呈四棱柱状，器表可见数道凹槽，残高 7.3 厘米（图三二九，7）。

2015DSLⅡ：17，灰白色砺石磨制而成，截面呈扁圆形，器表磨制规整，残高 6.4 厘米（图三二九，8）。

2015DSLⅡ：18，黄褐色砺石磨制而成，截面呈长方形，器表磨制规整，残高 8.5 厘米（图三二九，9）。

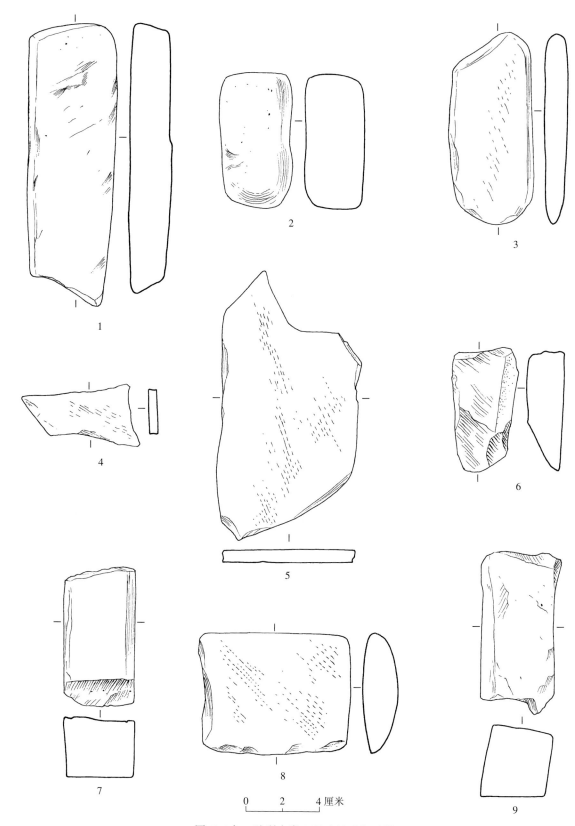

图三二九　胜利水库 2 号遗址采集石器

1~9. 残石器（2015DSLⅡ：10、2015DSLⅡ：11、2015DSLⅡ：12、2015DSLⅡ：13、
2015DSLⅡ：14、2015DSLⅡ：15、2015DSLⅡ：16、2015DSLⅡ：17、2015DSLⅡ：18）

2015DSLⅡ：20，黑褐色砾石磨制而成，器表磨制光滑圆润，残高7.6厘米（图三三〇，2）。

2015DSLⅡ：22，黄色砾石磨制而成，一面残，器表磨制较为粗糙，残高9.7厘米（图三三〇，4）。

2015DSLⅡ：23，灰色砾石磨制而成，截面呈长方形，器表磨制规整，残高5.6厘米（图三三〇，5）。

2015DSLⅡ：26，灰色砂岩磨制而成，一端残，单面刃，器表磨制较为粗糙，残高6.9厘米（图三三〇，8）。

0　　2　　4厘米

图三三〇　胜利水库2号遗址采集石器

1. 磨石（2015DSLⅡ：19）　　2、4、5、8. 残石器（2015DSLⅡ：20、2015DSLⅡ：22、2015DSLⅡ：23、2015DSLⅡ：26）

3. 磨石（2015DSLⅡ：21）　　6、7. 石锛（2015DSLⅡ：24、2015DSLⅡ：25）　　9. 石刀（2015DSLⅡ：27）

2015DSLⅡ：34，青石磨制而成，两侧平直，器表磨制光滑，残高7厘米（图三三一，7）。

2015DSLⅡ：35，青石磨制而成，大致呈长条状，残高8厘米（图三三一，8）。

2015DSLⅡ：36，黄色砾石磨制而成，截面大致呈三角形，器表磨制光滑，残高4.4厘米（图三三一，9）。

2015DSLⅡ：37，黄色砂岩磨制而成，大致呈长方形，器表磨制规整，残高3.5厘米（图三三一，10）。

2015DSLⅡ：38，黄褐色砂岩磨制而成，器表磨制规整，残高8厘米（图三三一，11）。

磨石　5件。

2015DSLⅡ：1，黄色砾石磨制而成，器表磨制光滑，残高6.8厘米（图三二八，1；图版四四，1）。

2015DSLⅡ：2，灰褐色砂岩磨制而成，器表磨制规整，残高12厘米（图三二八，2）。

2015DSLⅡ：3，灰色砂岩磨制而成，器表磨制光滑，残高6.4厘米（图三二八，3；图版四四，2）。

2015DSLⅡ：19，灰褐色砾石磨制而成，器表磨制光滑，残高5.8厘米（图三三〇，1）。

2015DSLⅡ：21，红褐色砾石磨制而成，器表磨制光滑，残高7.2厘米（图三三〇，3）。

镞　3件。

2015DSLⅡ：30，青石磨制而成，锋部残，两刃锋利，中部起脊，前面呈菱形，残高3.6厘米（图三三一，3）。

2015DSLⅡ：31，青石磨制而成，锋部残，两刃锋利，中部起脊，残高3.7厘米（图三三一，4；图版四四，5）。

2015DSLⅡ：32，青石磨制而成，锋部残，两刃锋利，中部起脊，前面呈菱形，残高7厘米（图三三一，5；图版四四，6）。

刀　4件。

2015DSLⅡ：7，黄褐色砾石磨制而成，单面弧刃，制作较为粗糙，残高5.4厘米（图三二八，7）。

2015DSLⅡ：27，青石磨制而成，直背，单面直刃，近背处可见一圆形穿孔，残高4厘米（图三三〇，9；图版四四，4）。

2015DSLⅡ：28，灰褐色砂岩磨制而成，直背，单面弧刃，残高4.5厘米（图三三一，1）。

2015DSLⅡ：29，灰褐色闪长岩磨制而成，直背，单面直刃，残高3.9厘米（图三三一，2）。

锛　3件。

2015DSLⅡ：5，黄色砂岩磨制而成，两侧平直，单面直刃，残高4.7厘米（图三二八，5）。

2015DSLⅡ：24，青石磨制而成，两侧平直，单面斜刃，残高5.5厘米（图三三〇，6）。

2015DSLⅡ：25，灰褐色砾石磨制而成，两侧平直，单面直刃，残高4.9厘米（图三三〇，7；图版四四，8）。

石镞毛坯　1件。

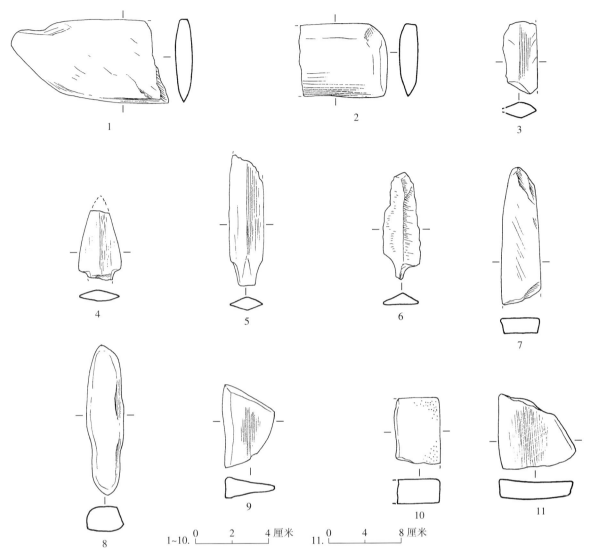

图三三一 胜利水库 2 号遗址采集石器

1、2. 石刀（2015DSLⅡ：28、2015DSLⅡ：29） 3～5. 石镞（2015DSLⅡ：30、2015DSLⅡ：31、2015DSLⅡ：32） 6. 石镞毛坯
（2015DSLⅡ：33） 7～11. 残石器（2015DSLⅡ：34、2015DSLⅡ：35、2015DSLⅡ：36、2015DSLⅡ：37、2015DSLⅡ：38）

2015DSLⅡ：33，灰色砾石磨制而成，石镞毛坯，中部起脊，未加工完成，残高 5.6 厘米（图
三三一，6；图版四四，7）。

（2）陶器

硬陶占多数，夹砂陶相对较少。夹砂陶陶色多为灰色和黄色。纹饰主要有绳纹、雷纹、折线
纹、菱格纹、粗线纹、方格纹，器形多见鼎足、罐、豆、刀、纺轮等。见有少量泥质灰陶，器形有
豆等。印纹硬陶数量略多，多为灰色、灰褐色，另有浅红色，纹饰多样，主要有变体雷纹、方格
纹、叶脉纹、菱格纹、绳纹、细线纹、组合纹、细线与短线组合纹、小方格纹等。器形可见罐、陶
拍等。

采集完整器物 25 件。

陶钵 12 件

2015DSLⅡ：39，黄色硬陶，近直口，方唇，斜直腹，平底，素面。残高 4.6 厘米（图三三二，1；

图版四五，1）。

2015DSLⅡ：40，灰色硬陶，侈口，方唇，斜腹，平底，器表可见数道凸棱，底部有交错的两道刻划纹。残高4.6厘米（图三三二，2；图版四五，6）。

2015DSLⅡ：41，红褐色硬陶，近直口，方唇，斜直腹，底部微外鼓，素面。残高5.4厘米（图三三二，3）。

2015DSLⅡ：42，灰色硬陶，侈口，折沿，方唇，直腹，底部微外鼓，器表可见数道粗线纹。残高8厘米（图三三二，4；图版四六，1）。

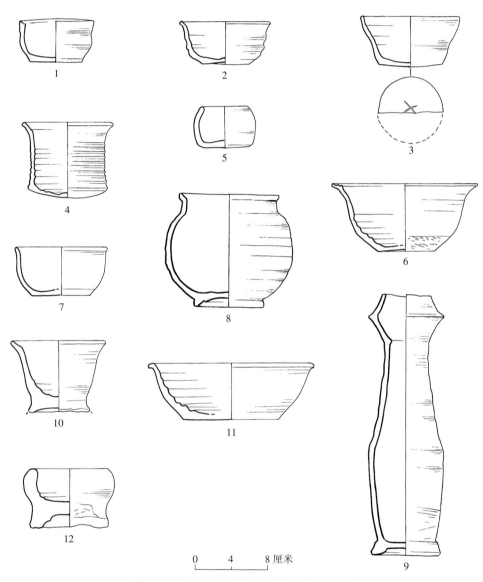

图三三二　胜利水库2号遗址采集完整器物

1～5、7. 陶钵（2015DSLⅡ：39、2015DSLⅡ：40、2015DSLⅡ：41、2015DSLⅡ：42、2015DSLⅡ：43、2015DSLⅡ：45）
6、11. 陶盆（2015DSLⅡ：44、2015DSLⅡ：50）　8. 罐（2015DSLⅡ：46）　9. 魂瓶（2015DSLⅡ：47）
10、12. 陶杯（2015DSLⅡ：49、2015DSLⅡ：51）

2015DSLⅡ：43，灰色硬陶，敛口，圆唇，弧腹，平底，素面。残高4.4厘米（图三三二，5）。

2015DSLⅡ：45，黄色硬陶，侈口，方唇，弧腹，平底，素面。残高5.2厘米（图三三二，7）。

2015DSLⅡ：52，红色硬陶，敛口，尖圆唇，弧腹，平底，素面。残高3.4厘米（图三三三，1；图版四六，7）。

2015DSLⅡ：53，红色硬陶，敛口，尖圆唇，弧腹，平底，素面。残高4厘米（图三三三，2）。

2015DSLⅡ：55，黄色硬陶，敛口，圆唇，弧腹，平底，素面。残高7.2厘米（图三三三，3；图版四六，8）。

2015DSLⅡ：56，灰色硬陶，微敛口，方唇，近直腹，平底，素面。残高4.2厘米（图三三三，4；图版四六，3）。

2015DSLⅡ：58，灰色硬陶，敛口，圆唇，弧腹，平底，素面。残高4.2厘米（图三三三，6；图版四五，3）。

2015DSLⅡ：101，夹砂黄陶，敛口，圆唇，鼓腹，平底。残高4.6厘米（图三三三，11）。

陶盆　7件

2015DSLⅡ：44，黄色硬陶，敞口，尖唇，斜腹，平底，唇面可见两道凹槽，腹下部及底部施绳纹。残高7.2厘米（图三三二，6）。

2015DSLⅡ：50，红色硬陶，敞口，尖唇，斜直腹，平底，素面。残高6厘米（图三三二，11）。

2015DSLⅡ：57，黄色硬陶，侈口，圆唇，斜腹，平底，素面。残高6厘米（图三三三，5；图版四六，4）。

2015DSLⅡ：60，灰色硬陶，侈口，尖圆唇，斜腹，平底，内外壁可见凸弦纹。残高6厘米（图三三三，7）。

2015DSLⅡ：61，黄色硬陶，侈口，圆唇，斜腹，平底，内外壁可见轮制痕迹。残高4.8厘米（图三三三，8）。

2015DSLⅡ：62，黄色硬陶，侈口，圆唇，斜腹，平底，内壁可见轮制痕迹。残高5厘米（图三三三，9）。

2015DSLⅡ：63，灰白色硬陶，侈口，方唇，斜腹，平底，素面。残高5.2厘米（图三三三，10）。

罐　1件

2015DSLⅡ：46，红褐色硬陶，侈口，微卷沿，方唇，束颈，弧腹，矮圈足，素面。残高12厘米（图三三二，8；图版四五，2）。

魂瓶　1件

2015DSLⅡ：47，红褐色硬陶。残高27.6厘米（图三三二，9；图版四五，4）。

陶杯　4件

2015DSLⅡ：49，黄色硬陶，侈口，方唇，斜直腹，底部内凹，腹上部可见数道凹弦纹。残高7.6厘米（图三三二，10；图版四六，2）。

2015DSLⅡ：51，灰色硬陶。微侈口，圆唇，弧腹，底部内凹，素面。残高6.2厘米（图三三二，12；图版四六，6）。

2015DSLⅡ：250，灰色硬陶，直腹，平底，器表可见凸弦纹。残高8厘米（图三三三，12）。

2015DSLⅡ：382，夹砂黄陶，筒状柄，素面，残高9厘米（图三三三，13）。

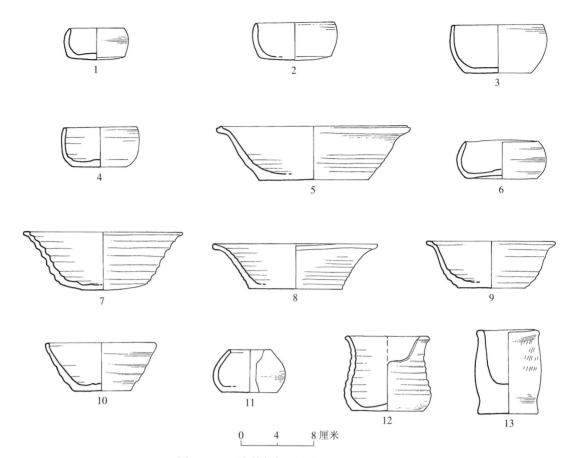

0　　4　　8 厘米

图三三三　胜利水库 2 号遗址采集完整器物

1~4、6、11. 陶钵（2015DSLⅡ：52、2015DSLⅡ：53、2015DSLⅡ：55、2015DSLⅡ：56、2015DSLⅡ：58、2015DSLⅡ：101）

5、7~10. 陶盆（2015DSLⅡ：57、2015DSLⅡ：60、2015DSLⅡ：61、2015DSLⅡ：62、2015DSLⅡ：63）

12、13. 陶杯（2015DSLⅡ：250、2015DSLⅡ：382）

陶罐　143 件。数量较多，按口沿、肩部特征可分为七型：

A 型　16 件。

2015DSLⅡ：69，夹砂灰白陶，侈口，窄平沿，圆唇，沿面有一道凹槽，器表施折线纹。残高 7.2 厘米（图三三四，1）。

2015DSLⅡ：83，灰褐色硬陶，近直口，窄平沿，圆唇，器表施折线纹。残高 12 厘米（图三三四，2；图版四五，5）。

2015DSLⅡ：85，黄色硬陶，侈口，卷沿，尖圆唇，口沿内有一道凸棱，颈部可见数道凸棱，器表施折线纹。残高 4.8 厘米（图三三四，3）。

2015DSLⅡ：89，夹砂黄陶，直口，窄平沿，尖圆唇，腹上部有两道凸棱，器表施绳纹。残高 6 厘米（图三三四，4）。

2015DSLⅡ：91，黄色硬陶，侈口，微卷沿，尖圆唇，器表施绳纹。残高 4.4 厘米（图三三四，5）。

2015DSLⅡ：99，黄色硬陶，直口，卷沿，圆唇，器表施方格纹。残高 4.2 厘米（图三三四，6）。

2015DSLⅡ：102，灰褐色硬陶，侈口，微卷沿，圆唇，沿面有一道凸棱，器表施折线纹。残高

6. 4 厘米（图三三四，7）。

2015DSLⅡ：103，灰色硬陶，侈口，折沿，圆唇，器表施折线纹。残高4.8厘米（图三三四，8）。

2015DSLⅡ：104，灰褐色硬陶，侈口，折沿，尖圆唇，器表施折线纹。残高4.4厘米（图三三四，9）。

2015DSLⅡ：105，灰色硬陶，直口，卷沿，圆唇，器表施网格纹。残高9厘米（图三三四，10）。

2015DSLⅡ：113，灰色硬陶，侈口，宽平沿，圆唇，器表施方格纹。残高7厘米（图三三四，11）。

2015DSLⅡ：119，黄色硬陶，侈口，微卷沿，圆唇，沿内有三道凹槽，器表施折线纹。残高12厘米（图三三四，12）。

2015DSLⅡ：150，黄褐色硬陶，侈口，微卷沿，圆唇，沿面有一道凸棱，器表施折线纹。残高4.4厘米（图三三四，13）。

2015DSLⅡ：151，黄褐色硬陶，侈口，卷沿，器表施方格纹。残高4.6厘米（图三三四，14）。

2015DSLⅡ：153，灰褐色硬陶，侈口，微卷沿，圆唇，器表施方格纹。残高4.8厘米（图三三四，15）。

2015DSLⅡ：154，灰色硬陶，直口，折沿，圆唇，器表施折线纹。残高4厘米（图三三四，16）。

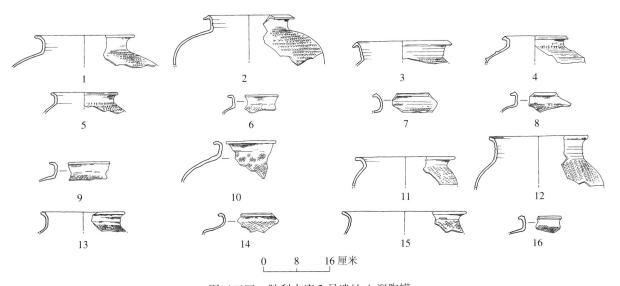

0　8　16厘米

图三三四　胜利水库2号遗址A型陶罐

1~16. A型陶罐（2015DSLⅡ：69、2015DSLⅡ：83、2015DSLⅡ：85、2015DSLⅡ：89、2015DSLⅡ：91、2015DSLⅡ：99、2015DSLⅡ：102、2015DSLⅡ：103、2015DSLⅡ：104、2015DSLⅡ：105、2015DSLⅡ：113、2015DSLⅡ：119、2015DSLⅡ：150、2015DSLⅡ：151、2015DSLⅡ：153、2015DSLⅡ：154）

B型　5件。敛口，无沿、领。

2015DSLⅡ：188，灰色硬陶，侈口，微卷沿，圆唇，器表施菱格纹。残高4厘米（图三三五，1）。

2015DSLⅡ：230，黄色硬陶。敛口，尖圆唇，器表施菱格纹。残高7厘米（图三三五，2）。

2015DSLⅡ：239，黄色硬陶，敛口，圆唇，颈下部有一道凸棱，器表施绳纹。残高4.8厘米（图三三五，3）。

2015DSLⅡ：242，夹砂黄陶，敛口，宽平沿，方唇，沿面有两道凹槽，素面。残高11厘米（图三三五，4）。

2015DSLⅡ：271，灰色硬陶，弧腹，器表施折线纹，残高10.4厘米（图三三五，5）。

C型　3件。直口，斜肩。

2015DSLⅡ：218，灰白色硬陶，敛口，折沿，圆唇，器表纹饰被磨平。残高5.6厘米（图三三五，3）。

2015DSLⅡ：226，黄色硬陶，敛口，尖圆唇，器表施绳纹。残高9厘米（图三三五，4）。

2015DSLⅡ：229，灰色硬陶，敛口，圆唇，颈部可见一道凸棱，器表纹饰不清楚。残高5.4厘米（图三三五，5）

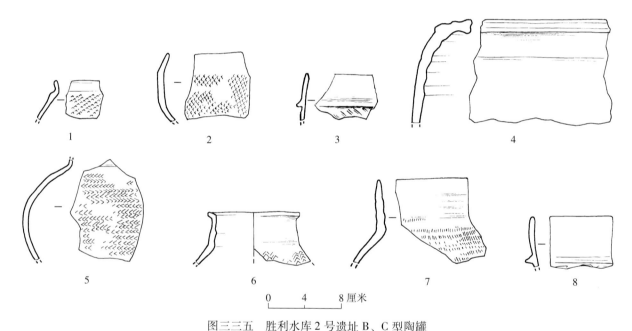

图三三五　胜利水库2号遗址B、C型陶罐

1～5. B型罐（2015DSLⅡ：188、2015DSLⅡ：230、2015DSLⅡ：239、2015DSLⅡ：242、2015DSLⅡ：271）

6～8. C型罐（2015DSLⅡ：218、2015DSLⅡ：226、2015DSLⅡ：229）

D型　21件。宽折沿，斜肩。

2015DSLⅡ：68，黄色硬陶，侈口，折沿，尖圆唇，器表施折线纹。残高7厘米（图三三六，1）。

2015DSLⅡ：72，灰白色硬陶，侈口，微卷沿，尖圆唇，器表施折线纹。残高6厘米（图三三六，2）。

2015DSLⅡ：74，黄色硬陶，侈口，微卷沿，圆唇，器表施绳纹。残高4.6厘米（图三三六，3）。

2015DSLⅡ：75，灰白色硬陶，直口，折沿，方唇，器表施折线纹。残高6厘米（图三三六，4）。

2015DSLⅡ：79，夹砂黄陶，侈口，折沿，圆唇，器表施折线纹。残高6.4厘米（图三三六，5）。

2015DSLⅡ：82，灰褐色硬陶，侈口，折沿，圆唇，长颈，器表施折线纹。残高5.2厘米（图三三六，6）。

2015DSLⅡ：86，夹砂黄陶，侈口，微卷沿，圆唇，器表施菱格纹。残高6厘米（图三三六，7）。

2015DSLⅡ：90，夹砂灰褐陶，侈口，折沿，方唇，器表施绳纹。残高6厘米（图三三六，8）。

2015DSLⅡ：108，夹砂黄陶，侈口，折沿，圆唇，器表施绳纹。残高6.8厘米（图三三六，9）。

2015DSLⅡ：117，灰色硬陶，敞口，方唇，唇面有一道凸棱，器表纹饰不清。残高6厘米（图三三六，10）。

2015DSLⅡ：127，灰色硬陶，侈口，折沿，方唇，器表施折线纹。残高6厘米（图三三六，11）。

2015DSLⅡ：147，灰色硬陶，侈口，折沿，方唇，器表施菱格纹。残高6.4厘米（图三三六，12）。

2015DSLⅡ：148，夹砂灰陶，侈口，折沿，圆唇，口沿外有一道凸棱，器表施菱格纹。残高9厘米（图三三六，13）。

2015DSLⅡ：164，黄色硬陶，侈口，微卷沿，圆唇，素面。残高6厘米（图三三六，14）。

2015DSLⅡ：172，灰色硬陶，侈口，折沿，圆唇，器表施方格纹。残高5厘米（图三三六，15）。

2015DSLⅡ：180，黄色硬陶，侈口，折沿，圆唇，颈下部可见一周按压凹窝。残高6.6厘米（图三三六，16）。

2015DSLⅡ：187，夹砂灰陶，侈口，微卷沿，尖圆唇，器表施网格纹。残高4厘米（图三三六，17）。

2015DSLⅡ：191，黄色硬陶，侈口，微卷沿，圆唇，器表施折线纹。残高4.8厘米（图三三六，18）。

2015DSLⅡ：217，夹砂灰陶，侈口，折沿，方唇，唇面有一道凹槽，器表施绳纹。残高6厘米（图三三六，19）。

2015DSLⅡ：219，夹砂灰陶，侈口，折沿，圆唇，沿面有一道凸棱，器表施粗线纹。残高6厘米（图三三六，20）。

2015DSLⅡ：222，夹砂灰陶，侈口，折沿，圆唇，沿面有一道凸棱，器表施绳纹。残高6厘米（图三三六，21）。

E型　件。低领，斜肩。可分为两亚型：

Ea型　28件。直领。

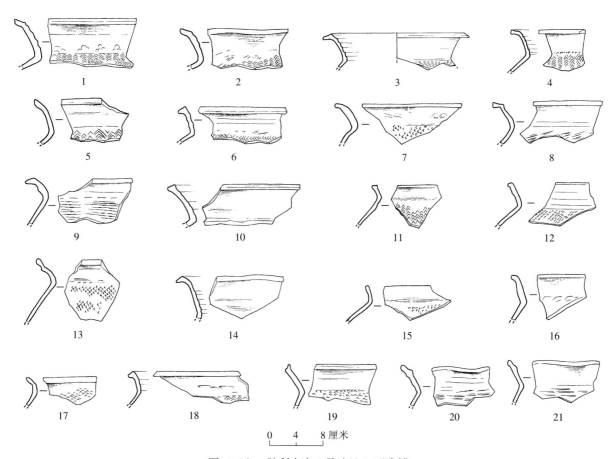

图三三六　胜利水库 2 号遗址 D 型陶罐

1~21. D 型罐（2015DSLⅡ：68、2015DSLⅡ：72、2015DSLⅡ：74、2015DSLⅡ：75、2015DSLⅡ：79、2015DSLⅡ：82、2015DSLⅡ：86、2015DSLⅡ：90、2015DSLⅡ：108、2015DSLⅡ：117、2015DSLⅡ：127、2015DSLⅡ：147、2015DSLⅡ：148、2015DSLⅡ：164、2015DSLⅡ：172、2015DSLⅡ：180、2015DSLⅡ：187、2015DSLⅡ：191、2015DSLⅡ：217、2015DSLⅡ：219、2015DSLⅡ：222）

2015DSLⅡ：65，夹砂红陶，侈口，微卷沿，圆唇，器表施折线纹。残高 6 厘米（图三三七，1）。

2015DSLⅡ：70，黄色硬陶，侈口，卷沿，尖圆唇，口沿内有一道凸棱，器表施折线纹。残高 4.4 厘米（图三三七，2）。

2015DSLⅡ：71，夹砂黄陶，侈口，微卷沿，方唇，器表施折线纹。残高 6 厘米（图三三七，3）。

2015DSLⅡ：73，黄色硬陶，侈口，卷沿，圆唇，器表施方格纹。残高 6 厘米（图三三七，4）。

2015DSLⅡ：76，灰色硬陶，侈口，窄平沿，圆唇，口沿内有一道凸棱，器表施折线纹。残高 5.6 厘米（图三三七，5）。

2015DSLⅡ：78，灰褐色硬陶，侈口，微卷沿，方唇，器表施折线纹。残高 6 厘米（图三三七，6）。

2015DSLⅡ：80，夹砂灰陶，侈口，卷沿，圆唇，长颈，器表施折线纹。残高 4.6 厘米（图三三七，7）。

2015DSLⅡ：81，灰褐色硬陶，侈口，微卷沿，圆唇，沿面有一道凹槽，器表施折线纹。残高

6.4 厘米（图三三七，8）。

2015DSLⅡ：84，黄色硬陶，侈口，卷沿，圆唇，器表施网格纹。残高 6.6 厘米（图三三七，9）。

2015DSLⅡ：87，黄色硬陶，侈口，微卷沿，圆唇，器表施绳纹。残高 7.2 厘米（图三三七，10）。

2015DSLⅡ：88，黄色硬陶，直口，窄平沿，圆唇，器表施折线纹。残高 5.6 厘米（图三三七，11）。

2015DSLⅡ：94，灰褐色硬陶，侈口，折沿，圆唇，器表施折线纹。残高 5.6 厘米（图三三七，12）。

2015DSLⅡ：95，黄色硬陶，微敛口，卷沿，圆唇，沿面有一道凸棱，器表施雷纹。残高 6.8 厘米（图三三七，13）。

2015DSLⅡ：96，灰色硬陶，近直口，微卷沿，圆唇，沿面有一道凸棱，器表施折线纹。残高 6.2 厘米（图三三七，14）。

2015DSLⅡ：97，灰褐色硬陶，近直口，微卷沿，圆唇，沿面有一道凸棱，器表施绳纹。残高 9 厘米（图三三七，15）。

2015DSLⅡ：106，黄色硬陶，敛口，卷沿，方唇，器表施菱格纹。残高 6 厘米（图三三七，16）。

2015DSLⅡ：107，灰白色硬陶，侈口，窄平沿，尖圆唇，器表施菱格纹。残高 6 厘米（图三三七，17）。

2015DSLⅡ：109，黄色硬陶，侈口，窄平沿，圆唇，器表施折线纹。残高 6 厘米（图三三七，18）。

2015DSLⅡ：112，夹细砂红陶，侈口，圆唇，直颈，唇内侧有一道窄凸棱，器表施折线纹，残高 5.2 厘米（图三三七，19）。

2015DSLⅡ：118，灰色硬陶，侈口，卷沿，圆唇，沿面有一道凸棱，器表施折线纹。残高 5.4 厘米（图三三七，20）。

2015DSLⅡ：120，夹砂黄陶，侈口，卷沿，方唇，器表施绳纹。残高 6 厘米（图三三七，21）。

2015DSLⅡ：129，灰褐色硬陶，侈口，折沿，尖圆唇，沿面有一道凸棱，器表施折线纹。残高 9 厘米（图三三七，22）。

2015DSLⅡ：139，夹砂红陶，陶内侧发灰，侈口，尖圆唇，窄折沿，器表施折线纹，可见轮制痕迹，残高 7 厘米（图三三七，23）。

2015DSLⅡ：167，灰色硬陶，侈口，微卷沿，方唇，器表施数道凹弦纹。残高 4.4 厘米（图三三七，24）。

2015DSLⅡ：171，夹砂灰陶，直口，折沿，圆唇，器表施绳纹。残高 3.6 厘米（图三三七，25）。

2015DSLⅡ：202，夹砂黄陶，侈口，微卷沿，圆唇，器表施绳纹。残高 5 厘米（图三三七，26）。

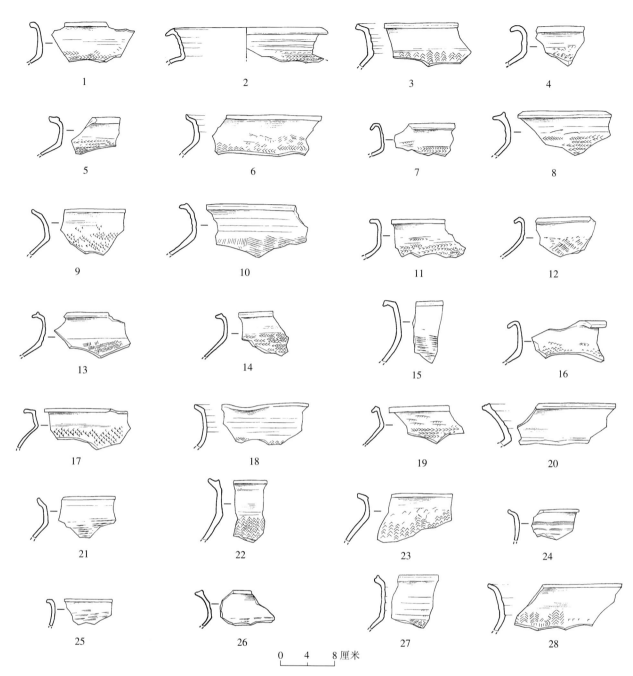

图三三七　胜利水库 2 号遗址 Ea 型陶罐

1～28. D 型罐（2015DSLⅡ：65、2015DSLⅡ：70、2015DSLⅡ：71、2015DSLⅡ：73、2015DSLⅡ：76、2015DSLⅡ：78、2015DSLⅡ：80、2015DSLⅡ：81、2015DSLⅡ：84、2015DSLⅡ：87、2015DSLⅡ：88、2015DSLⅡ：94、2015DSLⅡ：95、2015DSLⅡ：96、2015DSLⅡ：97、2015DSLⅡ：106、2015DSLⅡ：107、2015DSLⅡ：109、2015DSLⅡ：112、2015DSLⅡ：118、2015DSLⅡ：120、2015DSLⅡ：129、2015DSLⅡ：139、2015DSLⅡ：167、2015DSLⅡ：171、2015DSLⅡ：202、2015DSLⅡ：205、2015DSLⅡ：215）

2015DSLⅡ：205，黄色硬陶，侈口，折沿，方唇，唇面有一道凹槽，器表施折线纹。残高 7.6 厘米（图三三七，27）。

2015DSLⅡ：215，灰白色硬陶，侈口，微卷沿，圆唇，器表施折线纹。残高 6.8 厘米（图三三七，28）。

Eb 型　13 件。弧形领。

2015DSLⅡ：77，灰白色硬陶，侈口，微卷沿，尖圆唇，口沿内有一道凸棱，器表施折线纹。残高5厘米（图三三八，1）。

2015DSLⅡ：128，灰色硬陶，侈口，折沿，圆唇，器表施折线纹。残高6厘米（图三三八，2）。

2015DSLⅡ：138，黄褐色硬陶，侈口，微卷沿，圆唇，沿面有一道凹槽，器表施绳纹。残高5厘米（图三三八，3）。

2015DSLⅡ：152，夹砂黄陶，侈口，圆唇，器表施绳纹。残高7厘米（图三三八，4）。

2015DSLⅡ：169，灰色硬陶，侈口，窄平沿，圆唇，器表施折线纹。残高4.4厘米（图三三八，5）。

2015DSLⅡ：196，黄色硬陶，侈口，圆唇，口沿内有一道凸棱，器表施绳纹。残高5.6厘米（图三三八，6）。

2015DSLⅡ：198，黄色硬陶，侈口，微卷沿，圆唇，口沿内有一道凸棱，器表施绳纹。残高2.4厘米（图三三八，7）。

2015DSLⅡ：199，夹砂红陶，侈口，微卷沿，圆唇，沿面有一道凸棱，器表施折线纹。残高5.6厘米（图三三八，8）。

2015DSLⅡ：200，黄褐色硬陶，侈口，圆唇，器表施绳纹。残高7厘米（图三三八，9）。

2015DSLⅡ：212，灰褐色硬陶，侈口，折沿，圆唇，器表施方格纹。残高5厘米（图三三八，

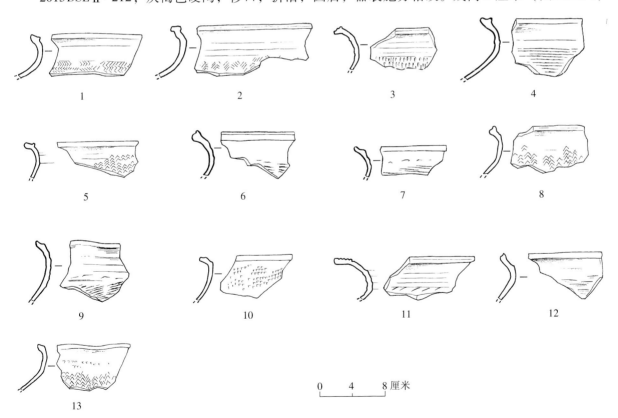

图三三八　胜利水库2号遗址 Eb 型陶罐

1~13. Eb 型罐（2015DSLⅡ：77、2015DSLⅡ：128、2015DSLⅡ：138、2015DSLⅡ：152、2015DSLⅡ：169、2015DSLⅡ：196、2015DSLⅡ：198、2015DSLⅡ：199、2015DSLⅡ：200、2015DSLⅡ：212、2015DSLⅡ：216、2015DSLⅡ：220、2015DSLⅡ：236）

10）。

2015DSLⅡ：216，夹砂灰白陶，敞口，宽平沿，方唇，沿面数道凹槽，器表施绳纹。残高5厘米（图三三八，11）。

2015DSLⅡ：220，夹砂红陶，侈口，微卷沿，方唇，唇面有一道凹槽，器表施绳纹。残高5.6厘米（图三三八，12）。

2015DSLⅡ：236，黄色硬陶，侈口，微卷沿，方唇，器表施折线纹。残高5.6厘米（图三三八，13）。

F型　39件。斜腹，折沿。

2015DSLⅡ：92，夹砂黄陶，侈口，窄平沿，圆唇，口沿内有一道凸棱，器表施绳纹。残高6厘米（图三三九，1）。

2015DSLⅡ：100，灰褐色硬陶，侈口，微卷沿，圆唇，器表施菱格纹。残高5厘米（图三三九，2）。

2015DSLⅡ：111，灰色硬陶，敛口，微卷沿，圆唇，腹上部有一道凸棱，器表施折线纹。残高5厘米（图三三九，3）。

2015DSLⅡ：114，灰色硬陶，侈口，微卷沿，方唇，器表施折线纹。残高5厘米（图三三九，4）。

2015DSLⅡ：115，灰褐色硬陶，敛口，微卷沿，圆唇，器表施菱格纹。残高6厘米（图三三九，5）。

2015DSLⅡ：116，灰褐色硬陶，直口，卷沿，圆唇，器表施菱纹。残高3厘米（图三三九，6）。

2015DSLⅡ：121，夹砂灰陶，侈口，折沿，圆唇，器表施粗线纹。残高9厘米（图三三九，7）。

2015DSLⅡ：122，灰白色硬陶，侈口，折沿，圆唇，口沿内有一道凸棱，器表施绳纹。残高6厘米（图三三九，8）。

2015DSLⅡ：123，灰色硬陶，敛口，平沿，方唇，器表施折线纹。残高6.4厘米（图三三九，9）。

2015DSLⅡ：124，夹砂黄陶，侈口，折沿，圆唇，器表施绳纹。残高5.2厘米（图三三九，10）。

2015DSLⅡ：125，灰色硬陶，侈口，折沿，方唇，器表施绳纹。残高6厘米（图三三九，11）。

2015DSLⅡ：126，灰白色硬陶，侈口，卷沿，圆唇，器表施绳纹。残高5厘米（图三三九，12）。

2015DSLⅡ：131，夹砂黄陶，侈口，微卷沿，尖圆唇，器表施折线纹。残高6.8厘米（图三三九，13）。

2015DSLⅡ：133，灰褐色硬陶，敛口，微卷沿，圆唇，器表施菱格纹。残高6厘米（图三三九，14）。

2015DSLⅡ：135，夹砂黄陶，侈口，微卷沿，圆唇，口沿内有一道凸棱，器表施绳纹。残高6厘米（图三三九，15）。

2015DSLⅡ：140，夹砂灰陶，微敛口，折沿，圆唇，沿面有一道凸棱，器表施绳纹。残高5.4厘米（图三三九，16）。

2015DSLⅡ：144，夹砂黄褐陶，侈口，折沿，圆唇，器表施菱格纹。残高14厘米（图三三九，17）。

2015DSLⅡ：158，灰色硬陶，敛口，折沿，圆唇，器表施菱格纹。残高4.4厘米（图三三九，18）。

2015DSLⅡ：159，夹砂红陶，侈口，卷沿，圆唇，沿面有一道凸棱，器表施折线纹。残高7厘米（图三三九，19）。

2015DSLⅡ：160，黄色硬陶。敛口，折沿，圆唇，沿面可见数道凸棱，器表施折线纹。残高8.4厘米（图三三九，20）。

2015DSLⅡ：161，夹砂灰陶，敛口，宽平沿，圆唇，沿面有一道凹槽，器表施绳纹。残高8厘米（图三四〇，1；图版四六，5）。

2015DSLⅡ：162，夹砂黄陶，侈口，卷沿，尖圆唇，器表施菱格纹。残高4.8厘米（图三四〇，2）。

2015DSLⅡ：165，夹砂黄陶，侈口，折沿，方唇，器表施菱格纹。残高4.6厘米（图三四〇，3）。

2015DSLⅡ：166，夹砂灰褐陶，敛口，折沿，圆唇，器表施方格纹。残高5.2厘米（图三四〇，4）。

2015DSLⅡ：168，灰褐色硬陶，敛口，折沿，圆唇，器表施菱格纹。残高5厘米（图三四〇，5）。

2015DSLⅡ：173，灰褐色硬陶，敛口，折沿，圆唇，器表施网格纹。残高6厘米（图三四〇，6）。

2015DSLⅡ：177，夹砂黄陶，侈口，微卷沿，圆唇，素面。残高9.2厘米（图三四〇，7）。

2015DSLⅡ：178，夹砂灰白陶，敛口，折沿，圆唇，器表施菱格纹。残高5厘米（图三四〇，8）。

2015DSLⅡ：179，夹砂灰陶，侈口，折沿，尖圆唇，器表施绳纹。残高7.4厘米（图三四〇，9）。

2015DSLⅡ：184，夹砂黄陶，近直口，微卷沿，圆唇，器表施菱格纹。残高6.8厘米（图三四〇，10）。

2015DSLⅡ：190，黄色硬陶，直口，窄平沿，圆唇，器表施折线纹。残高6厘米（图三四〇，11）。

2015DSLⅡ：194，黄色硬陶，侈口，卷沿，圆唇，器表施菱格纹。残高5.6厘米（图三四〇，12）。

2015DSLⅡ：197，灰色硬陶，侈口，微卷沿，方唇，器表施菱格纹。残高5厘米（图三四〇，13）。

2015DSLⅡ：203，夹砂黄陶，侈口，折沿，方唇，口沿上看见一道凹槽，器表可见数道凹槽。残高11.8厘米（图三四〇，14）。

2015DSLⅡ：204，黄褐色硬陶，侈口，微卷沿，圆唇，口沿有一桥形附耳，器表施交错短线纹。残高8厘米（图三四〇，15）。

2015DSLⅡ：221，灰褐色硬陶，微侈口，微卷沿，圆唇，器表施绳纹。残高7.6厘米（图三四〇，16）。

2015DSLⅡ：224，灰褐色硬陶，侈口，微卷沿，方唇，唇面有一道凹槽，器表施绳纹。残高8厘米（图三四〇，17）。

2015DSLⅡ：240，夹砂红陶，侈口，方唇，器表施绳纹。残高5.2厘米（图三四〇，18）。

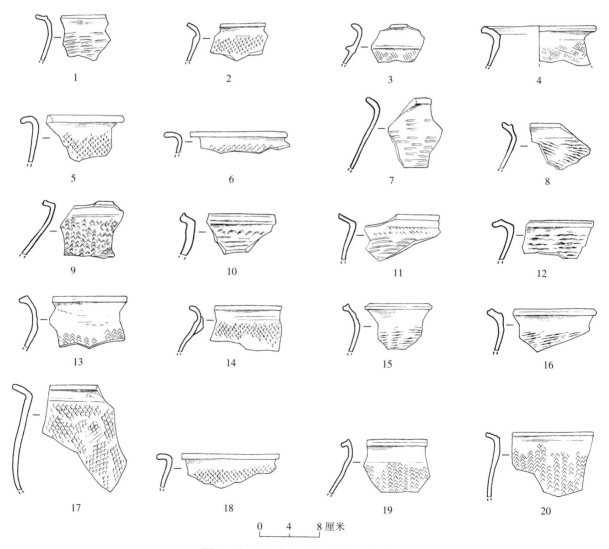

图三三九　胜利水库2号遗址F型陶罐

1～20. F型罐（2015DSLⅡ：92、2015DSLⅡ：100、2015DSLⅡ：111、2015DSLⅡ：114、2015DSLⅡ：115、2015DSLⅡ：116、2015DSLⅡ：121、2015DSLⅡ：122、2015DSLⅡ：123、2015DSLⅡ：124、2015DSLⅡ：125、2015DSLⅡ：126、2015DSLⅡ：131、2015DSLⅡ：133、2015DSLⅡ：135、2015DSLⅡ：140、2015DSLⅡ：144、2015DSLⅡ：158、2015DSLⅡ：159、2015DSLⅡ：160）

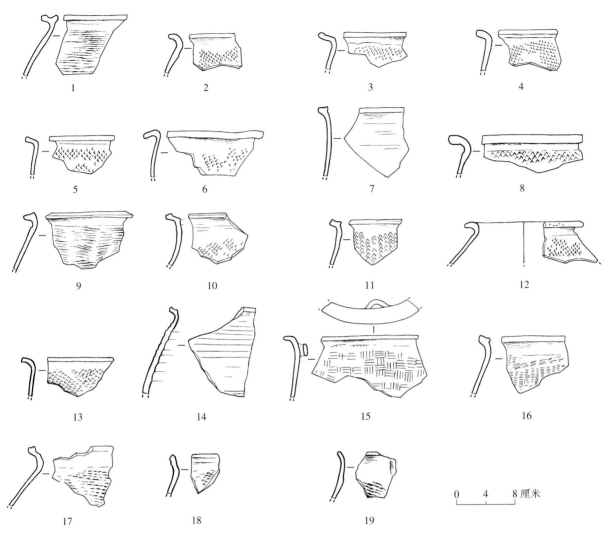

图三四〇 胜利水库 2 号遗址 F 型陶罐

1~19. F 型罐（2015DSLⅡ：161、2015DSLⅡ：162、2015DSLⅡ：165、2015DSLⅡ：166、2015DSLⅡ：168、2015DSLⅡ：173、2015DSLⅡ：177、2015DSLⅡ：178、2015DSLⅡ：179、2015DSLⅡ：184、2015DSLⅡ：190、2015DSLⅡ：194、2015DSLⅡ：197、2015DSLⅡ：203、2015DSLⅡ：204、2015DSLⅡ：221、2015DSLⅡ：224、2015DSLⅡ：240、2015DSLⅡ：241）

2015DSLⅡ：241，夹砂红陶，侈口，圆唇，器表施绳纹。残高 6 厘米（图三四〇，19）。

G 型　件。敞口，斜沿，鼓腹。

2015DSLⅡ：136，黄色硬陶，敛口，折沿，圆唇，器表施菱格纹。残高 3.8 厘米（图三四一，1）。

2015DSLⅡ：137，夹砂黄陶，侈口，卷沿，圆唇，口沿内有数道凹槽，器表施菱格纹。残高 6 厘米（图三四一，2）。

2015DSLⅡ：141，灰色硬陶，侈口，折沿，圆唇，口沿内有数道凹槽，器表施方格纹。残高 4.6 厘米（图三四一，3）。

2015DSLⅡ：143，黄色硬陶，侈口，卷沿，方唇，器表施菱格纹。残高 6.4 厘米（图三四一，4）。

2015DSLⅡ：145，灰褐色硬陶，侈口，微卷沿，圆唇，器表施粗线纹。残高 10 厘米（图三四一，5）。

2015DSLⅡ：146，灰色硬陶，直口，微卷沿，方唇，器表施绳纹。残高8.8厘米（图三四一，6）。

2015DSLⅡ：155，夹砂黄陶，敛口，平沿，圆唇，沿面有数道凹槽，器表施菱格纹。残高3.4厘米（图三四一，7）。

2015DSLⅡ：156，黄色硬陶，侈口，微卷沿，圆唇，器表施雷纹。残高3.6厘米（图三四一，8）。

2015DSLⅡ：176，灰色硬陶，敛口，卷沿，方唇，器表施菱格纹。残高5.4厘米（图三四一，9）。

2015DSLⅡ：182，夹砂红陶，陶质坚硬，敛口，窄折沿，尖圆唇，鼓腹，器表施方格纹，残高9厘米（图三四一，10）。

2015DSLⅡ：186，黄色硬陶，侈口，微卷沿，圆唇，器表施雷纹。残高9.4厘米（图三四一，11）。

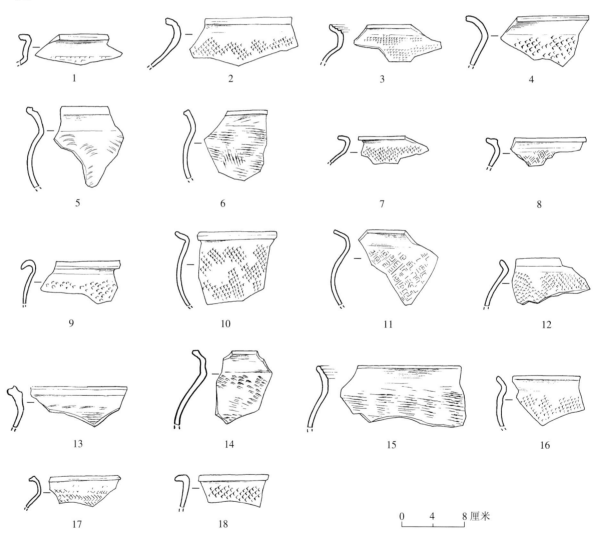

图三四一　胜利水库2号遗址G型陶罐

1～18. G型罐（2015DSLⅡ：136、2015DSLⅡ：137、2015DSLⅡ：141、2015DSLⅡ：143、2015DSLⅡ：145、2015DSLⅡ：146、2015DSLⅡ：155、2015DSLⅡ：156、2015DSLⅡ：176、2015DSLⅡ：182、2015DSLⅡ：186、2015DSLⅡ：189、2015DSLⅡ：195、2015DSLⅡ：201、2015DSLⅡ：207、2015DSLⅡ：209、2015DSLⅡ：211、2015DSLⅡ：223）

2015DSLⅡ：189，黄色硬陶，侈口，折沿，圆唇，器表施菱格纹。残高5.6厘米（图三四一，12）。

2015DSLⅡ：195，夹砂黄陶，侈口，圆唇，口沿内有一道凸棱，器表施绳纹。残高5厘米（图三四一，13）。

2015DSLⅡ：201，夹砂红陶，侈口，折沿，圆唇，器表施绳纹。残高9厘米（图三四一，14）。

2015DSLⅡ：207，夹砂灰白陶，侈口，圆唇，器表施绳纹。残高7.4厘米（图三四一，15）。

2015DSLⅡ：209，灰褐色硬陶，侈口，微卷沿，圆唇，器表施方格纹。残高6厘米（图三四一，16）。

2015DSLⅡ：211，黄褐色硬陶，侈口，折沿，尖圆唇，沿面有一道凸棱，器表施折线纹。残高3.8厘米（图三四一，17）。

2015DSLⅡ：223，黄色硬陶，敛口，卷沿，方唇，器表施菱格纹。残高4厘米（图三四一，18）。

采集陶罐口沿　19件。

2015DSLⅡ：64，夹砂黄陶，侈口，窄平沿，方唇，器表施雷纹。残高8厘米（图三四二，1）。

2015DSLⅡ：93，黄色硬陶，侈口，卷沿，圆唇，器表施折线纹。残高4.2厘米（图三四二，2）。

2015DSLⅡ：110，黄褐色硬陶，卷沿，圆唇，沿面有一道凹槽，器表施绳纹。残高4.4厘米（图三四二，3）。

2015DSLⅡ：134，灰褐色硬陶，敛口，折沿，圆唇，器表施网格纹。残高6.6厘米（图三四二，4）。

2015DSLⅡ：170，灰褐色硬陶，侈口，卷沿，圆唇，器表施网格纹。残高7.4厘米（图三四二，5）。

2015DSLⅡ：174，夹砂黄陶，侈口，卷沿，圆唇，器表施菱格纹。残高5厘米（图三四二，6）。

2015DSLⅡ：175，黄色硬陶，敛口，折沿，圆唇，器表施菱格纹。残高5厘米（图三四二，7）。

2015DSLⅡ：185，灰色硬陶，侈口，微卷沿，圆唇，口沿内有一道凸棱，器表施折线纹。残高6.6厘米（图三四二，8）。

2015DSLⅡ：192，黄色硬陶，侈口，微卷沿，圆唇，器表施折线纹。残高4.8厘米（图三四二，9）。

2015DSLⅡ：193，黄褐色硬陶，敞口，卷沿，方唇，唇面有一道凹槽，器表施菱格纹。残高3.6厘米（图三四二，10）。

2015DSLⅡ：208，黄褐色硬陶，侈口，微卷沿，圆唇，口沿内有附加堆纹，素面。残高4.8厘米（图三四二，11）。

2015DSLⅡ：213，灰色硬陶，侈口，折沿，圆唇，沿面有一道凹槽，器表施绳纹。残高3.6厘米（图三四二，12）。

2015DSLⅡ：214，黄色硬陶，侈口，折沿，尖圆唇，器表施雷纹。残高5.6厘米（图三四二，13）。

2015DSLⅡ：225，黄褐色硬陶，直口，折沿，圆唇，器表施折线纹。残高12厘米（图三四二，14）。

2015DSLⅡ：227，灰褐色硬陶，侈口，尖圆唇，器表施折线纹。残高7.2厘米（图三四二，15）。

2015DSLⅡ：228，灰色硬陶，敛口，方唇，唇面有数道凹槽，素面。残高10.8厘米（图三四二，16）。

2015DSLⅡ：231，黄色硬陶，敛口，圆唇，器表施菱格纹。残高4.6厘米（图三四二，17）。

2015DSLⅡ：232，黄褐色硬陶，敛口，圆唇，颈部可见一残耳，素面。残高4.6厘米（图三四二，18）。

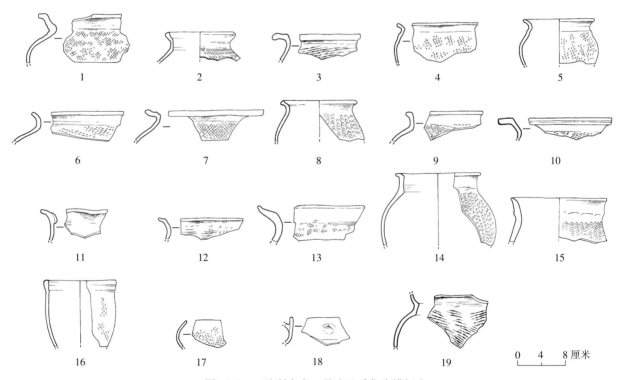

图三四二　胜利水库2号遗址采集陶罐标本

1~18. 陶罐（2015DSLⅡ：64、2015DSLⅡ：93、2015DSLⅡ：110、2015DSLⅡ：134、2015DSLⅡ：170、2015DSLⅡ：174、2015DSLⅡ：175、2015DSLⅡ：185、2015DSLⅡ：192、2015DSLⅡ：193、2015DSLⅡ：208、2015DSLⅡ：213、2015DSLⅡ：214、2015DSLⅡ：225、2015DSLⅡ：227、2015DSLⅡ：228、2015DSLⅡ：231、2015DSLⅡ：232）　19. 鬲足（2015DSLⅡ：149）

器底　26件。

2015DSLⅡ：54，黄色硬陶，斜直腹，平底，内壁可见轮制痕迹。残高5厘米（图三四三，1）。

2015DSLⅡ：59，灰白色硬陶，平底，素面。残高1.6厘米（图三四三，2）。

2015DSLⅡ：243，夹砂灰陶，斜腹，腹上部有一道凸棱，平底，素面。残高4厘米（图三四三，3）。

2015DSLⅡ：244，夹砂黄陶，斜直腹，平底，素面。残高3厘米（图三四三，4）。

2015DSLⅡ：245，黄褐色硬陶，鼓腹，平底，器表施绳纹。残高13厘米（图三四三，5）。

2015DSLⅡ：246，夹砂黄陶，斜腹，底部内凹，器表施折线纹。残高6厘米（图三四三，6）。

2015DSLⅡ：247，灰色硬陶，斜腹，底部内凹，器表施折线纹。残高2.8厘米（图三四三，7）。

2015DSLⅡ：248，黄色硬陶，斜腹，平底，底部施折线纹。残高5厘米（图三四三，8）。

2015DSLⅡ：249，灰褐色硬陶，底部内凹，器表施折线纹。残高3厘米（图三四三，9）。

2015DSLⅡ：251，黄褐色硬陶，平底，内壁可见轮制痕迹。残高2厘米（图三四三，10）。

2015DSLⅡ：252，黄褐色硬陶，斜腹，平底，素面。残高4厘米（图三四三，11）。

2015DSLⅡ：253，黄色硬陶，斜腹，平底，内外壁可见轮制痕迹。残高5厘米（图三四三，12）。

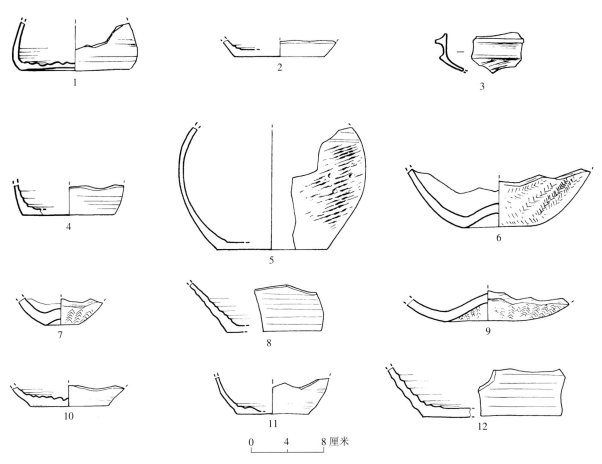

0　　4　　8厘米

图三四三　胜利水库2号遗址采集陶器器底

1~12. 陶罐器底（2015DSLⅡ：54、2015DSLⅡ：59、2015DSLⅡ：243、2015DSLⅡ：244、2015DSLⅡ：245、2015DSLⅡ：246、2015DSLⅡ：247、2015DSLⅡ：248、2015DSLⅡ：249、2015DSLⅡ：251、2015DSLⅡ：252、2015DSLⅡ：253）

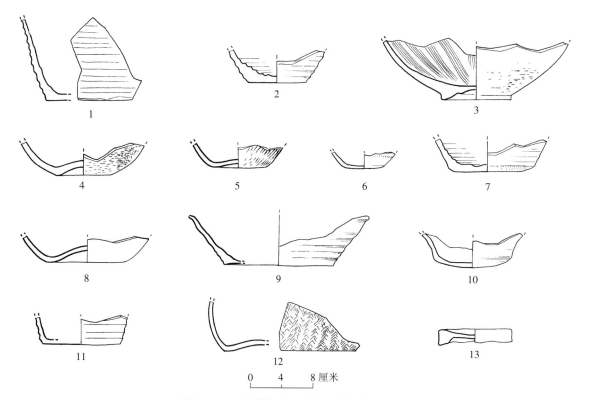

图三四四　胜利水库 2 号遗址采集陶器器底

1~13.陶罐器底（2015DSLⅡ：254、2015DSLⅡ：255、2015DSLⅡ：256、2015DSLⅡ：257、2015DSLⅡ：258、2015DSLⅡ：259、2015DSLⅡ：260、2015DSLⅡ：261、2015DSLⅡ：262、2015DSLⅡ：263、2015DSLⅡ：264、2015DSLⅡ：265、2015DSLⅡ：266）

2015DSLⅡ：254，灰色硬陶，斜直腹，平底，器表施凸弦纹。残高 10 厘米（图三四四，1）。

2015DSLⅡ：255，灰色硬陶，斜腹，平底，器表可见凸弦纹。残高 4 厘米（图三四四，2）。

2015DSLⅡ：256，灰色硬陶，斜腹，底部内凹，内壁可见数道凹弦纹。残高 7.8 厘米（图三四四，3）。

2015DSLⅡ：257，黄色硬陶，斜腹，底部内凹，器表施绳纹。残高 4 厘米（图三四四，4）。

2015DSLⅡ：258，黄色硬陶，底部内凹，器表施绳纹。残高 2.6 厘米（图三四四，5）。

2015DSLⅡ：259，夹砂灰陶，斜腹，平底，素面。残高 2 厘米（图三四四，6）。

2015DSLⅡ：260，黄褐色硬陶，斜直腹，平底，底部施绳纹，内壁可见轮制痕迹。残高 4 厘米（图三四四，7）。

2015DSLⅡ：261，黄褐色硬陶，底部内凹，素面。残高 3 厘米（图三四四，8）。

2015DSLⅡ：262，黄褐色硬陶，斜腹，平底，器表施凸弦纹。残高 6.4 厘米（图三四四，9）。

2015DSLⅡ：263，黄色硬陶，斜腹，平底，素面。残高 4 厘米（图三四四，10）。

2015DSLⅡ：264，灰色硬陶，斜直腹，平底，器表施凸弦纹。残高 3.2 厘米（图三四四，11）。

2015DSLⅡ：265，夹砂黄陶，斜直腹，平底，微内凹，器表施雷纹。残高 6 厘米（图三四四，12）。

2015DSLⅡ：266，夹砂黄陶，矮圈足。残高 1.6 厘米（图三四四，13；图版四七，5）。

圈足　3 件。

2015DSLⅡ：48，灰白色硬陶，圈足，外撇，底部可见方格纹。残高4.8厘米（图三四五，1）。

2015DSLⅡ：267，夹砂灰白陶，矮圈足。残高4厘米（图三四五，2；图版四七，2）。

2015DSLⅡ：355，夹砂灰褐陶，筒状柄，素面。残高3厘米（图三四五，3）。

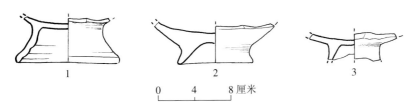

图三四五　胜利水库2号遗址采集陶器圈足

1~3. 圈足（2015DSLⅡ：48、2015DSLⅡ：267、2015DSLⅡ：355）

甗腰　5件。

2015DSLⅡ：393，夹砂红陶，窄腰格，器表施绳纹。残高12.6厘米（图三四六，1）。

2015DSLⅡ：395，黄色硬陶，窄腰格，其上有一周圆形穿孔，器表施绳纹。残高13.6厘米（图三四六，2）。

2015DSLⅡ：396，灰褐色硬陶，窄腰格，器表施方格纹。残高6.6厘米（图三四六，3）。

2015DSLⅡ：397，夹砂黄陶，窄腰格，器表施绳纹。残高10厘米（图三四六，4）。

2015DSLⅡ：399，夹砂红陶，窄腰格，器表施绳纹。残高8厘米（图三四六，5）。

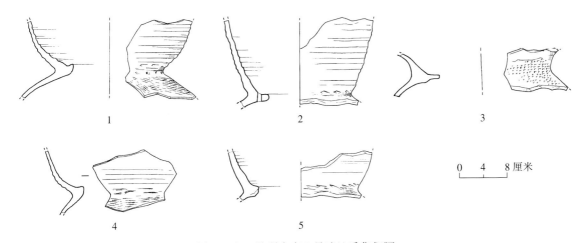

图三四六　胜利水库2号遗址采集甗腰

1~5. 甗腰（2015DSLⅡ：393、2015DSLⅡ：395、2015DSLⅡ：396、2015DSLⅡ：397、2015DSLⅡ：399）

鼎足　137件。发现数量较多，据形态可分为四型：

A型：3件。截面呈"T"字形。

2015DSLⅡ：268，夹砂灰白陶，截面呈"T"字形，背面可见数道圆圈纹。残高19厘米（图三四七，1；图版四七，3）。

2015DSLⅡ：316，夹砂黄陶，截面呈"T"字形，素面。残高7厘米（图三四七，2；图版四八，6）。

2015DSLⅡ：326，夹砂灰陶，截面呈"T"字形，素面。残高9.4厘米（图三四七，3）。

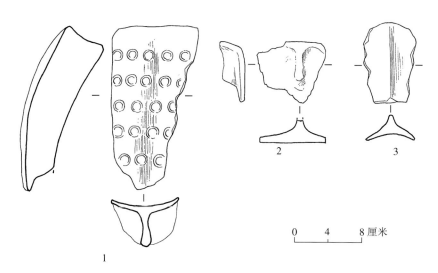

图三四七　胜利水库 2 号遗址采集 A 型鼎足

1～3. A 型鼎足（2015DSLⅡ：268、2015DSLⅡ：316、2015DSLⅡ：326）

B 型：48 件。宽扁状足，据器表边缘有无按压痕及足高低，可分为三亚型：

Ba 型：27 件。足部边缘见有按压痕及刻槽。

2015DSLⅡ：278，夹砂黄陶，扁足，两侧足上部各有一对按压凹窝。残高 16 厘米（图三四八，1）。

2015DSLⅡ：281，夹砂灰陶，扁足，两侧足上部各有一对按压凹窝。残高 12 厘米（图三四八，2）。

2015DSLⅡ：284，夹砂灰白陶，扁足，两侧足上部各有一按压凹窝，底部有捏制痕迹。残高 12 厘米（图三四八，3）。

2015DSLⅡ：286，夹砂黄陶，截面呈扁圆形，两侧各有数道竖向凹槽，底部有捏制痕迹。残高 14 厘米（图三四八，4；图版四七，5）。

2015DSLⅡ：288，夹砂灰陶，扁足，两侧足上部各有一对按压凹窝。残高 9.6 厘米（图三四八，5；图版四七，6）。

2015DSLⅡ：289，夹砂灰陶，扁足，两侧足上部各有一对按压凹窝。残高 8.6 厘米（图三四八，6）。

2015DSLⅡ：290，夹砂灰陶，扁足，两侧足上部各有一按压凹窝。残高 7.2 厘米（图三四八，7）。

2015DSLⅡ：291，夹砂灰陶，扁足，两侧足上部各有三个按压凹窝。残高 11 厘米（图三四八，8）。

2015DSLⅡ：294，夹砂黄陶，截面呈扁圆形，底部有捏制痕迹。残高 13.8 厘米（图三四八，9）。

2015DSLⅡ：295，夹砂灰陶，扁足，两侧足上部各有一对按压凹窝。残高 12 厘米（图三四八，10）。

2015DSLⅡ：298，夹砂灰陶，扁足，两侧足上部各有一按压凹窝。残高 8 厘米（图三四八，

11）。

2015DSLⅡ：301，夹砂红陶，截面呈扁圆形，两侧各有数道凹槽。残高 8 厘米（图三四八，12；图版四七，8）。

2015DSLⅡ：317，夹砂黄陶，截面呈扁圆形，两侧足上部各有一按压凹窝。残高 7 厘米（图三四八，13）。

2015DSLⅡ：318，夹砂灰褐陶，截面呈扁圆形，两侧足中部各有一道凸棱。残高 7 厘米（图三四八，14）。

2015DSLⅡ：320，泥质黄陶，夹细砂，截面呈扁圆形，两侧足上部各有一按压凹窝。残高 7 厘米（图三四八，15）。

2015DSLⅡ：321，夹砂灰陶，截面呈扁圆形，两侧足上部各有一对按压凹窝。残高 7 厘米（图三四八，16）。

2015DSLⅡ：325，夹砂灰陶，扁足，两侧足上部各有一按压凹窝。残高 7 厘米（图三四八，17）。

2015DSLⅡ：329，夹砂灰陶，扁足，两侧足上部各有一按压凹窝。残高 6.6 厘米（图三四八，18）。

2015DSLⅡ：330，夹砂黄陶，扁足，素面。残高 8.6 厘米（图三四八，19）。

2015DSLⅡ：335，夹砂灰陶，截面呈扁圆形，两侧足上部各有一对按压凹窝。残高 9 厘米（图三四八，20）。

2015DSLⅡ：345，夹砂红陶，截面呈扁圆形，两侧足上部各有一按压凹窝。残高 9.6 厘米（图三四八，21；图版四八，4）。

2015DSLⅡ：350，夹砂灰陶，扁足，两侧足上部各有一对按压凹窝。残高 8 厘米（图三四八，22）。

2015DSLⅡ：360，夹砂灰陶，截面呈扁圆形，两侧足上部各有一按压凹窝。残高 4.8 厘米（图三四八，23）。

2015DSLⅡ：362，夹砂灰陶，截面呈半圆形，一侧足上部可见一按压凹窝。残高 7.4 厘米（图三四八，24）。

2015DSLⅡ：385，夹砂黄陶，扁足，两侧足上部各有一按压凹窝。残高 6 厘米（图三四八，25）。

2015DSLⅡ：387，夹砂黄陶，扁足，两侧足上部各有一对按压凹窝。残高 9 厘米（图三四八，26）。

2015DSLⅡ：392，黄色硬陶，截面呈长方形，两侧近边缘处有一道凹槽。残高 5.6 厘米（图三四八，27）。

Bb 型：21 件。足部边缘未见按压痕。

2015DSLⅡ：277，夹砂灰陶，截面呈扁圆形，素面。残高 13 厘米（图三四九，22）。

2015DSLⅡ：279，夹砂灰褐陶，扁足，底部有捏制痕迹。残高 10.6 厘米（图三四九，1）。

图三四八　胜利水库 2 号遗址采集 Ba 型鼎足

1~27. Ba 型鼎足（2015DSLⅡ：278、2015DSLⅡ：281、2015DSLⅡ：284、2015DSLⅡ：286、2015DSLⅡ：288、2015DSLⅡ：289、2015DSLⅡ：290、2015DSLⅡ：291、2015DSLⅡ：294、2015DSLⅡ：295、2015DSLⅡ：298、2015DSLⅡ：301、2015DSLⅡ：317、2015DSLⅡ：318、2015DSLⅡ：320、2015DSLⅡ：321、2015DSLⅡ：325、2015DSLⅡ：329、2015DSLⅡ：330、2015DSLⅡ：335、2015DSLⅡ：345、2015DSLⅡ：350、2015DSLⅡ：360、2015DSLⅡ：362、2015DSLⅡ：385、2015DSLⅡ：387、2015DSLⅡ：392）

2015DSLⅡ：280，灰褐色硬陶，扁足，素面。残高 10 厘米（图三四九，2）。

2015DSLⅡ：282，夹砂黄陶，扁足，素面。残高 10 厘米（图三四九，3）。

2015DSLⅡ：283，夹砂灰陶，扁足，底部有捏制痕迹。残高 15 厘米（图三四九，23；图版四七，4）。

2015DSLⅡ：287，夹砂黄陶，截面呈扁圆形，素面。残高 13 厘米（图三四九，24）。

2015DSLⅡ：292，夹砂灰白陶，截面呈扁圆形，素面。残高 10 厘米（图三四九，25）。

2015DSLⅡ：297，夹砂灰褐陶，截面呈扁圆形，素面。残高 10 厘米（图三四九，4）。

2015DSLⅡ：302，夹砂灰陶，扁足，素面。残高 8 厘米（图三四九，5）。

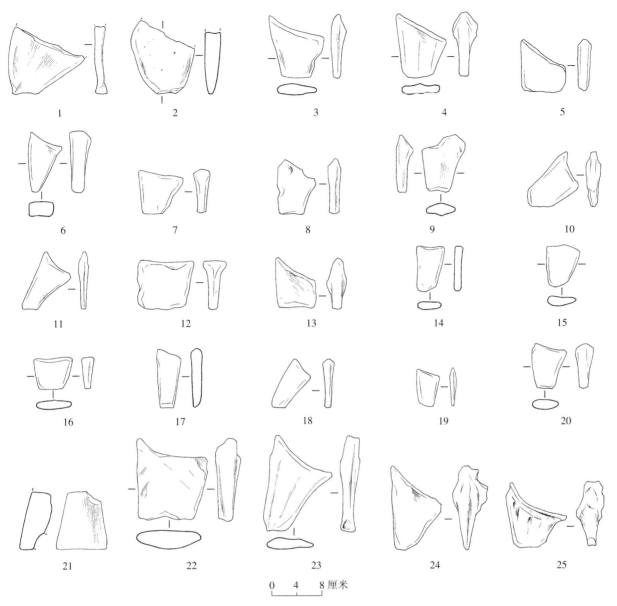

0　　4　　8厘米

图三四九　胜利水库 2 号遗址采集 Bb 型鼎足

1～25. Bb 型鼎足（2015DSLⅡ：279、2015DSLⅡ：280、2015DSLⅡ：282、2015DSLⅡ：297、2015DSLⅡ：302、2015DSLⅡ：312、2015DSLⅡ：323、2015DSLⅡ：324、2015DSLⅡ：332、2015DSLⅡ：333、2015DSLⅡ：334、2015DSLⅡ：336、2015DSLⅡ：351、2015DSLⅡ：356、2015DSLⅡ：357、2015DSLⅡ：358、2015DSLⅡ：364、2015DSLⅡ：368、2015DSLⅡ：383、2015DSLⅡ：388、2015DSLⅡ：391、2015DSLⅡ：277、2015DSLⅡ：283、2015DSLⅡ：287、2015DSLⅡ：292）

2015DSLⅡ：312，夹砂黄褐陶，截面呈扁圆形，素面。残高 9.6 厘米（图三四九，6）。

2015DSLⅡ：323，夹砂灰陶，扁足，素面。残高 7 厘米（图三四九，7）。

2015DSLⅡ：324，夹砂红陶，扁足，素面。残高 8.6 厘米（图三四九，8）。

2015DSLⅡ：332，夹砂灰褐陶，截面呈扁圆形，素面。残高 9 厘米（图三四九，9）。

2015DSLⅡ：333，夹砂灰褐陶，扁足，素面。残高 8.6 厘米（图三四九，10）。

2015DSLⅡ：334，夹砂灰陶，扁足，素面。残高 9 厘米（图三四九，11；图版四八，3）。

2015DSLⅡ：336，夹砂黄陶，扁足，素面。残高 7.4 厘米（图三四九，12）。

2015DSLⅡ：351，夹砂黄陶，截面呈扁圆形，素面。残高7.6厘米（图三四九，13）。

2015DSLⅡ：356，夹砂灰陶，扁足，素面。残高7厘米（图三四九，14）。

2015DSLⅡ：357，夹砂黄陶，扁足，素面。残高6.6厘米（图三四九，15）。

2015DSLⅡ：358，夹砂灰褐陶，扁足，素面。残高5厘米（图三四九，16）。

2015DSLⅡ：364，夹砂红陶，扁足，素面。残高9.2厘米（图三四九，17）。

2015DSLⅡ：368，夹砂黄陶，扁足，素面。残高7.2厘米（图三四九，18）。

2015DSLⅡ：383，夹砂黄陶，扁足，素面。残高6厘米（图三四九，19）。

2015DSLⅡ：388，夹砂灰陶，截面呈扁圆形，素面。残高7厘米（图三四九，20）。

2015DSLⅡ：391，夹砂黄陶，截锥状底，顶端残，残高9厘米（图三四九，21）。

C型：24件 扁柱状，按照鼎足形状，可分为两亚型：

Ca型 20件。截面圆柱形。

2015DSLⅡ：299，夹砂黄陶，扁足，素面。残高8.4厘米（图三五〇，1）。

2015DSLⅡ：313，夹砂红陶，截面呈扁圆形，素面。残高6.6厘米（图三五〇，2）。

2015DSLⅡ：315，夹砂黄陶，截面呈椭圆形，素面。残高8.4厘米（图三五〇，3）。

2015DSLⅡ：322，夹砂黄陶，截面呈椭圆形，素面。残高12厘米（图三五〇，4）。

2015DSLⅡ：327，夹砂灰陶，截面呈椭圆形，素面。残高8.4厘米（图三五〇，5；图版四八，2）。

2015DSLⅡ：328，夹砂灰陶，截面呈扁圆形，素面。残高7厘米（图三五〇，6）。

2015DSLⅡ：331，夹砂黄陶，截面呈椭圆形，素面。残高9厘米（图三五〇，7；图版四八，1）。

2015DSLⅡ：353，夹砂黄陶，截面呈扁圆形，素面。残高8.4厘米（图三五〇，8）。

2015DSLⅡ：359，夹砂灰陶，截面呈扁圆形，素面。残高5.6厘米（图三五〇，9）。

2015DSLⅡ：361，夹砂黄陶，截面呈圆形，素面，残高5厘米（图三五〇，10）。

2015DSLⅡ：363，夹砂黄陶，截面呈椭圆形，素面。残高8.8厘米（图三五〇，11）。

2015DSLⅡ：367，夹砂黄陶，截面呈椭圆形，素面，残高8厘米（图三五〇，12）。

2015DSLⅡ：372，夹砂黄陶，截面呈长方形，素面。残高10厘米（图三五〇，13；图版四八，8）。

2015DSLⅡ：373，夹砂灰陶，截面呈椭圆形，素面。残高7.6厘米（图三五〇，14）。

2015DSLⅡ：375，夹砂灰陶，截面呈扁圆形，素面。残高11.2厘米（图三五〇，15）。

2015DSLⅡ：376，夹砂黄陶，截面呈椭圆形，素面。残高9厘米（图三五〇，16）。

2015DSLⅡ：377，夹砂灰陶，扁足，素面。残高9.6厘米（图三五〇，17）。

2015DSLⅡ：378，夹砂灰陶，截面呈椭圆形，素面。残高5厘米（图三五〇，18）。

2015DSLⅡ：379，夹砂黄陶，截面呈椭圆形，素面。残高9.2厘米（图三五〇，19）。

2015DSLⅡ：380，夹砂灰白陶，扁足，素面。残高9厘米（图三五〇，20）。

Cb型 6件。截面长方形。

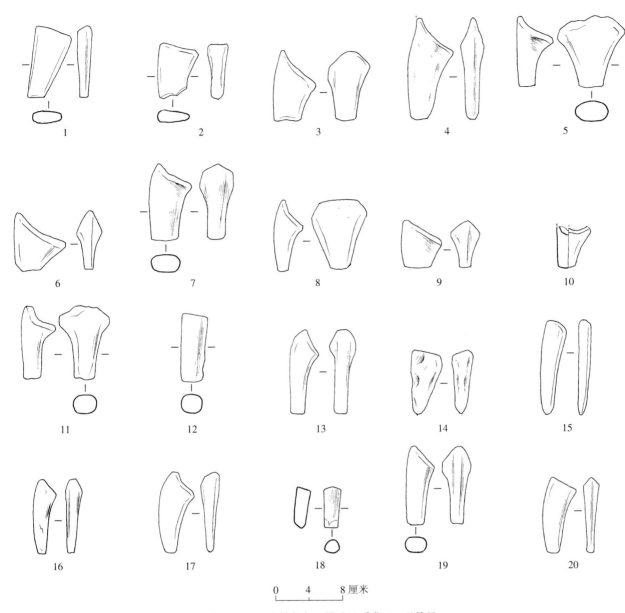

0　　4　　8 厘米

图三五〇　胜利水库 2 号遗址采集 Ca 型鼎足

1～20. Ca 型鼎足（2015DSLⅡ：299、2015DSLⅡ：313、2015DSLⅡ：315、2015DSLⅡ：322、2015DSLⅡ：327、2015DSLⅡ：328、2015DSLⅡ：331、2015DSLⅡ：353、2015DSLⅡ：359、2015DSLⅡ：361、2015DSLⅡ：363、2015DSLⅡ：367、2015DSLⅡ：372、2015DSLⅡ：373、2015DSLⅡ：375、2015DSLⅡ：376、2015DSLⅡ：377、2015DSLⅡ：378、2015DSLⅡ：379、2015DSLⅡ：380）

2015DSLⅡ：274，夹砂灰陶，截面呈长方形，器表可见绳纹。残高 10.4 厘米（图三五一，1）。

2015DSLⅡ：275，泥质红陶，截面呈长方形，器表施绳纹。残高 8.2 厘米（图三五一，2）。

2015DSLⅡ：276，泥质红陶，截面呈长方形，器表施绳纹。残高 5 厘米（图三五一，3）。

2015DSLⅡ：319，泥质红陶，截面呈长方形，器表施绳纹。残高 6.4 厘米（图三五一，4）。

2015DSLⅡ：370，夹砂黑陶，截面呈长方形，素面。残高 12.2 厘米（图三五一，5；图版四八，5）。

2015DSLⅡ：374，夹砂灰陶，截面呈半圆形，素面。残高 6 厘米（图三五一，19）。

D 型：2 件。瓦状鼎足。

2015DSLⅡ：300，夹砂黄陶，铲状扁足，素面。残高 7.2 厘米（图三五一，7；图版四七，7）。

2015DSLⅡ：371，夹砂黄陶，铲状扁足，素面。残高 7.4 厘米（图三五一，8；图版四八，7）。

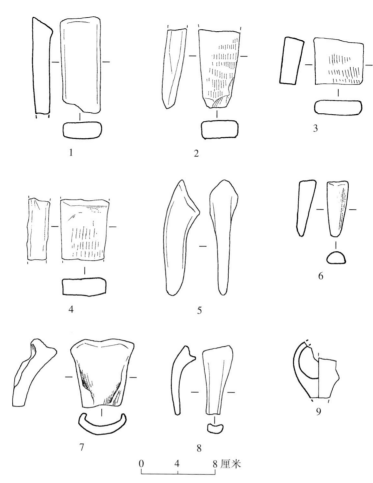

图三五一　胜利水库 2 号遗址采集 Cb 型、D 型鼎足

1～6. Cb 型鼎足（2015DSLⅡ：274、2015DSLⅡ：275、2015DSLⅡ：276、2015DSLⅡ：319、2015DSLⅡ：370、

2015DSLⅡ：374）　7～8. D 型鼎足（2015DSLⅡ：300、2015DSLⅡ：371）　9. 鬲足（2015DSLⅡ：402）

钵　1 件。

2015DSLⅡ：210，黄褐色硬陶，敛口，卷沿，圆唇，素面。残高 4 厘米（图三五二）。

图三五二　胜利水库 2 号遗址采集陶钵（2015DSLⅡ：210）

盆　13 件。

2015DSLⅡ：98，夹砂灰陶，侈口，卷沿，方唇，器表施菱格纹。残高 6.2 厘米（图三五三，1）。

2015DSLⅡ：130，夹砂灰白陶，侈口，微卷沿，方唇，唇面有一道凹槽，器表可见轮制痕迹。残高 10 厘米（图三五三，2）。

2015DSLⅡ:132，灰色硬陶，近直口，折沿，圆唇，素面。残高10厘米（图三五三，3）。

2015DSLⅡ:142，夹砂黄陶，敛口，折沿，方唇，素面。残高13厘米（图三五三，4）。

2015DSLⅡ:157，夹砂灰白陶，侈口，微卷沿，圆唇，素面。残高5厘米（图三五三，5）。

2015DSLⅡ:163，夹砂黄陶。敛口，折沿，圆唇，器表施菱格纹。残高5厘米（图三五三，6）。

2015DSLⅡ:181，灰色硬陶，敞口，微卷沿，尖圆唇，斜直腹，平底，素面。残高7厘米（图三五三，7）。

2015DSLⅡ:183，灰褐色硬陶，侈口，卷沿，圆唇，口沿内有一桥形附耳，器表施网格纹。残高10厘米（图三五三，8；图版四五，7）。

2015DSLⅡ:206，夹砂黄陶，侈口，圆唇，器表可见轮制痕迹。残高11厘米（图三五三，9）。

2015DSLⅡ:235，灰色硬陶，微侈口，微卷沿，尖圆唇，沿面有一道凸棱，器表可见轮制痕迹。残高7.4厘米（图三五三，10）。

2015DSLⅡ:237，灰色硬陶，侈口，微卷沿，尖圆唇，素面。残高6厘米（图三五三，11）。

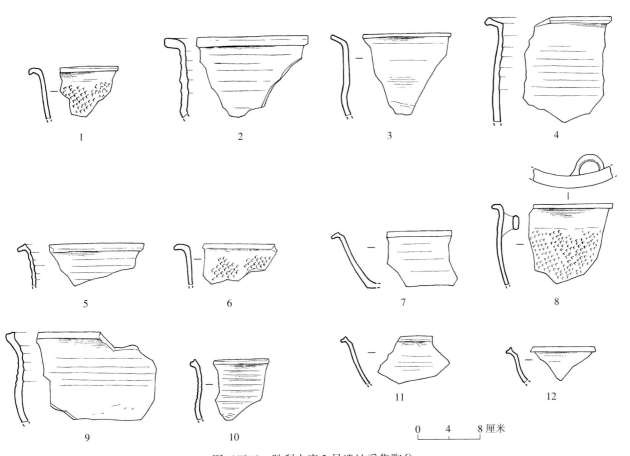

图三五三　胜利水库2号遗址采集陶盆

1~12. 陶盆（2015DSLⅡ:98、2015DSLⅡ:130、2015DSLⅡ:132、2015DSLⅡ:142、2015DSLⅡ:157、2015DSLⅡ:163、
2015DSLⅡ:181、2015DSLⅡ:183、2015DSLⅡ:206、2015DSLⅡ:235、2015DSLⅡ:237、2015DSLⅡ:238）

2015DSLⅡ：238，灰色硬陶，侈口，微卷沿，尖圆唇，素面。残高4.2厘米（图三五三，12）。

豆柄 9件。

2015DSLⅡ：344，夹砂黄陶，大致呈截锥状，顶部有一圆形小孔，残高4厘米（图三五四，1）。

2015DSLⅡ：349，夹砂黄褐陶，筒状柄，素面。残高2.2厘米（图三五四，2）。

2015DSLⅡ：352，红褐色硬陶，残柄，素面。残高3厘米（图三五四，3；图版四九，6）。

2015DSLⅡ：354，夹砂灰白陶，截锥状底座，素面。残高3厘米（图三五四，4）。

2015DSLⅡ：365，夹砂灰褐陶，筒状柄，素面。残高3厘米（图三五四，5）。

2015DSLⅡ：366，夹砂黄陶，筒状柄，素面。残高3厘米（图三五四，6）。

2015DSLⅡ：369，夹砂黄陶，喇叭口状底座，素面。残高4厘米（图三五四，7；图版四九，5）。

2015DSLⅡ：381，夹砂黄陶，锥状柄，底部中空，残高11.4厘米（图三五四，8；图版四九，4）。

2015DSLⅡ：384，夹砂黄陶，截锥状柄，底部内凹，残高3.6厘米（图三五四，9）。

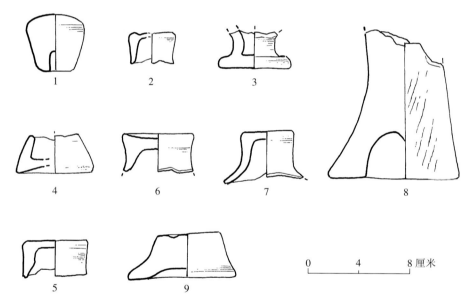

图三五四 胜利水库2号遗址采集豆柄

1～9. 圈足（2015DSLⅡ：344、2015DSLⅡ：349、2015DSLⅡ：352、2015DSLⅡ：354、2015DSLⅡ：365、2015DSLⅡ：366、2015DSLⅡ：369、2015DSLⅡ：381、2015DSLⅡ：384）

器耳 2件。

2015DSLⅡ：233，灰色硬陶，敛口，方唇，鼓腹，颈腹带耳，素面。残高4.6厘米（图三五五，1；图版四五，8）。

2015DSLⅡ：347，夹砂黄陶，桥形耳，器表施绳纹。残高7厘米（图三五五，2；图版四九，48）。

2015DSLⅡ：348，夹砂黄陶，桥形耳，素面。残高8厘米（图三五五，3；图版四九，7）。

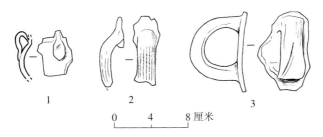

图三五五　胜利水库 2 号遗址采集器耳
1～3. 圈足（2015DSLⅡ：233、2015DSLⅡ：347、2015DSLⅡ：348）

陶垫　15 件。

2015DSLⅡ：296，夹砂黄陶，顶部呈扁球状，素面，残高 3.4 厘米（图三五六，1）。

2015DSLⅡ：303，夹砂红陶，顶部呈半球状，素面，残高 2.5 厘米（图三五六，2）。

2015DSLⅡ：343，夹砂黄陶，柱状柄，顶部呈圆顶状，残高 11 厘米（图三五六，3）。

2015DSLⅡ：346，夹砂黄陶，柱状柄，顶部呈圆饼状，器表施绳纹，残高 4.8 厘米（图三五六，4）。

2015DSLⅡ：386，夹砂红陶，截面大致呈三角形，素面。残高 5.6 厘米（图三五六，5）。

2015DSLⅡ：389，夹砂黄陶，锥状柄，素面，残高 10 厘米（图三五六，6）。

2015DSLⅡ：390，夹砂红陶，柱状柄，顶部残，残高 14 厘米（图三五六，7）。

2015DSLⅡ：394，夹砂灰褐陶，柱状柄，顶部呈圆饼状，器表施绳纹，残高 10 厘米（图三五六，8；图版四九，3）。

2015DSLⅡ：398，夹砂黄陶，柱状柄，顶部呈圆顶状，残高 12.6 厘米（图三五六，9；图版四九，2）。

2015DSLⅡ：400，夹砂红陶，近圆柱状，顶部呈圆饼状，柄部有一残耳，器表施绳纹，残高 9 厘米（图三五六，10；图版四九，1）。

2015DSLⅡ：401，夹砂黄褐陶，柱状柄，顶部呈圆顶状，残高 11 厘米（图三五六，11）。

刀　13 件。

2015DSLⅡ：234，黄色硬陶，微敛口，圆唇，器表施折线纹。残高 5.6 厘米（图三五七，1）。

2015DSLⅡ：307，灰色硬陶，直背，单面直刃，近背处可见二圆形穿孔，器表施折线纹，残高 3.5 厘米（图三五七，3；图版五〇，8）。

2015DSLⅡ：308，灰白色硬陶，直背，单面直刃，近背处可见二圆形穿孔，器表施绳纹，残高 3.9 厘米（图三五七，4；图版五〇，7）。

2015DSLⅡ：309，灰色硬陶，直背，刃部残，近背处可见二圆形穿孔，残高 4 厘米（图三五七，5）。

2015DSLⅡ：310，灰色硬陶，弧背，单面直刃，近背处可见一圆形穿孔，残高 3.7 厘米（图三五七，6；图版五〇，6）。

2015DSLⅡ：311，红褐色硬陶，弧背，单面直刃，近背处可见二圆形穿孔，残高 4 厘米（图三五七，7）。

图三五六　胜利水库 2 号遗址采集陶垫

1~11. 陶垫（2015DSLⅡ：296、2015DSLⅡ：303、2015DSLⅡ：343、2015DSLⅡ：346、2015DSLⅡ：386、2015DSLⅡ：389、
2015DSLⅡ：390、2015DSLⅡ：394、2015DSLⅡ：398、2015DSLⅡ：400、2015DSLⅡ：401）

2015DSLⅡ：314，灰白色硬陶，直背，单面刃，近背处可见二圆形穿孔，器表施席纹，残高 3.6 厘米（图三五七，8；图版五〇，4）。

2015DSLⅡ：337，红褐色硬陶，单面刃，近背处可见二圆形穿孔，器表施折线纹，残高 3 厘米（图三五七，9）。

2015DSLⅡ：338，黄褐色硬陶，直背，单面直刃，近背处可见二圆形穿孔，器表施席纹，残高 4.5 厘米（图三五七，10；图版五〇，3）。

2015DSLⅡ：339，黄色硬陶，直背，单面直刃，近背处可见二圆形穿孔，器表可见两道刻划痕，残高 4.3 厘米（图三五七，11；图版五〇，2）。

2015DSLⅡ：340，红色硬陶，弧背，单面直刃，近背处可见二圆形穿孔，残高3.8厘米（图三五七，12；图版五〇，1）。

2015DSLⅡ：341，夹砂灰陶，弧背，单面直刃，近背处可见二圆形穿孔，残高5厘米（图三五七，13）。

2015DSLⅡ：342，黄色硬陶，直背，单面斜刃，近背处可见一圆形穿孔，器表施折线纹，残高4.3厘米（图三五七，14；图版五〇，5）。

纺轮　3件。

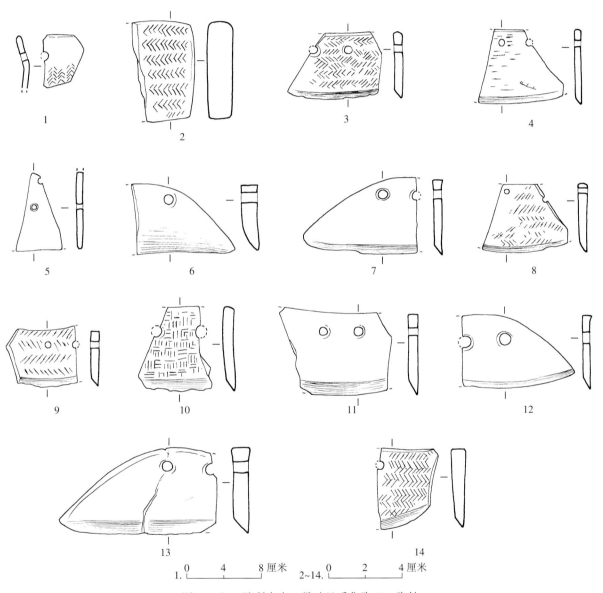

图三五七　胜利水库2号遗址采集陶刀、陶拍

1、3~14. 陶刀（2015DSLⅡ：234、2015DSLⅡ：307、2015DSLⅡ：308、2015DSLⅡ：309、2015DSLⅡ：310、2015DSLⅡ：311、2015DSLⅡ：314、2015DSLⅡ：337、2015DSLⅡ：338、2015DSLⅡ：339、2015DSLⅡ：340、2015DSLⅡ：341、2015DSLⅡ：342）　2. 陶拍（2015DSLⅡ：273）

2015DSLⅡ：304，灰褐色硬陶，大致呈截锥状，中间有圆形穿孔，直径3.6、孔径0.3厘米（图三五八，1；图版五一，3）。

2015DSLⅡ：305，黄褐色硬陶，圆柱状，折腹，中间有圆形穿孔。直径4、孔径0.8厘米（图三五八，2；图版五一，1）。

2015DSLⅡ：306，黄褐色硬陶，圆饼状，折腹，中间有圆形穿孔，腹部有两周戳印压点纹，器表纹饰不清。直径5、孔径0.6厘米（图三五八，3；图版五一，2）。

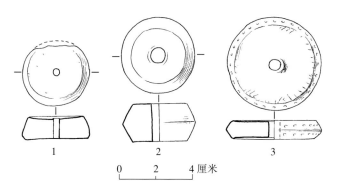

图三五八　胜利水库2号遗址采集纺轮

1～3. 纺轮（2015DSLⅡ：304、2015DSLⅡ：305、2015DSLⅡ：306）

陶片　2件。

2015DSLⅡ：269，泥质红陶，器表施斜线纹，其上有四个对穿圆孔，残高2.6厘米、孔径0.4厘米（图三五九，1）。

2015DSLⅡ：285，灰白色硬陶，圆饼状，一面微内凹，残高4.5厘米（图三五九，3）。

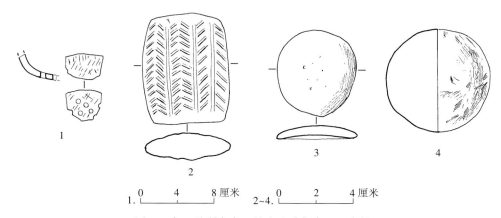

图三五九　胜利水库2号遗址采集陶刀、陶拍

1、3. 陶片（2015DSLⅡ：269、2015DSLⅡ：285）　2. 陶拍（2015DSLⅡ：272）　4. 陶球（2015DSLⅡ：293）

拍　2件。

2015DSLⅡ：272，灰色硬陶，圆角长方形，器表施戳印纹，两端各有一方形小孔，残高5.5厘米（图三五七，2；图版五一，6）。

2015DSLⅡ：273，夹砂黄陶，长方形，器表施折线纹，两端各有一方形小孔，残高5.2厘米（图三五九，2；图版五一，5）。

高足　2件。

2015DSLⅡ：149，灰色硬陶，侈口，折沿，器表施绳纹。残高8.6厘米（图三四二，19）。

2015DSLⅡ：402，黄色硬陶，空心球状，素面，残高6厘米（图三五一，9）。

球　1件。

2015DSLⅡ：293，夹砂灰黑陶，圆球状，残高5.4厘米（图三五九，4；图版五一，4）。

陶塑　1件。

2015DSLⅡ：270，黄褐色硬陶，龙头状，残高2.4厘米（图三六○；图版五一，7）。

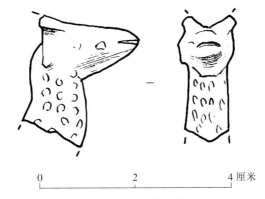

0　　　　2　　　　4厘米

图三六○　胜利水库2号遗址采集陶塑（2015DSLⅡ：270）

（3）铜器

铜矿渣　1件。

2015DSLⅡ：66，铜矿渣，近长方体，残高3厘米。

铜镜　1件。

2015DSLⅡ：67，近圆形，背部有一桥形耳，残高9.7厘米（图三六一；图版五一，8）。

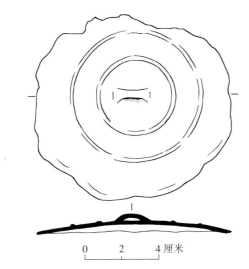

0　2　4厘米

图三六一　胜利水库2号遗址采集铜器
铜镜（2015DSLⅡ：67）

3. 遗址年代与性质

胜利水库2号遗址采集遗物较为丰富，依山傍水，所处地形适合古人生活、居住，是一处典型的岗地类聚落。与周边遗存比较，可大致将该遗址采集遗存划分为三个年代组：

第1组：以 A、D 型鼎足为代表。这一时期多为夹砂陶，硬陶较少，该地所见鼎足与广丰社山头、新余拾年山遗址新石器时代末期遗存相近，可推定年代为新石器时代末期或略晚。

第2组：以 B 型鼎足、A 型陶罐、鬲足为代表。硬陶较多，纹饰见有绳纹、方格纹、菱格纹等。这一阶段所见遗物较多，与周边比较，该组所见器物与抚河流域商代晚期至西周时期同类器十分相近，年代也应相近。值得说明的是，抚河流域少见有陶鬲，仅在少数遗址中见到，陶鬲在抚河流域的年代应为商至西周时期，这种文化传播应与吴城文化有密切关系。

第3组：以 C 型鼎足，E、F 型陶罐等为代表。该组陶器在抚河流域多有分布，其年代可推定为西周晚至春秋时期。胜利水库1号遗址的发现，初步可建立该区域新石器时代晚期至春秋时期的文化序列，同时也为聚落形态及其演进研究提供了十分重要的考古资料。

胜利水库1、2号遗址同处一处连绵的山梁上，东侧临水，地势高亢，位于交通要道之边，并且兼有一定的军事防御功能。同时，这两处遗址西南1500米处即城树园环壕遗址，这两处遗址之间是否存在联系，应当是下一步工作的重点内容。

1. 磨石（2015DSLⅡ：1）

2. 磨石（2015DSLⅡ：3）

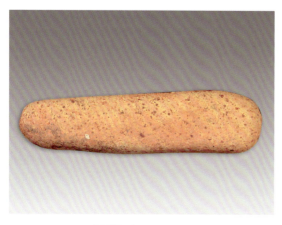

3. 残石器（2015DSLⅡ：8）

4. 石刀（2015DSLⅡ：27）

5. 石镞（2015DSLⅡ：31）

6. 石镞（2015DSLⅡ：32）

7. 石镞毛坯（2015DSLⅡ：33）

8. 石锛（2015DSLⅡ：25）

图版四四　胜利水库 2 号遗址采集石器

1. 陶罐（2015DSLⅡ：39）

2. 陶罐（2015DSLⅡ：46）

3. 陶钵（2015DSLⅡ：58）

4. 陶魂瓶（2015DSLⅡ：47）

5. 陶罐（2015DSLⅡ：83）

6. 陶器底（2015DSLⅡ：40）

7. 陶罐（2015DSLⅡ：183）

8. 陶附耳（2015DSLⅡ：233）

图版四五　胜利水库2号遗址采集陶器

1. 陶罐（2015DSLⅡ：42）

2. 陶器（2015DSLⅡ：49）

3. 陶盆（2015DSLⅡ：56）

4. 陶器底（2015DSLⅡ：57）

5. 陶罐（2015DSLⅡ：161）

6. 陶杯（2015DSLⅡ：51）

7. 陶钵（2015DSLⅡ：52）

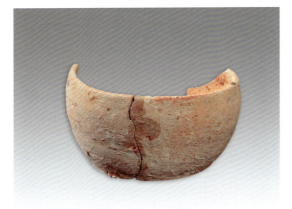

8. 陶钵（2015DSLⅡ：55）

图版四六　胜利水库 2 号遗址采集陶器

1. 陶器底（2015DSLⅡ：266）

2. 陶器底（2015DSLⅡ：267）

3. 陶鼎足（2015DSLⅡ：268）

4. 陶鼎足（2015DSLⅡ：283）

5. 陶鼎足（2015DSLⅡ：286）

6. 陶鼎足（2015DSLⅡ：288）

7. 陶鼎足（2015DSLⅡ：300）

8. 陶鼎足（2015DSLⅡ：301）

图版四七　胜利水库2号遗址采集陶器

1. 陶鼎足（2015DSLⅡ：331）

2. 陶鼎足（2015DSLⅡ：327）

3. 陶鼎足（2015DSLⅡ：334）

4. 陶鼎足（2015DSLⅡ：345）

5. 陶鼎足 （2015DSLⅡ：370）

6. 陶鼎足 （2015DSLⅡ：316）

7. 陶鼎足 （2015DSLⅡ：371）

8. 陶鼎足 （2015DSLⅡ：372）

图版四八 胜利水库 2 号遗址采集鼎足

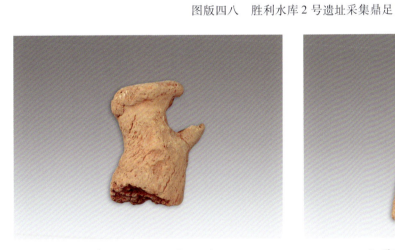

1. 陶垫 （2015DSLⅡ：400）

2. 陶垫 （2015DSLⅡ：398）

3. 陶垫 （2015DSLⅡ：394）

4. 豆柄 （2015DSLⅡ：381）

5. 陶豆柄（2015DSLⅡ：369）

6. 陶豆柄（2015DSLⅡ：352）

7. 陶耳（2015DSLⅡ：348）

8. 陶耳（2015DSLⅡ：347）

图版四九　胜利水库2号遗址采集豆柄、耳

1. 陶刀（2015DSLⅡ：340）

2. 陶刀（2015DSLⅡ：339）

3. 陶刀（2015DSLⅡ：338）

4. 陶刀（2015DSLⅡ：314）

5. 陶刀（2015DSLⅡ：342）

6. 陶刀（2015DSLⅡ：310）

7. 陶刀（2015DSLⅡ：308）

8. 陶刀（2015DSLⅡ：307）

图版五〇　胜利水库2号遗址采集陶刀

1. 陶纺轮（2015DSLⅡ：305）

2. 陶纺轮（2015DSLⅡ：306）

3. 陶纺轮（2015DSLⅡ：304）

4. 陶球（2015DSLⅡ：293）

5. 陶拍（2015DSLⅡ：273）

6. 陶拍（2015DSLⅡ：272）

7. 陶塑兽首（2015DSLⅡ：270）

8. 铜镜（2015DSLⅡ：67）

图版五一　胜利水库 2 号遗址采集纺轮、陶拍等

一一　桥头乐村遗址

1. 遗址概况

桥头乐村遗址位于东乡县圩上桥镇魏家村委会桥头乐家村（图三六二），北距东红工业大道约 620 米，东临魏家村村道，南临魏家村民居，东距万上洪家约 1.2 千米（图三六三）。地理坐标：北纬 28°13′07.1″，东经 116°33′05.5″，海拔 47 米。

该遗址平面呈西北—东南向不规则形，长径约 175 米，短径约 145 米。地势整体较平缓，地表为树林，植被非常茂密，遗址东南临民居，其他区域基本临农田（图三六四）。总面积 19061.9 平方米。

2. 遗物介绍

采集遗物主要为陶器。陶器以泥质硬陶为主，陶色多为红色。拍印纹饰主要为菱格纹（图版五二，1、4）。器形不可辨识。

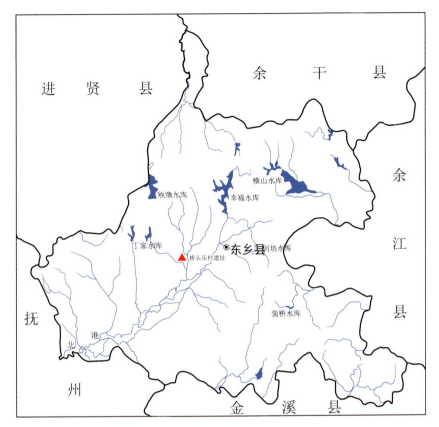

图三六二　桥头乐村遗址位置示意图

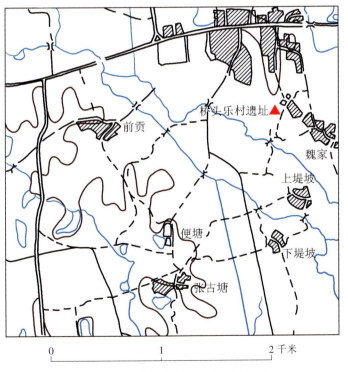

图三六三　桥头乐村遗址地貌示意图

图三六四　桥头乐村遗址远景图（由南向北）

1. 陶片（2015QTL：1）

2. 陶片（2015QTL：2）

3. 陶片（2015QTL：3）

4. 陶片（2015QTL：4）

图版五二　桥头乐村遗址采集陶片

3. 遗址年代与性质

桥头乐村遗址地表为树林地带，植被非常茂密，内部地势整体较平缓，地表采集到少量陶器碎片，均为红色泥质硬陶，部分有菱格纹饰。遗址区域内因修整土地、水土流失等原因经钻探未发现文化层堆积。从陶片质地来看，该遗址应属先秦时期，具体年代未知。

一二 河井塘遗址

1. 遗址概况

河井塘遗址位于东乡县圩上桥镇东岗村委会河井塘村（图三六五），北距 961 县道约 780 米，东距 799 乡道约 850 米，南临河井塘村民居（图三六六）。地理坐标：北纬 28°12′46.9″，东经 116°29′30.7″，海拔 55 米。

该遗址位于一处缓坡地带，地势北部稍高、南部稍低，平面呈东北—西南向不规则形，长径约 224 米，短径约 87 米。地表现为农田，植被较稀疏，遗址东、南临村道和民居，北临树林（图三六七）。总面积 19015.1 平方米。

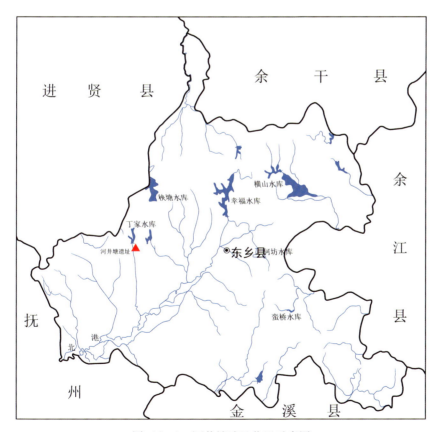

图三六五　河井塘遗址位置示意图

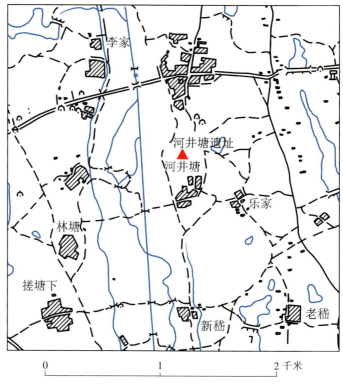

图三六六　河井塘遗址地貌示意图

图三六七　河井塘遗址远景图（由东南向西北）

2. 遗物介绍

采集遗物主要是陶器，陶器以硬陶为主，陶色多为黄色与灰色，拍印纹饰有菱格纹（图三六八，2、3）、绳纹（图三六八，1）、网格纹（图三六八，4）。器形有罐、鼎、瓿等。介绍如下：

图三六八 河井塘遗址采集陶片纹饰拓片
1. 绳纹 2、4. 方格纹 3. 菱格纹

罐 3件。

2015DHJ：1，灰色硬陶，侈口，折沿，圆唇，器表施折线纹。残高2.8厘米（图版五三，1）。

2015DHJ：2，黄褐色硬陶，侈口，折沿，圆唇，器表施菱格纹。残高6厘米（图版五三，2）。

2015DHJ：3，黄色硬陶，微敛口，折沿，尖圆唇，器表纹饰不清。残高2.8厘米（图版五三，3）。

器底 1件。

2015DHJ：4，黄色硬陶，斜腹，平底，器表施方格纹。残高5厘米（图版五三，4）。

甗腰 2件。

2015DHJ：5，黄褐色硬陶，窄腰格，素面。残高5厘米（图版五三，5）。

2015DHJ：6，灰色硬陶，窄腰格，器表施绳纹。残高5.2厘米（图版五三，6）。

鼎足 6件。

2015DHJ：7，黄色硬陶，截面呈长方形，器表施绳纹，器表可见薄薄的一层釉，残高10.8厘米（图版五三，7）。

2015DHJ：8，黄色硬陶，截面呈长方形，器表施绳纹，器表可见薄薄的一层釉，残高9.2厘米（图版五三，8）。

1. 罐（2015DHJ：1）

2. 罐（2015DHJ：2）

3. 罐（2015DHJ：3）

4. 器底（2015DHJ：4）

5. 甗腰（2015DHJ：5）

6. 甗腰（2015DHJ：6）

7. 鼎足（2015DHJ：7）

8. 鼎足（2015DHJ：8）

图版五三　河井塘遗址采集遗物

2015DHJ：9，黄色硬陶，截面呈长方形，素面。残高 11.6 厘米。

2015DHJ：10，黄色硬陶，截面呈长方形，素面。残高 7.8 厘米。

2015DHJ：11，灰色硬陶，锥状实足，素面。残高 5.2 厘米。

2015DHJ：12，灰色硬陶，扁足，素面。残高 6 厘米。

3. 遗址年代与性质

河井塘遗址位于缓坡地带，地势北部稍高、南部稍低，西侧有河流支流。自然环境较适宜人类居住。地表被开辟为农田，植被较稀疏，采集一定数量陶器，以硬陶为主。从采集陶器来看，印纹硬陶数量较多，纹饰种类不单一，具有东周文化特征，初步推断该遗址年代为东周早期。从后期勘探资料来看，该遗址已遭到破坏，未发现文化层及遗迹现象。

一三 中永兴猪场遗址

1. 遗址概况

中永兴猪场遗址位于圩上桥镇大桥村委会前贡村（图三六九），北距961县道约1.4千米，西距798乡道约670米，东南距便塘约550米（图三七〇）。地理坐标：北纬28°12′33.1″，东经116°32′11.1″，海拔53米。

勘探区域主体平面呈东北—西南向不规则形，长径约148米，短径约28米。为一处山岗地带，地表已被人为平整，植被较稀疏，地势西南部高、其他区域较低，区域东南临养猪场，北临树林，西临水塘（图三七一）。总面积14848.5平方米。

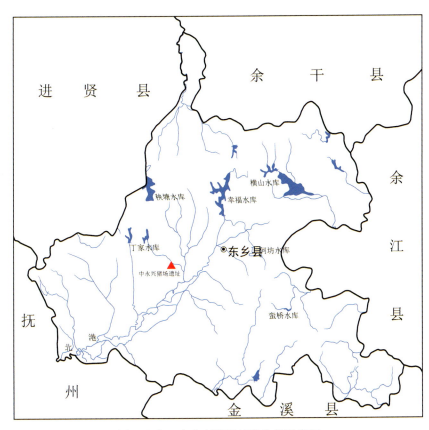

图三六九　中永兴猪场遗址位置示意图

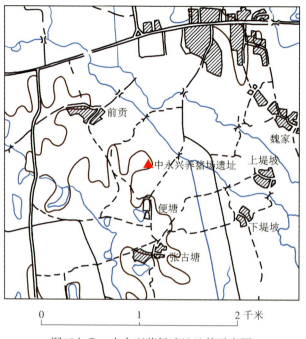

图三七〇　中永兴猪场遗址地貌示意图

图三七一　中永兴猪场遗址远景图（由东向西）

2. 遗物介绍

采集遗物主要分为两类，即石器、陶器。石器有石镞、石斧、石锛、磨石等。陶器以夹砂陶为主，陶色多为黄色与灰色。器形有鼎、罐等。逐类介绍如下：

（1）石器

石镞　2件。

2015DZY：5，青石磨制而成，尖锋，刃部锋利，中部起脊。残高5.7厘米（图三七二，5；图版五四，1）。

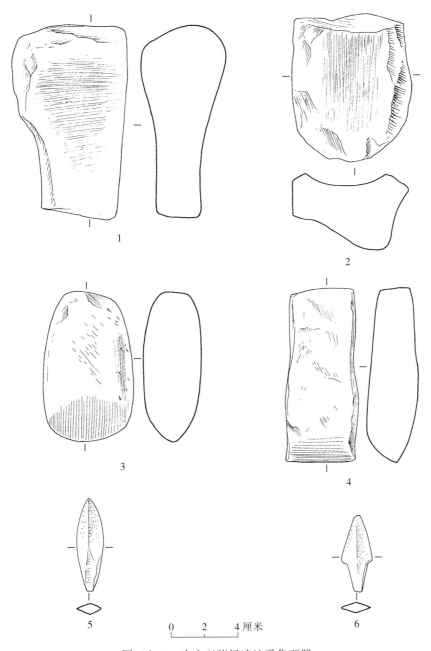

图三七二　中永兴猪场遗址采集石器

1. 石斧（2015DZY：3）　　2、4. 石锛（2015DZY：7、2015DZY：4）　　3. 磨石（2015DZY：1）

5、6. 石镞（2015DZY：5、2015DZY：6）

　　2015DZY：6，青石磨制而成，前锋残，刃部锋利，中部起脊，扁状铤。残高4.7厘米（图三七二，6；图版五四，2）。

　　石斧　1件。

　　2015DZY：3，青灰色砂岩磨制而成，两面磨制成刃，器表较为规整。残高9.1、宽5.5、厚3.6厘米（图三七二，1）。

　　石锛　2件。

　　2015DZY：4，青灰色砂岩磨制而成，两侧平直，单面直刃，器表磨制规整。残高10.5厘米

（图三七二，4）。

2015DZY：7，青灰色砂岩磨制而成，两侧倾斜内收，横截面呈三角形，单面直刃，器表磨制不甚规整。残高9、宽7.4厘米（图三七二，2）。

磨石 2件。

2015DZY：1，黄褐色砂岩磨制而成，一端残，一面内凹，器表磨制光滑。残高11.6、宽7.1、厚5.1厘米（图三七二，3）。

2015DZY：2，红色砂岩磨制而成，一面内凹，磨制较为光滑。残高9厘米（图版五四，8）。

石器 1件。

2015DZY：8，青石磨制而成，方形，底部平整，表面有一圆形凹槽。残高7厘米。

石刀 1件。

2015DZY：28，青灰色砂岩磨制而成，残损严重，直背，近背处有一圆形穿孔。残高1.7厘米（图三七三；图版五四，7）。

（2）陶器

陶器以夹砂陶为多，以灰色和黄色为主，拍印纹饰种类主要有编织纹（图三七四，3）、席纹（图三七八，1、2、4）。器形主要有鼎、罐。鼎足较多。

鼎足 17件。

2015DZY：12，夹砂黄陶，夹粗砂，扁足，素面，残高5厘米。

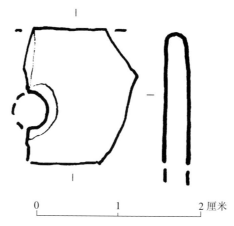

0   1   2厘米

图三七三　中永兴猪场遗址采集石刀（2015DZY：28）

图三七四　中永兴猪场遗址采集陶片纹饰拓片

1、2、4. 席纹　3. 编织纹

2015DZY：13，夹砂黄陶，夹粗砂，扁足，素面，残高4厘米。

2015DZY：14，夹砂黄陶，陶质发灰，夹粗砂，横截面呈椭圆形，鼎足根部外侧两面有指压的凹窝，素面，残高6厘米。

2015DZY：15，夹砂黄陶，夹粗砂，扁足，素面，残高8厘米。

2015DZY：16，夹砂黄陶，夹粗砂，扁足，素面，残高4.4厘米。

2015DZY：17，夹砂灰陶，夹粗砂，扁足，素面，残高10厘米。

2015DZY：18，夹砂黄陶，陶色发灰，夹粗砂，鼎足外侧平直，横截面呈三角形，素面，残高7.2厘米。

2015DZY：19，夹砂黄陶，夹粗砂，横截面呈椭圆形，鼎足根部外侧两面有指压的凹窝，素面，残高6厘米（图版五四，3）。

2015DZY：20，夹砂黄陶，夹粗砂，横截面呈椭圆形，鼎足根部外侧两面有指压的凹窝，素面。残高6厘米（图版五四，4）。

2015DZY：21，夹砂黄陶，陶质发灰，夹粗砂，横截面呈椭圆形，素面，残高6厘米（图版五四，5）。

2015DZY：22，夹砂灰陶，夹粗砂，扁足，素面，残高5厘米。

2015DZY：23，夹砂灰陶，夹粗砂，扁足，素面，残高6.6厘米。

2015DZY：24，夹砂黄陶，陶质发灰，夹粗砂，横截面略呈圆角梯形，素面，残高6.4厘米（图版五四，6）。

2015DZY：25，夹砂黄陶，夹粗砂，扁足，素面，残高6厘米。

2015DZY：26，夹砂灰陶，夹粗砂，横截面呈椭圆形，素面，残高3.8厘米。

2015DZY：27，夹砂黄陶，夹粗砂，扁足，素面，残高7厘米。

2015DZY：29，夹砂黄陶，陶质发灰，夹粗砂，横截面略呈圆角梯形，素面，残高4.2厘米。

陶罐　2件。

2015DZY：9，夹砂红陶，夹粗砂，尖圆唇宽折沿，口沿内侧有一道细凸棱，凸棱下方有三道凹弦纹。残高3厘米。

2015DZY：10，夹砂灰陶，夹粗砂，敞口圆唇窄折沿，素面。残高6厘米。

器底　1件。

2015DZY：11，夹砂灰陶，夹细砂，圈足底，可见轮制痕迹。残高2厘米。

3. 遗址年代与性质

中永兴猪场遗址处山岗地带，地势西南部高、其他区域较低，北近河流。较适宜人类居住。地表已被人为平整，植被较稀疏，地表采集到一定数量石器与陶器。

从采集遗物来看，夹砂陶居多，以夹砂黄陶色陶鼎足为代表，结合石器发现，初步推测该遗址属于新石器时代晚期，并未发现延续性器物存在，未在遗址区域内发现文化层堆积及遗迹现象。总体来看，该遗址的发现与初步分析为区域文化序列建立研究提供了十分难得的考古资料。

1. 石镞（2015DZY：5）

2. 石镞（2015DZY：6）

3. 陶鼎足（2015DZY：19）

4. 陶鼎足（2015DZY：20）

5. 陶鼎足（2015DZY：21）

6. 陶鼎足（2015DZY：24）

7. 石刀（2015DZY：28）

8. 磨石（2015DZY：2）

图版五四　中永兴猪场遗址采集遗物

一四　沙湾遗址

1. 遗址概况

沙湾遗址位于东乡县圩上桥镇南辽村委会沙湾村（图三七五），北距枣树源约290米，东距208省道（东临工业大道）约910米，西距在建高速公路约570米，东部紧邻沙湾村民居（图三七六）。地理坐标：北纬28°12′08.6″，东经116°33′58.3″，海拔44米。

该遗址主体平面呈东北—西南向不规则形，长径约94米，短径约71米，遗址上部现为树林，植被非常茂密，地势整体北高南低，东南部临近一水塘（图三七七）。遗址总面积约5646.7平方米。

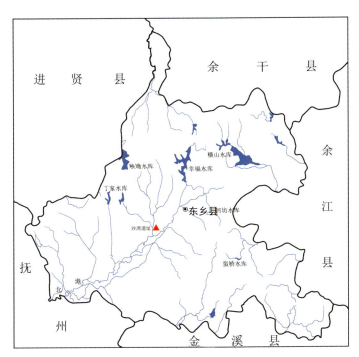

图三七五　沙湾遗址位置示意图

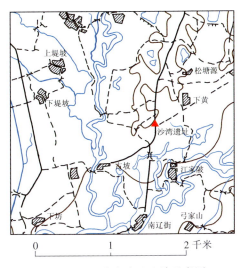

图三七六　沙湾遗址地貌示意图

图三七七　沙湾遗址远景图（由南向北）

2. 遗物介绍

采集遗物数量较少，以硬陶为多，均为碎块，可见拍印纹饰有雷纹（图版五五，3）、折线纹（图版五五，2）、席纹（图版五五，1）。器形不可辨识。

1. 陶片（2015SW：1）

2. 陶片（2015SW：2）

3. 陶片（2015SW：3）

图版五五　沙湾遗址采集陶片

3. 遗址年代与性质

沙湾遗址地表为树林地带，植被非常茂密，地势北高南低，采集到少量陶器碎片，均为红色泥质硬陶，纹饰较多。由于水土流失、流水侵蚀等原因，未在遗址范围内发现文化层堆积。根据陶片质地与纹饰来看，推测该遗址时代为先秦时期，具体年代未知。

一五 石头溪下山遗址

1. 遗址概况

石头溪下山遗址位于东乡县虎圩乡阳光村委会石头溪村（图三七八），西距石头溪村约 40 米，东距 208 省道（东临工业大道）约 700 米，东南距枫树下约 280 米（图三七九）。地理坐标：北纬 28°10′35.1″，东经 116°33′32.4″，海拔 43 米。

该遗址平面呈西北—东南向不规则形，整体地势南高北低，其中西北部被在建高速公路西南—东北向贯穿，长径约 123 米，短径约 86 米，该遗址主体为荒草坡地，地表为杂草、树木覆盖，植被较稀疏（图三八〇）。遗址总面积约 6460.9 平方米。

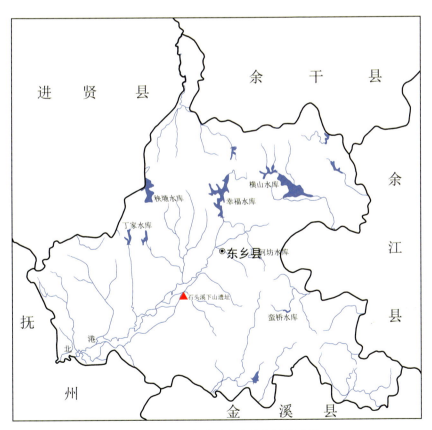

图三七八 石头溪下山遗址位置示意图

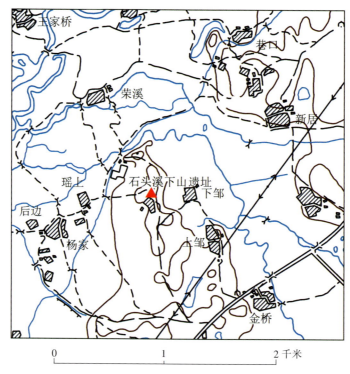

图三七九　石头溪下山遗址地貌示意图

图三八〇　石头溪下山遗址远景图（由南向北）

2. 遗物介绍

采集遗物主要为陶器，陶器以夹砂陶为主，陶色多为红色与灰色，部分黄色，拍印纹饰主要有重圈纹（图三八一，6）、折线纹（图三八一，5）、方格纹（图三八一，1、3）、菱格纹（图三八一，2、4），器形有罐、鼎。

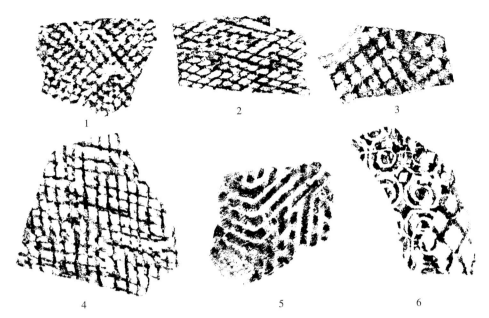

图三八一 石头溪下山遗址采集陶片纹饰拓片

1、3. 方格纹 2、4. 菱格纹 5. 折线纹 6. 重圈纹

陶器

罐 5件。

2015DSX：1，夹砂红陶，夹粗砂，尖圆唇宽折沿，素面，残高6.4厘米（图版五六，1）。

2015DSX：2，夹砂灰陶，夹粗砂，圆唇宽折沿，素面，残高5.6厘米（图版五六，2）。

2015DSX：3，夹砂灰陶，夹粗砂，敛口方唇窄折沿，器表饰方格纹，残高6厘米（图版五六，3）。

2015DSX：4，夹砂灰陶，夹粗砂，敛口方唇窄折沿，器表饰方格纹，残高5厘米。

2015DSX：5，泥质红陶，尖圆唇窄折沿外卷，素面，器内壁有若干道刻划的竖细槽，残高2.6厘米。

鼎足 6件。

2015DSX：6，夹砂灰陶，夹粗砂，扁足，截面呈椭圆形，素面，足根部外侧两面各有两个指压凹窝，残高7厘米（图版五六，4）。

2015DSX：7，夹砂红陶，夹粗砂，截面呈圆形，素面，残高5.6厘米（图版五六，5）。

2015DSX：8，夹砂黄陶，夹粗砂，扁足，素面，残高8厘米（图版五六，6）。

2015DSX：9，夹砂黄陶，夹粗砂，扁足，素面，残高5.6厘米。

2015DSX：10，夹砂红陶，夹粗砂，扁足，素面，残高6厘米。

2015DSX：11，夹砂灰陶，夹粗砂，扁足，素面，残高4.8厘米。

3. 遗址年代与性质

石头溪下山遗址主体为荒草坡地，整体地势南高北低，北近河流支流，自然环境适宜人类居住。地表为杂草、树木覆盖，植被较稀疏，地表采集到一定数量陶器。从采集到的陶器来看，以夹粗砂素面陶鼎扁足为代表，结合按窝装饰等特征初步推断该遗址年代应属于新石器时代晚期。该遗址的发现为建立区域内文化序列研究提供了十分宝贵的考古资料。

1. 陶罐（2015DSX：1）

2. 陶罐（2015DSX：2）

3. 陶罐（2015DSX：3）

4. 陶鼎足（2015DSX：6）

5. 陶鼎足（2015DSX：7）

6. 陶鼎足（2015DSX：8）

图版五六　石头溪下山遗址采集遗物

一六　徐家山 1 号遗址

1. 遗址概况

徐家山 1 号遗址位于虎圩乡陈溪桥村委会徐家村（图三八二），北距 981 县道约 1.1 千米，西距 208 省道（东临公路）约 880 米，西南距后科揭家约 330 米（三八三）。地理坐标：北纬 28°09′

15.8″，东经 116°33′57.3″，海拔 45 米。

遗址平面呈南北向不规则形，长径约 80 米，短径约 71 米，为一缓坡地带，地势较平缓，地表已被人工清表栽植以栀子树苗，植被较稀松，北、东紧邻树林，南部约 20 米为水塘，西临水坝道路（三八四）。总面积 4955.9 平方米。

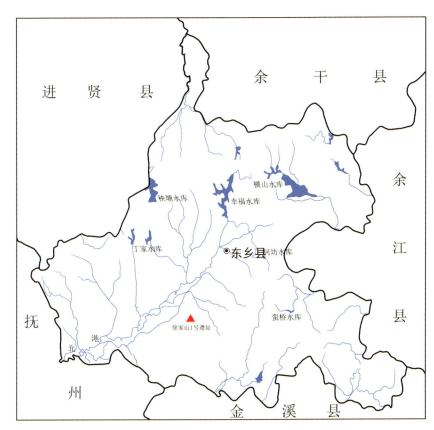

图三八二　徐家山 1 号遗址位置示意图

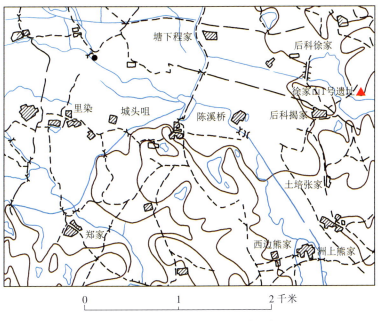

图三八三　徐家山 1 号遗址地貌示意图

图三八四　徐家山 1 号遗址远景图（由西北向东南）

2. 遗物介绍

采集遗物主要分为两类，即石器、陶器。石器有石锛、石镞、石刀。陶器以夹砂陶和泥质陶组成，夹砂陶居多且陶色多为红色和黄色，拍印纹饰类型较多，器形有鼎、罐、豆、甗。泥质陶数量较少，多为红色，器形主要为罐。逐类介绍如下：

（1）石器

石锛　1 件。

2015DXJⅠ：1，黄褐色砂岩磨制而成，两侧平直，单面直刃。残高 12.8 厘米（图三八五，1）。

石镞　2 件。

2015DXJⅠ：2，青石磨制而成，前锋残，刃部锋利，中部起脊，扁状铤。残高 4.5 厘米（图三八五，2；图版五七，2）。

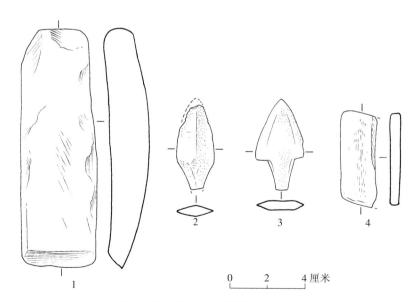

图三八五　徐家山 1 号遗址采集石器

1. 石锛（2015DXJⅠ：1）　　2、3. 石镞（2015DXJⅠ：2、2015DXJⅠ：3）　　4. 石刀（2015DXJⅠ：5）

2015DXJⅠ:3，黄褐色砾石磨制而成，两刃锋利，铤部略残。残高5厘米（图三八五，3；图版五七，1）。

石刀 2件。

2015DXJⅠ:4，青石磨制而成，弧背，单面直刃，近背处有两个圆形孔，双面穿孔。石刀残长3厘米，厚0.4厘米，穿孔孔径0.8厘米（图三八六；图版五七，4）。

2015DXJⅠ:5，青灰色砂岩磨制而成，背部残，单面直刃。残高4.9厘米（图三八五，4）。

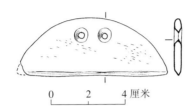

图三八六 徐家山1号遗址采集石刀（2015DXJⅠ:4）

（2）陶器

陶器以夹砂陶为多，以黄色和红色为主。拍印纹饰种类较多，主要有折线纹（图三八七，1）、席纹（图三八七，3、4、6）、菱格纹（图三八七，2、7）、编织纹（图三八七，8、9）、雷纹（图三八七，5）。器形主要有罐、鼎、豆、甗等。泥质陶略少，多为红色，器形仅见罐。

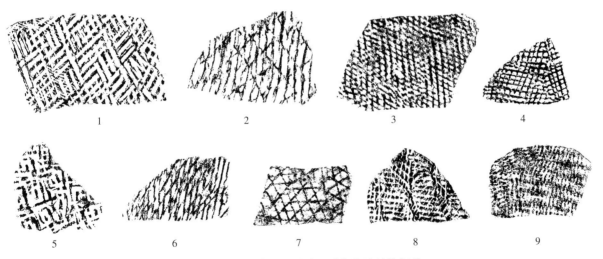

图三八七 徐家山1号遗址采集陶片纹饰拓片
1. 折线纹 2、7. 菱格纹 3、4、6. 席纹 5. 雷纹 8、9. 编织纹

鼎足 7件。

2015DXJⅠ:11，夹砂黄陶，夹粗砂，横截面呈扁圆形，残高8厘米。

2015DXJⅠ:12，夹砂黄陶，夹粗砂，横截面呈扁圆形，残高7.6厘米（图版五七，7）。

2015DXJⅠ:13，夹砂红陶，夹粗砂，横截面呈扁圆形，残高7.4厘米（图版五七，8）。

2015DXJⅠ:14，夹砂红陶，夹粗砂，横截面呈圆角长方形，残高6.6厘米。

2015DXJⅠ:15，夹砂黄陶，夹粗砂，鼎足正面呈长方形，横截面呈圆角长方形，残高6厘米（图版五七，3）。

2015DXJⅠ∶16，夹砂红陶，夹粗砂，横截面呈扁圆形，残高6.4厘米。

2015DXJⅠ∶17，夹砂红陶，夹粗砂，鼎足正面呈长方形，横截面呈圆角长方形，残高8.4厘米。

罐　4件。

2015DXJⅠ∶6，夹砂红陶，夹细砂，敛口折沿，素面，残高5.6厘米。

2015DXJⅠ∶7，夹砂灰陶，夹细砂，敞口尖圆唇窄折沿，折沿内侧有一道细凸棱，折沿外侧有一道细凹槽，素面，残高2.2厘米（图版五七，5）。

2015DXJⅠ∶8，泥质红陶，敞口尖圆唇，口沿内侧有一道凸棱，口沿下部内外侧均有一道凸棱，素面，残高3.6厘米（图版五七，6）。

2015DXJⅠ∶9，夹砂红陶，夹细砂，直口方唇，圆鼓腹，口沿下方外侧可见釉痕迹，器表饰粗弦纹，残高4.6厘米。

甗腰　1件。

2015DXJⅠ∶10，夹砂黄陶，夹粗砂，窄腰格，素面。残高3厘米。

豆柄　1件。

2015DXJⅠ∶18，夹砂黄陶，夹粗砂，喇叭口状底座，素面。残高1.6厘米。

1. 石镞（2015DXJⅠ∶3）

2. 石镞（2015DXJⅠ∶2）

3. 陶鼎足（2015DXJⅠ∶15）

4. 石刀（2015DXJⅠ∶4）

5. 陶罐（2015DXJ I∶7）

6. 陶罐（2015DXJ I∶8）

7. 陶鼎足（2015DXJ I∶12）

8. 陶鼎足（2015DXJ I∶13）

图版五七　徐家山 1 号遗址采集遗物

3. 遗址年代与性质

徐家山 1 号遗址位于一缓坡地带，地势较平缓，南临近河流支流，自然环境较适宜人类居住。地表现已被人工清理，植被较稀松，地表采集到一定数量陶器与石器。

从采集到的陶器来看，以雷纹、方格纹为代表，具有典型周代纹饰风格，结合扁柱状鼎足居多的特征，初步推断该遗址年代属于西周晚期至春秋早期。该遗址的发现与初步研究为区域文化序列建立、聚落形态研究均提供了十分难得的考古资料。

一七　徐家山 2 号遗址

1. 遗址概况

徐家山 2 号遗址位于虎圩乡陈溪桥村委会徐家村（图三八八），北距 981 县道约 960 米，西距 208 省道（东临公路）约 1 千米，西南距徐家山 1 号遗址约 400 米（图三八九）。地理坐标：北纬 28°09′28.6″，东经 116°34′06.0″，海拔 50 米。

遗址平面呈西北—东南向不规则形，长径约 163 米，短径约 51 米，为一较平缓地带，地表已被人工清表栽植以油茶树，植被较稀松，区域南侧临砖厂取土所挖断崖，北邻树林，遗址东侧有人工水渠东南—西北向穿过（图三九〇）。总面积 7280 平方米。

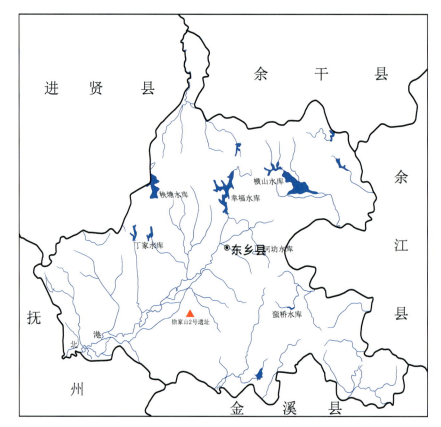

图三八八　徐家山 2 号遗址位置示意图

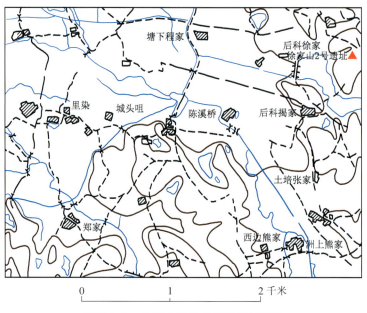

图三八九　徐家山 2 号遗址地貌示意图

图三九〇 徐家山2号遗址远景图（由东南向西北）

2. 遗物介绍

采集遗物主要以陶器为主，数量较少。陶器以夹砂陶为多，陶色多为黄色与灰色，器表纹饰主要有绳纹（图版五八），器形仅见罐。

1. 陶罐（2015DXJⅡ:1）

2. 陶罐（2015DXJⅡ:2）

3. 陶罐（2015DXJⅡ:3）

4. 陶罐（2015DXJⅡ:4）

图版五八 徐家山2号遗址采集遗物

3. 遗址年代与性质

徐家山 2 号遗址位于一较平缓地带，地势平坦，地表已被人工清表栽植以油茶树，植被较稀松，地表仅采集到少量陶器碎片。

从采集到的陶片质地与纹饰来看，该遗址应属于先秦时期，具体年代不明。从后期勘探资料来看，该遗址已遭到破坏，遗址区域内未发现文化层堆积及遗迹现象。

一八　金岭陈家遗址

1. 遗址概况

金岭陈家遗址位于东乡县孝岗镇新建村委会金岭陈家村（图三九一），北部紧临金岭陈家村道，东距 208 省道（东临工业大道）约 250 米，南部紧邻在建高速路（图三九二）。地理坐标：北纬 28°10′59.7″，东经 116°34′03.2″，海拔 47 米。

该遗址位于一处低缓的小山上，地势中部高四周低，平面整体呈东西向不规则形，长径约 237 米，短径约 201 米。地表现为树林，植被非常茂密，遗址南部因修建高速遭到一定程度的破坏（图三九三）。总面积 41422.9 平方米。

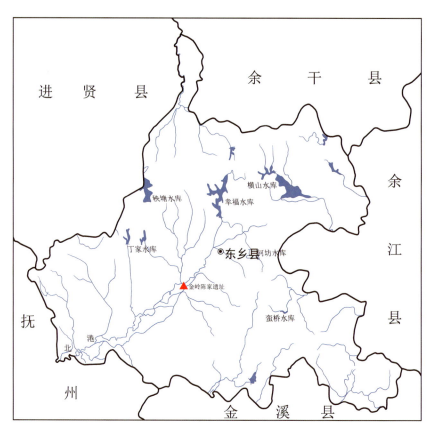

图三九一　金岭陈家遗址位置示意图

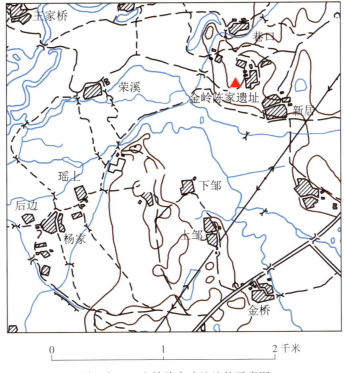

图三九二　金岭陈家遗址地貌示意图

图三九三　金岭陈家遗址远景图（由东南向西北）

2. 遗物介绍

采集遗物主要分为两类，即石器、陶器。石器有磨石、残石器。陶器以夹砂陶和泥质陶组成，夹砂陶陶色多为黄色或红色，拍印纹饰较多，器形有刀、鼎等。泥质陶陶色多为红色，器形主要有碟、豆等。逐类介绍如下：

（1）石器

磨石　1件。

2015DJC：1，青石磨制而成，里面内凹，器表磨制光滑。残高14厘米（图三九四，1；图版五九，7）。

残石器　1件。

2015DJC：2，青色页岩磨制而成，一端残，大致呈长方形，一面可见一周方形凹槽，中部有不明纹饰，推测为晚期砚台。残高13.4厘米（图三九四，2；图版五九，8）。

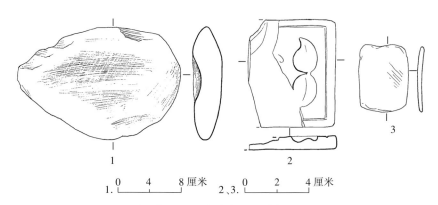

图三九四　金岭陈家遗址采集遗物

1. 磨石（2015DJC：1）　2. 残石器（2015DJC：2）　3. 陶刀（2015DJC：26）

（2）陶器

陶器以夹砂陶为多，陶色多为黄色或红色，拍印纹饰主要有细方格纹（图三九五，7）、绳纹（图三九五，3、4、6、8）、席纹（图三九五，9、12）、编织纹（图三九五，5、10）、菱格纹（图三九五，1、2、11），器形有刀、鼎等。泥质陶陶色多为红色，器形主要有碟、豆等。

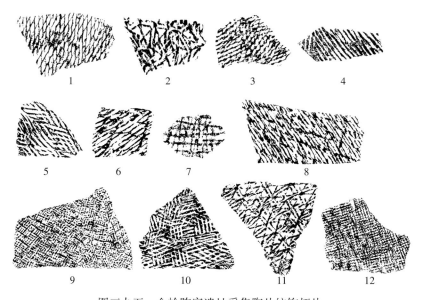

图三九五　金岭陈家遗址采集陶片纹饰拓片

1、2、11. 菱格纹　3、4、6、8. 绳纹　5、10. 编织纹　7. 细方格纹　9、12. 席纹

刀 1件。

2015DJC：26，夹砂黄陶，直背，直刃，两面各有一道斜向凸弦纹。残高4厘米（图三九四，3；图版五九，6）。

鼎足 11件。

2015DJC：17，夹砂黄陶，夹粗砂，扁足，素面，残高7.4厘米。

2015DJC：11，夹砂黄陶，夹粗砂，陶色略泛灰，扁足，横截面略呈长三角形，素面，残高6厘米。

2015DJC：16，夹砂黄陶，夹粗砂，扁足，素面，足外侧有一道凹槽，残高8.4厘米（图版五九，3）。

2015DJC：19，夹砂黄陶，夹粗砂，陶色略泛灰，扁足，素面，残高6厘米。

2015DJC：15，夹砂黄陶，夹粗砂，陶色略泛灰，扁足，横截面呈椭圆形，素面，残高7.6厘米。

2015DJC：12，夹砂黄陶，夹粗砂，扁足，素面，残高4.4厘米。

2015DJC：10，夹砂黄陶，夹粗砂，扁足，素面，横截面呈三角形，足外侧略内凹，残高7厘米。

2015DJC：18，夹砂黄陶，夹粗砂，横截面呈椭圆形，素面，残高4.4厘米。

2015DJC：20，夹砂黄陶，夹粗砂，横截面呈椭圆形，素面，残高4.4厘米。

2015DJC：13，夹砂红陶，夹粗砂，横截面呈椭圆形，素面，残高5.2厘米。

2015DJC：14，夹砂红陶，夹细砂，横截面呈圆角长方形，素面，残高5.6厘米。

器底 1件。

2015DJC：9，夹砂黄陶，夹细砂，圜底内凹，内壁不规整，细方格纹，残高2厘米。

碟 1件。

2015DJC：3，陶碟，泥质红陶，陶质坚硬，敞口尖圆唇，斜腹平底饼足，器内壁施釉，外壁可见轮制痕迹，器形完整。口径8.3、底径3.2、高2厘米（图版五九，1）。

罐 6件。

2015DJC：6，泥质红陶，圆唇卷沿，内壁可见轮制痕迹，素面，残高2.8厘米。

2015DJC：4，夹砂黄陶，夹粗砂，宽折沿方唇，素面，残高2.8厘米。

2015DJC：7，泥质红陶，敛口圆唇，唇外侧有一道堆塑凸棱，唇内侧有一道浅凹槽，内壁可见轮制痕迹，素面，残高3厘米。

2015DJC：8，夹砂黄陶，夹粗砂，内里呈灰色，折沿，沿外有一道截面呈三角形的凸棱，素面，残高4厘米。

2015DJC：21，夹砂红陶，夹细砂，敛口宽折沿，圆唇，唇内侧有一道细凸棱素面，残高3厘米（图版五九，5）。

2015DJC：5，夹砂灰陶，夹细砂，直口，尖圆唇，唇内侧有一道凸棱，器表施绳纹。残高3.8厘米（图版五九，2）。

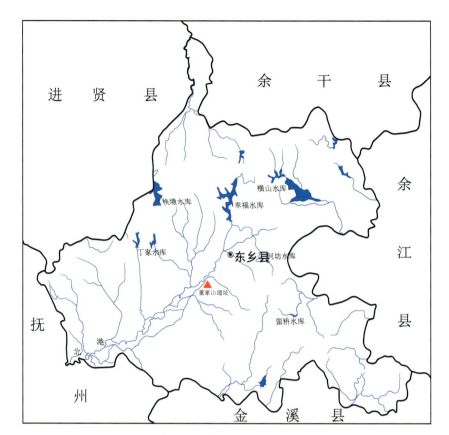

图三九六　董家山遗址位置示意图

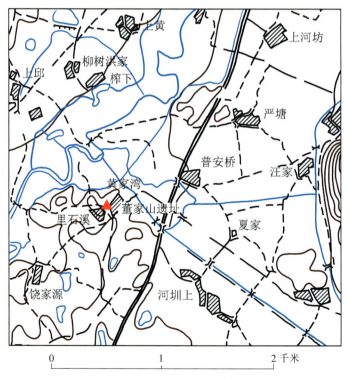

图三九七　董家山遗址地貌示意图

图三九八　董家山遗址远景图（由南向北）

2015DDJ：1，青灰色砂岩磨制而成，两侧平直，单面直刃。残高6.5厘米（图三九九，1；图版六〇，1）。

2015DDJ：2，青灰色砾石磨制而成，两侧平直，单面斜刃。残高8.7厘米（图三九九，2；图版六〇，2）。

2015DDJ：3，黄色砂岩磨制而成，两侧平直，单面直刃，刃部残。残高6厘米（图三九九，3）。

石刀　3件。

2015DDJ：4，青石磨制而成，直背，单面斜刃。残高3厘米（图三九九，4）。

2015DDJ：5，黄褐色砾石磨制而成，直背直刃。残高2.3厘米（图三九九，5）。

2015DDJ：6，黄色砾石磨制而成，直背，刃部残。残高7.4、厚0.8厘米（图三九九，6）。

石镞　2件。

2015DDJ：7，青石磨制而成，前锋残，刃部锋利，中部起脊。残高10厘米（图三九九，7；图版六〇，3）。

2015DDJ：8，青石磨制而成，前锋及刃部残，中部起脊。残高3.5厘米（图三九九，8）。

（2）陶器

陶器以夹砂陶居多，陶色多为灰色、黄色或红色。拍印纹饰类型主要有方格纹（图四〇〇，4、5、9）、雷纹（图四〇〇，8、10）、绳纹（图四〇〇，1、7、11）、斜线纹（图四〇〇，2、3）、席纹（图四〇〇，6）。器形有罐、鼎等。硬陶数量少，陶色主要是黄色，器形为刀。泥质陶陶色多为红色或黄色，器形有纺轮、罐等。

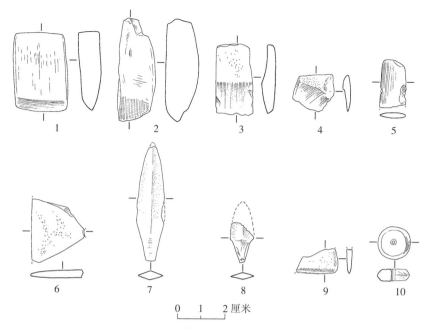

图三九九　董家山遗址采集遗物

1、2、3. 石锛（2015DDJ：1、2015DDJ：2、2015DDJ：3）　　4、5、6. 石刀（2015DDJ：4、2015DDJ：5、2015DDJ：6）

7、8. 石镞（2015DDJ：7、2015DDJ：8）　　9. 陶刀（2015DDJ：25）　　10. 陶纺轮（2015DDJ：26）

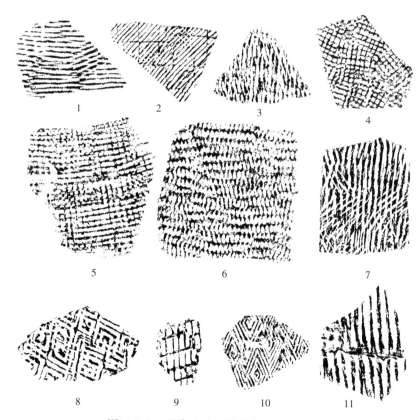

图四〇〇　董家山遗址采集陶片纹饰拓片

1、7、11. 绳纹　2、3. 斜线纹　4、5、9. 方格纹　6. 席纹　8、10. 雷纹

刀　1件。

2015DDJ：25，黄色硬陶，背部残，单面直刃。残高2厘米（图三九九，9）。

纺轮　1件。

2015DDJ：26，泥质黄陶，饼状，折腹，中部有一圆形穿孔。直径2.8厘米，孔径0.5厘米（图三九九，10；图版六〇，6）。

罐　4件

2015DDJ：10，泥质灰陶，敛口，圆唇，窄折沿微内卷，器表饰方格纹，残高3.2厘米（图版六〇，4）。

2015DDJ：12，泥质黄陶，敛口，尖圆唇，窄平沿，颈部有一道细弦纹，器表饰斜线纹。残高3.2厘米。

2015DDJ：9，夹砂黄陶，夹粗砂，圆唇，窄折沿，素面。残高2.1厘米。

2015DDJ：11，夹砂灰陶，夹细砂，侈口方唇，器表饰方格纹。残高2厘米。

器底　1件。

2015DDJ：13，泥质红陶，陶质坚硬，斜腹矮圈足底，素面，可见轮制痕迹。残高2厘米。

鼎足　11件。

2015DDJ：14，夹砂灰陶，夹粗砂，扁足素面，足根部外侧两面有指压凹窝。残高5厘米。

2015DDJ：15，夹砂灰陶，夹粗砂，扁足素面，截面呈扁椭圆形。残高6厘米。

2015DDJ：16，夹砂红陶，夹粗砂，扁足素面，截面呈圆角梯形。残高4.2厘米。

2015DDJ：17，夹砂红陶，夹粗砂，截面呈椭圆形，素面。残高6厘米。

2015DDJ：18，夹砂黄陶，夹粗砂，扁足素面，残高5厘米。

2015DDJ：19，夹砂红陶，夹粗砂，扁足素面。残高7厘米。

2015DDJ：20，夹砂灰陶，夹粗砂，截面呈三角形，素面，残高6厘米。

2015DDJ：21，夹砂黄陶，夹粗砂，截面呈椭圆形，素面。残高7厘米（图版六〇，5）。

2015DDJ：22，夹砂灰陶，夹粗砂，扁足素面。残高7厘米。

2015DDJ：23，夹砂灰陶，夹粗砂，扁足素面。残高4.6厘米。

2015DDJ：24，夹砂灰陶，夹粗砂，扁足素面。残高4厘米。

1. 石锛（2015DDJ：1）

2. 石锛（2015DDJ：2）

3. 石镞（2015DDJ：7）

4. 陶罐（2015DDJ：10）

5. 陶鼎足（2015DDJ：21）

6. 陶纺轮（2015DDJ：26）

图版六〇　董家山遗址采集遗物

3. 遗址年代与性质

董家山遗址处较平缓坡地，地势北部稍高南部稍低，周边水资源丰富，适宜人类居住。地表被人为清理过，经勘探未发现文化层堆积及遗迹现象。

地表采集到一定数量的陶器与石器，从采集陶器来看可分为大致两组，第一组以夹粗砂扁足陶鼎为代表，年代略早，大致为新石器时代晚期，第二组则以饰有雷纹或方格纹硬陶罐及黄色硬陶刀为例，该组年代较晚，具有东周时期文化特征，但数量较少。

总体来看，该遗址发现遗存较为丰富，不排除具有东周时期文化特征器物外来的可能性，再结合石器发现，初步推断该遗址年代为新石器时代晚期至商周时期。该遗址的发现为区域内文化序列建立及聚落形态研究提供了宝贵的考古资料。

二〇　苏家山遗址

1. 遗址概况

苏家山遗址位于东乡县杨桥殿镇金坑村委会谢坊村（图四〇一），西距蔡坊村约310米，东距791乡道（金坑村）约420米，东南距龙骨山环壕遗址约420米（图四〇二）。地理坐标：北纬28°

20′13.7″，东经 116°31′34.2″，海拔 53 米。

　　该遗址主体为一处近方形台地，边长约 51 米，上部和中部遗址区域内为杂草地，植被较稀松，边沿地带为毛竹林，植被较为茂密，地势较平缓（图四〇三）。遗址总面积 2822 平方米。

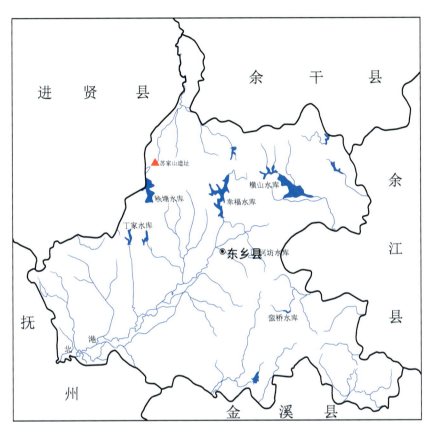

图四〇一　苏家山遗址位置示意图

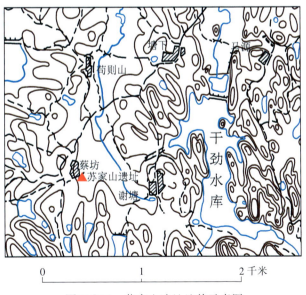

图四〇二　苏家山遗址地貌示意图

图四〇三　苏家山遗址远景图（由西北向东南）

2. 遗物介绍

该遗址地表仅采集到少量陶片，均为碎块，器形不可辨识，多为硬陶碎片（图版六一）。
2015SJS：1，灰色硬陶，截面近圆形。残高 2 厘米。

1. 陶片（2015SJS：1）　　　　　　　　　2. 陶片（2015SJS：2）

图版六一　苏家山遗址采集遗物

3. 遗址年代与性质

苏家山遗址主体为一处近方台地，东近河流，属于较为典型的台地类遗址。边沿地带为毛林，植被较为茂密，地势较平缓。遗址地理环境较好，适合古人生活居住。

地表仅采集到少量碎陶片，经钻探发现在遗址范围内未见文化层堆积，其主要原因在于遗址处于县城范围内，历年地表耕作及平整土地等原因已将文化层破坏殆尽。由采集陶片推测其遗址年代为先秦时期，具体年代未知。

第四章　结语

　　2015 年度对抚河中游地区的资溪县、东乡县开展的考古调查取得了较多收获，先后在资溪县、东乡县抚河流域、信江流域水系调查先秦时期遗址 60 处，其中环壕类遗址发现 17 处，山岗类遗址发现 43 处。在部分遗址采集到较为丰富的实物遗存，这些为区域考古学文化序列建立、聚落形态及其演进研究起到了十分重要的推动作用。同年在金溪县进行的工作，调查发现了 100 余处先秦时期的遗址，其资料更加丰富，目前已出版《江西抚河流域先秦时期遗址考古调查报告Ⅱ·金溪县》卷，并以金溪县调查遗址为对象，对抚河中游地区的文化序列与聚落结构等方面进行分析、总结。下文将以资溪县、东乡县调查资料，对抚河中游地区先秦时期文化序列与聚落结构等方面进行补充，以助于区域文化、历史等相关问题的深入探讨。

第一节　抚河中游地区先秦时期考古学遗存年代序列探索

一　遗址发展演变阶段

　　以《江西抚河流域先秦时期遗址考古调查报告Ⅱ·金溪县》卷分析结果，抚河流域中游地区遗址阶段划分为六个阶段。

　　本报告第三章对发现的 60 处遗址进行介绍时，已通过与周边遗存的比较，初步判断出诸遗址的年代，从资溪县、东乡县环壕遗址和山岗遗址的年代列表（表一、表二）可以看出，该区域先秦时期遗址以时间早晚可划分为六个阶段：

　　第一阶段：新石器时代末期。该时期发现遗址数量较少，且发现的新石器时代遗址均规模较大，并延续至商周时期。这一时期代表性遗址有城上村、胜利水库 1 号遗址、胜利水库 2 号遗址、董家山遗址等山岗类聚落，未发现该时期的环壕类遗址存在。所见遗址主要分布于抚河中游，已进入山地地区，分布于河谷平原、盆地中靠近山地的位置。从采集遗物来看，这一时期少见印纹硬陶，主要为夹砂陶，所夹颗粒较大，烧制火候较低；陶色主要为浅黄色或红褐色，部分见有浅红色；器形多见陶鼎足和陶罐，鼎足数量较大，形态多样，以铲状、舌状、管状、"T"字形截面状鼎足为代表，一般鼎足器表见有刻槽或凹窝装饰，这类鼎足与抚河上游地区出土鼎足有相似之处，陶罐数量相对较少，纹饰见有绳纹。从该阶段遗址数量与规模来看，远不如金溪县等地势平坦、水源丰富区域发达，从侧面证明了抚河流域早期文明的起源当来源于河流沿岸平原地区，山地地区发展较为缓慢。

第二阶段：夏至早商时期。属于这一阶段的遗址有城上村遗址、胜利水库 1 号遗址、胜利水库 2 号遗址等诸多遗址。从分布特征来看，这一时期遗址较多分布于抚河中游，已进入山地地区，分布于河谷平原中靠近山地的山梁顶部。从采集遗物来看，硬陶数量明显增多，器形多见平折沿深腹罐、深腹盆等。所见平折沿罐，口沿沿面见有多道凹槽，这一时期所见硬陶纹饰主要为折线纹、雷纹、绳纹及交错线纹等，一般纹痕较深。夹砂陶以鼎足最具代表性，见有"T"字形，该类鼎足较第一阶段有所退化，三面凸棱不甚突出，另见有扁状鼎足，器表饰竖向短凹槽，与第一阶段鼎足所饰较为接近。这一时期区域内分布相对较少，遗址分布，应是该区域文化开始发展时期。

第三阶段：晚商时期。在承继第二阶段的基础上，本阶段遗址数量最多，该区域内环壕遗址均出现于此阶段。能够确认属于该阶段的环壕遗址有石背村环壕、岭下村壕墩环壕、芋墩山环壕等遗址；山岗类遗址数量较多，有司前村水建小区、畈上村、鸡冠山 2 号、横窠、朱家村瓦厂山、下桥村燕子梁、刘家山、曾家村面前山、城上村、木勺山、邱家山、塘泥岭遗址、胜利水库 1 号遗址、胜利水库 2 号遗址、徐家山 2 号遗址等诸遗址。从分布来看，这一阶段所见遗址在各水系均有分布。这一时期硬陶数量大增，烧制水平较高，器形见有罐、尊、杯、壶等，纹饰见有雷纹、席纹、折线纹、大方格纹、大菱格纹等。夹砂陶见有鼎、罐、豆、甗形器、杯等。该阶段所见鼎足多为扁柱状，近顶部见有一圆形凹窝，应具有时代特征。从遗址分布及遗存特征来看，这一阶段是本地区文化最为繁荣、人口数量最多的时期。

第四阶段：西周早中期。这一时期发现遗址数量相对晚商时期有所减少。属于这一时期的环壕类遗址有石背村环壕、岭下村壕墩环壕、芋墩山环壕等遗址等，均为前期环壕类遗址的延续；山岗类遗址数量较多，代表性遗址有横溪、横溪东、横窠、朱家村瓦厂山、下桥村燕子梁、木勺山、邱家山、塘泥岭遗址、徐家山 2 号遗址等。从数量来看，这一阶段所见遗址数量略少于上一阶段；从遗址分布来看，在各水系均可见到这一阶段遗存，而且多数遗址为前期遗址的延续，基本未见新出现遗址。与抚河上游比较，两者在这一阶段所见遗存有较高的相似度，说明这一时期抚河流域文化面貌近乎一致。这一阶段所见硬陶主要有罐、盆，纹饰流行变体雷纹、短线纹、方格纹、菱格纹、交错线纹等。夹砂陶见有罐、鼎、豆、杯、甗形器等。所见鼎足多为扁平状、近顶端侧缘见有按压凹窝痕。在该区域整体来看，这一阶段属于区域文化延续稳定发展的阶段，环壕聚落数量增多，人口亦有增加趋势。

第五阶段：西周晚期至春秋时期。这一时期抚河中游地区所见遗存与抚河上游所见文化面貌相近。聚落数量较多，应是该地区人口增加、文化繁荣的又一高峰。这一时期所见遗址数量较多，环壕类遗址仅有石湾城上山环壕遗址，可能该阶段靠近山区的环壕聚落遗址已呈衰落趋势；山岗类遗址有司前村水建小区、畈上村、鸡冠山 1 号、鸡冠山 2 号、横溪、杨家山、刘家山、曾家村面前山、城上村、毛笼山、壕墩外遗址、塘泥岭遗址、胜利水库 1 号遗址、胜利水库 2 号遗址、桥头乐村遗址、河井塘遗址、沙湾遗址、徐家山 1 号遗址、董家山遗址等。山岗类遗址在这一阶段除部分为延续外，还大量出现新的山岗类聚落遗址。这一阶段所见陶器器类较上一阶段有所减少。硬陶主要见有罐、尊、壶等，部分器表可见施釉迹象。纹饰见有菱格纹、方格纹、刻划波浪纹、刻划斜体

"S"形纹等。夹砂陶发现数量较少。陶鼎足数量较多，多为扁柱状，器表多为素面。这一时期该区域环壕聚落遗址逐渐走向衰落，山岗类遗址数量大增，成为主流。可能与的环境变化有关，需要进一步进行环境考古学研究。

第六阶段：战国时期。这一阶段发现遗址数量极少，仅在刘家山遗址、胜利水库1号遗址、胜利水库2号遗址等少数遗址中发现有该阶段遗存。该时期所见硬陶器类主要有罐，器形主要为小口罐，或肩部附加系耳罐，纹饰见有小方格纹、"米"字纹等。该阶段夹砂陶少见，亦未有鼎足发现。与上阶段比较，战国时期区域文化已明显衰退，人口数量也应较上一时期有所减少。

表一 资溪县先秦时期遗址年代对应表

年代 遗址	新石器时代	夏至早商时期	晚商时期	西周早中期	西周晚至春秋时期	战国至汉初
司前村水建小区			第1组		第2组	
畈上村			第1组		第2组	
鸡冠山1号					√	
鸡冠山2号			第1组		第2组	
横溪				√	√	
横溪东				√		
横窠			√	√		
朱家村瓦厂山			√	√		
下桥村燕子梁			√	√		
杨家山					√	
刘家山			第1组		第2组	√
曾家村面前山			第1组		第2组	
城上村	第1组	第2组	第3组		第4组	
毛笼山					√	
木勺山			√	√		
邱家山			√	√		

注：由于部分遗址年代判断存在较大困难，这里仅列出可明确判断年代的遗址；"√"表示遗址存在这一时期的遗存；"?"表示对这一时期遗存年代判断还有待进一步讨论。

表二 东乡县先秦时期环壕类遗址年代对应表

年代 遗址	新石器时代	夏至早商时期	晚商时期	西周早中期	西周晚至春秋时期	战国至汉初
石湾城上山环壕					√	
石背村环壕			√	√		
岭下村壕墩环壕			√	√		
芋墩山环壕			√	√		

注：由于部分遗址年代判断存在较大困难，这里仅列出可明确判断年代的遗址；"√"表示遗址存在这一时期的遗存；"?"表示对这一时期遗存年代判断还有待进一步讨论。

表三　东乡县先秦时期山岗类遗址年代对应表

年代 遗址	新石器时代	夏至早商时期	晚商时期	西周早中期	西周晚至春秋时期	战国至汉初
壕墩外					√	
塘泥岭			√	?	√	
胜利水库1号	第1组	√	第2组		第3组	√
胜利水库2号	第1组	√	第2组		第3组	√
桥头乐村			?		?	
河井塘					√	
中永兴猪场	√					
沙湾					?	
石头溪下山	√					
徐家山1号					√	
徐家山2号			?	?		
金岭陈家	√					
董家山	第1组				第2组	

注：由于部分遗址年代判断存在较大困难，这里仅列出可明确判断年代的遗址："√"表示遗址存在这一时期的遗存；"?"表示对这一时期遗存年代判断还有待进一步讨论。

二　典型遗物演变

《江西抚河流域先秦时期遗址考古调查报告Ⅱ·金溪县》卷通过诸遗址的演变特征进行分析，将以金溪县为代表的抚河中游地区先秦时期遗存划分为六个发展阶段，每个阶段都具有自身特征。

东乡县位于金溪县西北，资溪县位于金溪县东南。从目前抚河流域调查情况来看，金溪县的遗址数量、规模均远远大于周边其他区域，因此，金溪县区域当为先秦时期该地域的文化中心。东乡、资溪两县紧挨金溪县，其文化面貌与特征基本相同，同时，资溪、东乡两县采集遗物数量相对较少。经过后期考古勘探，两县60余处遗存大多数未探出文化层。因此，本文讲不赘述典型器物演变的具体内容，可参考金溪县考古报告相关内容。

第二节　资溪、东乡县先秦时期聚落形态分析

聚落是人们居住与生活的场所，是人们获取资源、改造自然的反映。通过考古工作来发现聚落并对聚落形态与结构进行分析，可以揭示不同时期人们对于居住方式的选择和对外部压力的适应等问题。

本年度在资溪、东乡县调查时，发现大量古遗址，通过采集遗物和地形地貌分析，可以确认所调查60处遗址应是古代聚落。按形态可分为两大类：即山岗类聚落和环壕类聚落。以下从聚落分布情况及聚落结构方面对调查所见聚落形态进行简要分析说明。

一 单个聚落形态

资溪、东乡县各水系及其支流沿岸有多个聚落分布，大多为独立分布或可见成群分布者。从形态上来看，单个聚落有较为明确的四周范围，特别是环壕聚落，封闭性功能十分突出。以下将从环壕聚落和山岗聚落两方面进行说明。

1. 环壕类聚落

资溪、东乡县调查仅在东乡县发现各类环壕 17 处，此外从卫星照片上可发现未调查环壕遗址 12 处。依建造方式可分为三大类：

甲类：平地起建，人工堆垒中部台地及壕沟外围台地，壕沟底部为原始地面。聚落一般建于平坦之地，多为地势低平的河道区域。该类聚落发现数量较多，依形状可划分为二型：

A 型：平面为近方形或近长方形，壕沟形状规则，亦为近方形或近长方形。艾家源城墩上环壕（图四〇四，1）、岸上环壕（图四〇四，2）、老虎巢环壕（图四〇四，3）、城墩上环壕（图四〇四，4）、石背村环壕（图四〇四，5）为代表。所见环壕面积较小，一般中部台地长 50 ~ 100 米，面积一般小于 1 万平方米。该型环壕聚落在抚河中游地区多见，人工堆垒起台地明显，在中部台地边缘发现有较厚堆积，部分台地边缘可见低矮墙体。

B 型：平面近圆形或椭圆形，壕沟亦为圆形或椭圆形。该型环壕以邓家山环壕（图四〇四，6）为代表。此型聚落发现数量较少，聚落面积亦较小，中部近圆形台地为人工堆筑，一般为外围略高，中部稍低。此型聚落在该区域不甚流行。

图四〇四　东乡县甲类环壕聚落（A、B 型）

1 ~ 5. A 型环壕（艾家源城墩上环壕、岸上环壕、老虎巢环壕、石背村环壕、城墩上环壕）　6. B 型环壕（邓家山环壕）

乙类：利用山岗地形，在山岗边缘地带人为挖出壕沟，中部及外围地势略高，经人类长时间活动，中部台地愈来愈高。此类环壕多位于小河交汇之地的边缘，与甲类相比，可减省修建时的人工耗费。其建造方式与长江流域、黄河流域新石器时代常见的环壕聚落相同，但抚河流域所见此类环壕在地形选择上更具特点。一般选择小型河流交汇之处，某种意义上具有控制交通路线的意义。据形态，乙类环壕聚落可划分为两型：

A 型：平面近方形或长方形，一般面积不大，不超过 1 万平方米，多选择在河道边突伸的山岗边缘。该型聚落以北岸村城墩上环壕（图四○五，1）、北岸村壕沟环壕（图四○五，2）、田墩上环壕（图四○五，3）、白水潭环壕（图四○五，4）、壕墩环壕（图四○五，5）、龙骨山环壕（图四○五，7）、芋墩山环壕（图四○五，8）为代表。该型聚落发现数量较多。

B 型：平面近椭圆形或近三角形，面积不大，小于 1 万平方米。选择在河流交汇之地的山岗边缘。该类聚落以城树园环壕（图四○五，6）、水北村未调查环壕遗址（图四○五，9）为代表。该型聚落发现数量较少。

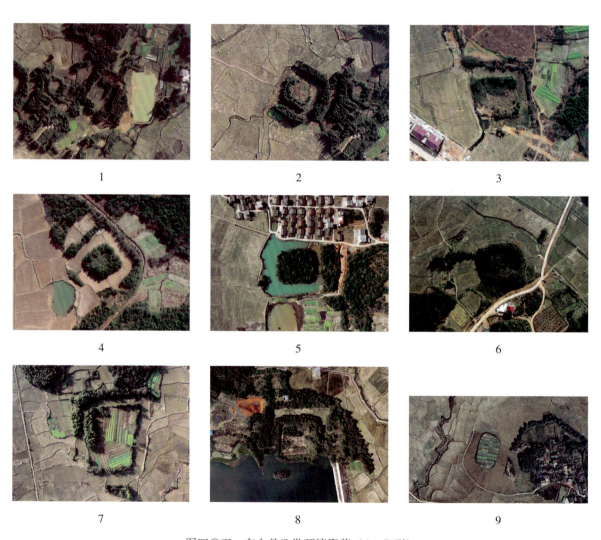

图四○五　东乡县乙类环壕聚落（A、B 型）

1～5、7～8. A 型环壕（北岸村城墩上环壕、北岸村壕沟环壕、田墩上环壕、白水潭环壕、壕墩环壕、龙骨山环壕、芋墩山环壕）

6、9. B 型环壕（城树园环壕、水北村未调查环壕遗址）

丙类：利用山岗地形，围绕山岗四周挖出壕沟，聚落整体地势较高。该类聚落与长江、黄河流域早期聚落形态相似。利用地形，直接挖出壕沟，既可排水又可防御，此类环壕聚落为原始形态。此类聚落面积大小多与山岗面积大小有关。据平面形状，可分为两型：

A 型：平面近椭圆形或近三角形，东乡县境内目前尚未发现此类型环壕聚落遗址。

B 型：平面形状近方形，外围环壕较窄。该型遗址发现数量较少，以石湾城上环壕、岭下村壕墩环壕（图四〇六 1、2）为代表。

1　　　　　　　　　　　　　　2

图四〇六　东乡县丙类环壕聚落
1～2. B 型环壕（石湾城上环壕、岭下村壕墩环壕）

2. 山岗类聚落

本年度调查过程中发现有较多数量的山岗类聚落，数量达 43 处。山岗类聚落一般邻近河流，水资源充沛，地势较高可避免洪水灾害，是古人长时间较为普遍使用的聚落形式。此类聚落形态与抚河上游所见聚落十分相近，多位于河流沿岸分布，多个遗址相距较近，且有相近的存在年代，形成聚落群的可能性较大。由于各地地形有所差异，山岗类聚落亦有较多差异。据地形差异，可将山岗类聚落划分为两型：

A 型：缓坡类山岗聚落。该类聚落一般选择在临河缓坡地带，聚落面积大小不一，小者不足 1 万平方米，大者可达十余万平方米。此类聚落主要分布在东乡县境内，代表性遗址有石头溪下山遗址、金岭陈家遗址、沙湾遗址等。

B 型：高地类山岗聚落。此型聚落地势较陡，山地坡度略大。一般分布在河谷、山间盆地周缘毗邻河溪的山包顶部，往往形成地域性的聚落遗址群。主要分布在资溪县境内各个山间谷地，往往与现代乡镇相重合，一般保存较差，因建筑施工、耕地等原因破坏殆尽。代表性遗址有城上村遗址、曾家村面前山遗址、刘家山遗址等。

二　聚落群形态观察

聚落群是由时空特征相近、相互关系密切的多个聚落构成，聚落位置相近、年代相当，且呈群状分布是聚落群的基本条件。抚河上游地区已发现有多个聚落群，抚河中游地区先秦时期亦见有多处聚落群分布。由于部分遗址年代判断还有待精确，是否能够成聚落群，还有待进一步工作。以下举例说明环壕聚落、山岗类聚落存在的聚落群形态：

1. 环壕聚落群

以詹圩镇詹圩村白沿村五处环壕聚落为例来说明（图四〇七）。三处聚落属于环壕聚落中甲类 A 型，一般中部台地面积较小，较大者为石背村环壕聚落环壕，面积约 13500 平方米，其余二处均小于石背村环壕。从位置上来看，石背村环壕位于河道上游北侧河岸，与田墩上环壕隔河相对，距离 400 米，白水潭环壕位于两者东南河道下游，距离约 2000 米，规模较小。此外，白水潭环壕东南 600 米发现有九龙山遗址，该遗址可能为一处山岗类环壕（从卫星照片观察，山顶部有方形环壕痕迹，具体有待后期勘探结果）。三处环壕仅石背村可以确认为商代晚期至西周时期遗址，其余两处可确定为先秦时期。

图四〇七　詹圩村环壕聚落群分布示意图

2. 山岗类聚落

以鸡冠山聚落遗址群为例进行说明（图四〇八）。鸡冠山聚落遗址群位于资溪县城北 7.5 千米的高阜镇山间盆地范围，芦溪沿盆地中部东北—西南向流过。该聚落遗址群共调查发现各时期遗址 7 处，分别为天光山遗址、畈上村遗址、鸡冠山遗址 1 号遗址、鸡冠山遗址 2 号遗址、横溪遗址、横溪东遗址、横窠遗址等。

诸遗址之间最近的 300 米，最远者 2000 米，相互可通视，均沿芦溪及其支流分布，水源丰富，

图四〇八　鸡冠山聚落遗址群分布示意图

适宜居住。这几处遗址绝大多数可确认为商代晚期至西周时期的聚落遗址，具有共时性，应当为一处由众多小型聚落遗址组成的聚落遗址群。目前尚无法判断是否有中心聚落，是否存在等级差异。

　　总之，资溪县、东乡县的先秦遗址调查工作，取得了丰富的收获，在此基础上，进一步对已知遗址进行详细的考古勘探或发掘工作，对于了解抚河流域先秦时期考古学文化具有重要的意义。此外，结合更加先进的考古调查手段，如卫星照片识别、考古地理信息系统的使用，将会使抚河流域的考古工作更进一步。

附录一　资溪县先秦时期遗址统计表

编号	遗址名称	遗址类型	地理位置	地理坐标	遗迹现象	文化层堆积保存状况	时代
1	司前路遗址	山岗聚落	鹤城镇司前村	N: 27°42′47.1″ E: 117°04′28.9″ H: 217 米		该区域未发现明显文化层堆积。地表散见陶片。	先秦时期
2	司前村水建小区遗址	山岗聚落	鹤城镇司前村	N: 27°42′41.5″ E: 117°04′09.8″ H: 214 米	近现代墓葬 2 座	该区域未发现明显文化层堆积。地表散见陶片、石器。	商代晚期—西周早期、东周
3	绿岛后后山遗址	山岗聚落	鹤城镇沙苑村	N: 27°43′02.3″ E: 117°05′00.6″ H: 230 米		该区域未发现明显文化层堆积。地表散见少量陶片。	东周
4	天光山遗址	山岗聚落	高阜镇高阜村委会上马石村	N: 27°46′37.3″ E: 117°04′00.3″ H: 179 米		该区域未发现明显文化层堆积。地表散见少量陶片。	先秦时期
5	畈上村遗址	山岗聚落	高阜镇畈上村	N: 27°46′20.7″ E: 117°03′44.4″ H: 185 米	近现代墓葬 11 座	该区域未发现明显文化层堆积。地表散见大量陶片、石器。	商代晚期—西周、西周晚期—春秋
6	鸡冠山 1 号遗址	山岗聚落	高阜镇高阜村	N: 27°46′55.6″ E: 117°03′36.1″ H: 193 米		该区域未发现明显文化层堆积。地表散见陶片、石器。	西周晚期—春秋

续表

编号	遗址名称	遗址类型	地理位置	地理坐标	遗迹现象	文化层堆积保存状况	时代
7	鸡冠山2号遗址	山岗聚落	高阜镇高阜村	N: 27°46′48.8″ E: 117°03′24.2″ H: 202米	近现代墓葬第9座	该区域未发现明显文化层堆积。地表散见较多陶片、石器。	商代晚期—西周、春秋
8	横溪遗址	山岗聚落	高阜镇石陂大队横溪村	N: 27°46′32.8″ E: 117°02′41.7″ H: 199米		该区域未发现明显文化层堆积。地表散见少量陶片。	商代晚期—西周
9	横溪东遗址	山岗聚落	高阜镇石陂大队横溪村	N: 27°46′37.9″ E: 117°02′54.0″ H: 195米	近现代墓葬第6座	该区域因平整土地未发现明显文化层堆积。地表散见少量陶片。	商代晚期—西周
10	横篁遗址	山岗聚落	高阜镇乌龙村委会红光村	N: 27°47′44.7″ E: 117°02′46.4″ H: 203米	近现代墓葬10座	该区域平整土地未发现明显文化层堆积。地表散见少量陶片。	商代晚期—西周
11	朱家村瓦厂山遗址	山岗聚落	嵩市镇高陂村委会朱家村	N: 27°46′25.8″ E: 116°55′12.0″ H: 153米		该区域未发现明显文化层堆积。地表散见少量陶片、石器。	商代晚期—西周
12	下桥村燕子梁遗址	山岗聚落	高田镇许坊村委会下车村燕子梁山	N: 27°45′43.9″ E: 116°51′08.5″ H: 107米		该区域因平整土地未发现明显文化层堆积。地表散见少量陶片。	商代晚期—西周
13	许坊村窑上遗址	山岗聚落	高田镇许坊村委会窑上山	N: 27°45′39.1″ E: 116°51′25.9″ H: 102米		该区域因平整土地未发现明显文化层堆积。地表散见少量陶片。	先秦时期
14	杨家山遗址	山岗聚落	高田镇高田村委会高田村杨家山上	N: 27°48′05.2″ E: 116°50′44.7″ H: 117米		该区域平整土地未发现明显文化层堆积。地表散见少量陶片。	春秋时期
15	刘家山遗址	山岗聚落	高田镇高田村委会油榨下村刘家山	N: 27°48′33.3″ E: 116°50′16.0″ H: 112米		该区域因平整土地未发现明显文化层堆积。地表散见大量陶片、石器。	商代晚期—西周、春秋

续表

编号	遗址名称	遗址类型	地理位置	地理坐标	遗迹现象	文化层堆积保存状况	时代
16	曾家村面前山遗址	山岗聚落	高田镇高田村委会曾家村面前山上	N: 27°48′39.4″ E: 116°50′08.7″ H: 119 米	砖室墓 6 座	该区域因平整土地未发现明显文化层堆积。地表散见较多陶片、石器。	商代晚期—西周、春秋
17	邱家面前山遗址	山岗聚落	高田镇高田村委会邱家村	N: 27°49′27.2″ E: 116°50′42.2″ H: 120 米		该区域因平整土地未发现明显文化层堆积。地表散见少量陶片。	先秦时期
18	城上村遗址	山岗聚落	高田镇城上村委会城上村	N: 27°49′28.6″ E: 116°50′15.4″ H: 125 米		该区域因平整土地未发现明显文化层堆积。地表散见大量陶片、石器。	新石器时代晚期—春秋
19	毛笼山遗址	山岗聚落	乌石镇横山村委会大隆村	N: 27°34′45.0″ E: 116°58′34.8″ H: 223 米	近现代墓葬 2 座	该区域因平整土地未发现明显文化层堆积。地表散见较多陶片。	西周晚期—春秋
20	锯木厂遗址	山岗聚落	乌石镇茂林村委会北山村	N: 27°35′16.6″ E: 116°58′06.1″ H: 204 米		该区域因平整土地未发现明显文化层堆积。地表散见少量陶片。	先秦时期
21	木勺山遗址	山岗聚落	乌石镇茂林村委会北山村	N: 27°35′14.3″ E: 116°57′56.0″ H: 204 米	墓葬 6 座	该区域因平整土地未发现明显文化层堆积。地表散见较多陶片。	商代晚期—西周
22	邱家山遗址	山岗聚落	乌石镇茂林村委会邱家湾村	N: 27°35′23.0″ E: 116°58′01.1″ H: 209 米		该区域因平整土地未发现明显文化层堆积。地表散见少量陶片。	商代晚期—西周
23	寺谋遗址	山岗聚落	乌石镇茂林村委会上营村	N: 27°35′28.1″ E: 116°58′16.2″ H: 218 米		该区域因平整土地未发现明显文化层堆积。地表散见少量石器。	商代—春秋

注：部分遗址采集遗物较少，年代判断较为困难，通过陶片残块及聚落形态对遗址初步判定为先秦时期。具体年代确认需要考古工作的深入开展。

附录二 东乡县先秦时期环壕聚落遗址统计表

编号	遗址名称	遗址类型	地理位置	地理坐标	遗迹现象	文化层堆积保存状况	时代
1	艾家源坡墩上环壕遗址	环壕聚落	岗上积镇艾家源村委会艾家源村	N: 28°06′13.4″ E: 116°30′33.7″ H: 37米		该区域因平整土地未发现明显文化层堆积。地表采集石器1件。	先秦时期
2	艾家源村壕沟遗址	环壕聚落	岗上积镇艾家源村委会艾家源村	N: 28°06′16.2″ E: 116°30′40.9″ H: 40米		该区域因平整土地未发现明显文化层堆积。地表采集残铜器1件。	先秦时期
3	北岸村坡墩上环壕遗址	环壕聚落	岗上积镇新乐村委会北岸村	N: 28°06′30.2″ E: 116°32′40.9″ H: 49米	近现代墓葬5座	该区域因平整土地未发现明显文化层堆积。地表植被覆盖未见遗物。	先秦时期
4	北岸村壕沟环壕遗址	环壕聚落	岗上积镇新乐村委会北岸村	N: 28°06′36.5″ E: 116°32′39.2″ H: 43米		该区域因平整土地未发现明显文化层堆积。地表植被覆盖未见遗物。	先秦时期
5	岸上环壕遗址	环壕聚落	岗上积镇上李村委会涵头江家村西	N: 28°09′27.8″ E: 116°32′23.6″ H: 38米	近现代墓葬34座	该区域因平整土地未发现明显文化层堆积。地表植被覆盖未见遗物。	先秦时期
6	老虎巢环壕遗址	环壕聚落	马圩镇荷拓村委会珠坊村西北	N: 28°08′48.1″ E: 116°27′51.4″ H: 34米	近现代墓葬12座	中部高台地北部发现1处文化层堆积区域（编号文化层堆积Ⅰ区），平面呈东西向不规则形，长径约5.9米，短径约4.8米，面积约14平方米，堆积距地表约1.8米出现，约2米结束，文化层堆积内包含部分灰渣和烧土块。中部高台地西北部发现1处文化层堆积区域（编号文化层堆积Ⅱ区），平面呈东西向不规则形，长径约17.4米，短径约10.7米，面积约43.1平方米，堆积距地表约1米出现，约1.6米结束，文化层堆积内包含部分灰渣和烧土块。地表植被覆盖未见遗物。	先秦时期

续表

编号	遗址名称	遗址类型	地理位置	地理坐标	遗迹现象	文化层堆积保存状况	时代
7	石湾城上山环壕遗址	环壕聚落	马圩镇新溪村委会石湾村	N: 28°09′12.1″ E: 116°23′40.9″ H: 34米		中部高台地北部发现1处文化层堆积区域（编号文化层堆积Ⅰ区），平面呈东北—西南向不规则形，长径约5.8米，短径约5.8米，面积约51平方米，堆积距地表0.7~1米出现，约1~1.3米结束，文化层堆积内包含部分灰渣和烧土块。中部高台地中部偏南发现1处文化层堆积区域（编号文化层堆积Ⅱ区），平面呈西向不规则形，长径约41.8米，短径约16.7米，面积约430平方米，堆积距地表0.4~0.7米出现，1.4~2.1米结束，文化层堆积内包含部分灰渣和烧土块。在中部高台地东南部发现1处疑似夯土堆积区域，近"L"形，宽1~7米，堆积距地表约1米出现，约3米结束，堆积土质较为致密，土质僵硬。地表采集少量陶片。	西周晚期—春秋
8	城墩上环壕遗址	环壕聚落	马圩镇新溪村委会下万村	N: 28°07′44.7″ E: 116°23′42.2″ H: 38米	墓葬2座	中部高台地中部发现1处文化层堆积区域，平面呈西北—东南向不规则形，长径约58米，短径约43米，面积约2142.1平方米，堆积距地表0.7~1.4米出现，1.3~2.2米结束，文化层堆积内包含部分灰渣和烧土块。地表植被覆盖未见遗物。	先秦时期
9	石背村环壕遗址	环壕聚落	詹圩镇詹圩村委会石背村南部	N: 28°12′29.9″ E: 116°25′04.9″ H: 48米	城墙、房址1座等	遗址中部台地清理剖面2处，东部剖面可分为5层，第1层为表土层，第2层为灰土，夹炭屑，厚6~13厘米；第3层为红褐色土，夹有少量炭屑；第4层为红褐色土，夹有较多炭屑，少量陶片；第5层颜色稍深，夹有少量炭和烧土块地表散见大量陶片、石器。地表采集少量陶片、石器。	商代晚期—西周

编号	遗址名称	遗址类型	地理位置	地理坐标	遗迹现象	文化层堆积保存状况	时代
10	田墩上环壕遗址	环壕聚落	詹圩镇詹圩村委会石背村西南	N：28°12′20.9″ E：116°25′02.8″ H：46 米	窑址 1 座	中部高台地西部沿边沿坡发现 1 处文化层堆积区域，平面呈东北—西南向不规则形，长径约 8.5 米，短径约 7.5 米，面积约 46.4 平方米，约 1.7 米结束，文化层堆积内包含部分灰渣、烧土块和陶片。中部高台地西部边沿坡地带发现 1 座窑址（编号 Y1），平面呈西北—东南向不规则形，长径约 8 米，短径约 5 米，面积约 29.6 平方米，堆积距地表 0.3～0.8 米出现，约 1.5 米结束，堆积内堆积见烧土底，局部区域见烧土块和烧渣和烧土块。地表植被覆盖未见遗物。	先秦时期
11	白水潭环壕遗址	环壕聚落	詹圩镇洪家村	N：28°12′02.3″ E：116°25′28.4″ H：42 米		该区域因平整土地未发现明显文化层堆积，地表植被被覆盖未见遗物。	先秦时期
12	邓家山环壕遗址	环壕聚落	詹圩镇嵛岭村委会曹家桥村	N：28°14′16.6″ E：116°26′09.0″ H：42 米		中部高台地外围发现 1 处文化层堆积区域，平面近圆环形，文化层堆积宽 7～12 米，面积约 620.9 平方米，堆积距地表 1～1.5 米出现，1.5～2.1 米结束，文化层堆积内包含部分灰渣和烧土块。地表植被被覆盖未见遗物。	先秦时期
13	壕墩环壕遗址	环壕聚落	詹圩镇东观村委会鄱阳张家村东南	N：28°10′48.8″ E：116°27′05.7″ H：40 米	墓葬 6 座	中部高台地中部偏西发现 1 处文化层堆积区域（编号文化层堆积 I 区），平面呈东北—西南向不规则形，长径约 6.8 米，短径约 3.7 米，面积约 9 平方米，堆积距地表 0.6～1 米出现，1.3～1.7 米结束，文化层堆积内包含部分灰渣、烧土块和陶片残渣。中部高台地北部边沿坡地带发现 1 处文化层堆积区域（编号文化层堆积 II 区），平面呈东西向不规则形，长径约 23.3 米，短径约 10.8 米，面积约 170.9 平方米，堆积距地表 0.6～1.5 米出现，1.5～2.4 米结束，文化层堆积内包含部分灰渣、烧土块和陶片。地表植被覆盖未见遗物。	先秦时期

续表

编号	遗址名称	遗址类型	地理位置	地理坐标	遗迹现象	文化层堆积保存状况	时代
14	岭下村壕墩环壕遗址	环壕聚落	詹圩镇梅家村委会岭下村西北	N：28°11′37.3″ E：116°21′55.4″ H：61 米	墓葬 4 座	中部高台地东南部发现 1 处文化层堆积区域（编号文化层堆积Ⅰ区），平面呈东西向不规则形，长径约 35.5 米，短径约 13.4 米，面积约 432.2 平方米，堆积距地表 1.2～1.5 米出现，1.7～1.9 米结束，文化层堆积内包含部分灰渣和烧土块。中部高台地中部偏北发现 1 处文化层堆积区域（编号文化层堆积Ⅱ区），平面呈东西向不规则形，长径约 45.3 米，短径约 24.8 米，面积约 711.8 平方米，堆积距地表约 0.9 米出现，约 1.2 米结束，文化层堆积内包含部分灰渣和烧土块。地表采集少量陶片。	商代晚期—西周
15	城树园环壕遗址	环壕聚落	黎圩镇谭江村委会周家村	N：28°04′54.9″ E：116°40′42.8″ H：68 米	近现代墓葬 12 座	高台地四周边沿地带发现有疑似夯土堆积，平面呈环形，宽 5～16 米，堆积距地表 0.4～0.8 米出现，1.5～3 米结束。台地西南部发现 1 处文化层堆积区域，平面呈东北—西南向不规则形，长径约 15.4 米，短径约 5.7 米，面积约 56.3 平方米，文化层堆积约 0.5 米出现，约 2 米结束，文化层堆积内包含部分灰渣和烧土块。地表采集少量陶片。	先秦时期
16	龙骨山环壕遗址	环壕聚落	杨桥殿镇金坑村委会谢坊村	N：28°20′02.5″ E：116°31′44.3″ H：59 米		中部高台地北部和西部边沿沿地带发现 1 处文化层堆积区域（编号文化层堆积Ⅰ区），平面略近 "7" 字形，宽度约 2～13 米，面积约 3762 平方米，堆积距地表 0.5～1.5 米出现，约 1～2 米结束，文化层堆积内包含部分灰渣和烧土块。在中部高台地东南部发现 1 处文化层堆积区域（编号文化层堆积Ⅱ区），平面近长条形，长约 27 米，宽约 7 米，面积约 1354 平方米，堆积距地表约 1 米出现，约 1.3 米结束，堆积内包含部分灰渣和烧土块。在中部高台地西南	先秦时期

编号	遗址名称	遗址类型	地理位置	地理坐标	遗迹现象	文化层堆积保存状况	时代
						部外围发现1处夯土堆积区域，平面近长条形，宽6～10米，夯土堆积距地表约0.8米出现，约1.5米结束，夯土堆积内土层致密度较高。在中部高台地北部和西北部外围发现1处夯土堆积区域，平面略近"7"字形，宽2～7米，夯土堆积距地表约0.8米出现，约1.6米结束，夯土堆积内土层致密度较高。 地表采集少量石器、陶片。	
17	芋墩山环壕遗址	环壕聚落	圩上桥镇大桥村委会前贡村	N：28°12′41.2″ E：116°32′06.4″ H：50米	近现代墓葬2座	中部高台地东部边沿地带发现1处文化层堆积区域，平面呈南北向不规则形，长径约54米，短径约20.8米，面积约788平方米，堆积距地表0.3～1米出现，1～1.5米结束，文化层堆积内包含部分灰渣、烧土块和陶片。 地表采集少量陶片。	商代晚期—西周

注：部分遗址采集遗物较少，年代判断较为困难，通过陶片残块及聚落形态对遗址初步判定为先秦时期。具体年代确认需要考古工作的深入开展。

附录三 东乡县先秦时期山岗聚落遗址统计表

编号	遗址名称	遗址类型	地理位置	地理坐标	遗迹现象	文化层堆积保存状况	时代
1	九龙山遗址	山岗聚落	詹圩镇下马村委会九龙村	N: 28°11′46.0″ E: 116°25′31.6″ H: 50米		该区域因平整土地未发现明显文化层堆积。地表未采集到遗物，仅钻探出少量的印纹硬陶碎片。	先秦时期
2	壕墩外遗址	山岗聚落	詹圩镇东观村委会郭阴张家村东北	N: 28°10′53.3″ E: 116°27′06.9″ H: 43米	近现代墓葬22座	该区域因平整土地未发现明显文化层堆积。地表采集少量陶片。	商周时期
3	桃树园山1号遗址	山岗聚落	詹圩镇官家村委会官家村	N: 28°13′34.9″ E: 116°24′07.8″ H: 55米	墓葬1座	该区域因平整土地未发现明显文化层堆积。地表采集少量陶片。	先秦时期
4	桃树园山2号遗址	山岗聚落	詹圩镇官家村委会官家村	N: 28°13′33.4″ E: 116°24′11.6″ H: 52米	墓葬1座	该区域因平整土地未发现明显文化层堆积。地表采集石器2件。	先秦时期
5	北楼水库1号遗址	山岗聚落	詹圩镇北楼水库东部	N: 28°10′30.7″ E: 116°22′6.6″ H: 54米	近现代窑址2座	该区域因平整土地未发现明显文化层堆积。地表采集石器1件。	先秦时期
6	北楼水库2号遗址	山岗聚落	詹圩镇北楼水库东部	N: 28°10′30.7″ E: 116°22′06.5″ H: 54米	明清—近现代墓葬41座，窑址2座	该区域因平整土地未发现明显文化层堆积。地表采集石器2件。	先秦时期

编号	遗址名称	遗址类型	地理位置	地理坐标	遗迹现象	文化层堆积保存状况	时代
7	骆仙村遗址	山岗聚落	詹圩镇骆仙村	N：28°10′08.7″ E：116°21′57.4 H：55 米	近现代墓葬 7 座	该区域因平整土地未发现明显文化层堆积。地表未采集到遗物，仅钻探出少量印纹硬陶碎片。	先秦时期
8	塘泥岭遗址	山岗聚落	詹圩镇梅家村委会岭下村东南	N：28°11′14.1″ E：116°27′14.1 H：57 米		该区域因平整土地未发现明显文化层堆积。地表采集少量陶片。	商周时期
9	胜利水库1号遗址	山岗聚落	黎圩镇谭江村委会胜利水库西南	N：28°05′17.2″ E：116°41′28.8″ H：84 米		该区域因平整土地未发现明显文化层堆积。因地表破坏，采集到大量遗物，包括石器、陶器等。	新石器时代晚期—春秋
10	胜利水库2号遗址	山岗聚落	黎圩镇谭江村委会胜利水库西南	N：28°05′13.2″ E：116°41′41.4″ H：97 米	近现代墓葬 2 座	该区域因平整土地未发现明显文化层堆积。因地表破坏，采集到大量遗物，包括石器、陶器等。	新石器时代晚期—春秋
11	桥头乐村遗址	山岗聚落	圩上桥镇魏家村委会桥头乐家村	N：28°13′07.1″ E：116°33′05.5″ H：47 米	近现代墓葬 54 座	该区域因平整土地未发现明显文化层堆积。地表采集少量陶片。	先秦时期
12	河井塘遗址	山岗聚落	圩上桥镇东岗村委会河井塘村	N：28°12′46.9″ E：116°29′30.7″ H：55 米		该区域因平整土地未发现明显文化层堆积。地表采集少量陶片。	东周
13	中水兴猪场遗址	山岗聚落	圩上桥镇大桥村委会前贡村	N：28°12′33.1″ E：116°32′11.1″ H：53 米		该区域因平整土地未发现明显文化层堆积。因地表破坏，采集到较多石器、陶器等遗物。	新石器时代晚期

续表

编号	遗址名称	遗址类型	地理位置	地理坐标	遗迹现象	文化层堆积保存状况	时代
14	沙湾遗址	山岗聚落	圩上桥镇南江村委会沙湾村	N：28°12′08.6″ E：116°33′58.3″ H：44 米	近现代墓葬 16 座	该区域因平整土地未发现明显文化层堆积。地表采集少量陶片。	先秦时期
15	石头溪下山遗址	山岗聚落	虎圩乡阳光村委会石头溪村	N：28°10′35.1″ E：116°33′32.4″ H：43 米	近现代墓葬 3 座	该区域因平整土地未发现明显文化层堆积。地表采集陶片。	新石器时代晚期
16	徐家山 1 号遗址	山岗聚落	虎圩乡陈溪桥村委会徐家村	N：28°09′15.8″ E：116°33′57.3″ H：45 米	近现代墓葬 3 座	该区域因平整土地未发现明显文化层堆积。因地表破坏，采集到较多石器、陶器等遗物。	西周晚期—春秋早期
17	徐家山 2 号遗址	山岗聚落	虎圩乡陈溪桥村委会徐家村	N：28°09′28.6″ E：116°34′06.0″ H：50 米		该区域因平整土地未发现明显文化层堆积。地表采集少量陶片。	先秦时期
18	金岭陈家遗址	山岗聚落	孝岗镇新建村委会金岭陈家村	N：28°10′59.7″ E：116°34′03.2″ H：47 米		该区域因平整土地未发现明显文化层堆积。因地表破坏，采集到较多石器、陶器等遗物。	新石器时代晚期
19	董家山遗址	山岗聚落	孝岗镇河山村委会石溪村	N：28°11′59.1″ E：116°35′01.8″ H：47 米		该区域因平整土地未发现明显文化层堆积。因地表破坏，采集到较多石器、陶器等遗物。	新石器时代晚期、东周
20	苏家山遗址	山岗聚落	杨桥殿镇金坑村委会金湖坊村	N：28°20′13.7″ E：116°31′34.2″ H：53 米		该区域因平整土地未发现明显文化层堆积。地表采集少量陶片。	先秦时期

注：部分遗址采集遗物较少，年代判断较为困难，通过陶片残块及聚落形态对遗址初步判定为先秦时期。具体年代确认需要考古工作的深入开展。

附录四　2015年资溪县、东乡县
考古调查日记摘录

2015 年 11 月 26 日　周四　晴

　　今天我们在二楼吃完早餐后出前往资溪县城北部的高阜镇进行调查，该镇位于县城以北约 7.5km，为一山间盆地，泸溪自东北向西南流过。该盆地共发现了遗址 6 处，均位于泸溪西岸山体或台地上。遗址分布较为密集，但因为居民生产生活破坏严重，多数地点仅采集到少量陶片。

高阜镇盆地遗址群分布示意图

　　畈上村遗址　位于高阜镇畈上村原粮种山上，东侧即为畈上村及 950 县道。东南为泸溪河，南侧约 50 米为工厂，北侧为水田，北侧约 400 米为高阜镇。遗址由四个山岗东西相连。有许多现代墓葬。山上有座中国移动信号塔。采集到少量陶片及石器。

　　横窠遗址　位于高阜镇乌龙村委会红光村横窠山（坟山）上，东侧约 50 米为红光村，南约 100 米为小溪，有座长约 10 米的水泥桥。山上树都被砍伐光了，长有灌木丛。采集到少量陶片。

　　天光山遗址　天光山遗址位于高阜镇高阜村委会上马石村小组，遗址东面和南面为村路，西距高阜加油站 500 米，西南部为 950 县道。遗址为一小山岗，上为菜地和竹林。

　　鸡冠山遗址　位于高阜镇高阜林场附近，由鸡冠山 1 号遗址和鸡冠山 2 号遗址组成。

　　鸡冠山 1 号遗址　北面为 732 乡道，南距高阜加油站约 600 米，东距承恩堂约 300 米，遗址为一小山岗，上为菜地。

鸡冠山 2 号遗址　位于鸡冠山 1 号遗址西南侧高阜镇政府后，南距 950 县道约 350 米，遗址为一山岗，上被推过，植被较少。

畈上村万花丛中觅遗踪

横窠遗址远眺

横溪遗址　位于高阜镇石陂大队横溪村后的山上，遗址南面为横溪村民房及 950 县道，西距窑上 500 米。遗址为一小山包，上长有竹林。陶片很少，比较分散。

横溪东遗址　位于高阜镇横溪村东 200 米处，南面为 950 县道，东面为一废弃的砖厂。遗址为一小山岗，植被较少，地面多为砖厂炉渣。陶片很少。

沦为菜地的天光山遗址

鸡冠山 2 号遗址钻探

2015 年 11 月 27 日　周五　晴

今天我们吃完早餐补充完能量后向高阜镇东北的马头山镇进发，一路找疑似点进行调查，可惜没有找到。马头山镇深入山地，河流湍急，两岸地势陡峭，因此存在遗址的可能性较小。中午掉头向县城西部的嵩市镇前进，在嵩市河、许坊河沿岸发现了瓦厂山遗址，然后向西去了高田镇进行调查，并且新发现遗址点 2 处。

朱家村瓦厂山遗址　位于嵩市镇高陂村委会朱家村瓦厂山，南为嵩市镇，西约 100 米为嵩市镇敬老院，东为 739 乡道，北侧为山岗，山坳内有水田及房屋。采集到少量陶片及 1 陶刀。

嵩市镇—高田乡遗址分布示意图

朱家村瓦厂遗址采集陶片

朱家村瓦厂遗址现场讨论

许坊村窑上山遗址　位于高田镇许坊村窑上山，南部为水稻田，北部即为村庄。遗址内有废弃的瓦窑。采集到少量的陶片。

许坊村窑上山遗址远眺

燕子梁遗址钻探记录

下车村燕子梁遗址　位于高田镇许坊村委会下车村燕子梁山上，山下即为下车村。南部约200米为欧溪邮政所，西边约400米为944县道，东边约200米为G316，山上有中国联通信号塔，国防